COURS COMPLET DE GÉOGRAPHIE
A L'USAGE DE L'ENSEIGNEMENT SECONDAIRE SPÉCIAL
RÉDIGÉ
Conformément aux programmes officiels de 1886

GÉOGRAPHIE
DE L'EUROPE

PAR

M. H. PIGEONNEAU
PROFESSEUR D'HISTOIRE A LA SORBONNE
VICE-PRÉSIDENT DE LA SOCIÉTÉ DE GÉOGRAPHIE COMMERCIALE

Ouvrage rédigé conformément aux programmes officiels et contenant
16 cartes et 40 figures intercalées dans le texte

DEUXIÈME ANNÉE
COMPLÈTEMENT REMANIÉE

PARIS
LIBRAIRIE CLASSIQUE EUGÈNE BELIN
Vve EUGÈNE BELIN ET FILS
RUE DE VAUGIRARD, N° 52

1887

Tout exemplaire de cet ouvrage non revêtu de ma griffe sera réputé contrefait.

AVERTISSEMENT

Sans rien changer à la méthode de nos géographies, nous en avons modifié la distribution de manière à correspondre aux nouveaux programmes de l'Enseignement secondaire spécial, plus logiques et plus pratiques que ceux de 1882, à condition que la cinquième et la sixième années ne restent pas à l'état d'appartements meublés, mais non occupés. Il faut espérer que les privilèges accordés aux diplômes de l'Enseignement spécial feront enfin une réalité de ce qui n'a guère été jusqu'ici qu'une fiction.

H. P.

COURS DE DEUXIÈME ANNÉE

GÉOGRAPHIE
DE L'EUROPE

LIVRE PREMIER
GÉOGRAPHIE PHYSIQUE DE L'EUROPE

CHAPITRE PREMIER
Notions générales.

I

Situation et limites. — L'Europe est située entre 36° (*pointe de Tarifa*, au sud de l'Espagne) et 71° (cap *Nord*, au nord de la Norvège) de latitude septentrionale, 60° de longitude à l'est du méridien de Paris (monts *Ourals*) et 12°45' de longitude à l'ouest du méridien de Paris (extrémité occidentale de l'*Irlande*). Elle est bornée : au nord, par l'océan Glacial arctique et l'océan Atlantique ; à l'ouest, par l'océan Atlantique ; au sud, par le détroit de Gibraltar et la mer Méditerranée, qui la séparent de l'Afrique, l'Archipel, le détroit des Dardanelles, la mer de Marmara, le détroit de Constantinople, la mer Noire et la chaîne du Caucase, qui la séparent de l'Asie occidentale ; à l'est, par la mer Caspienne, le fleuve Oural et les monts Ourals, qui la séparent moins nettement de l'Asie centrale et septentrionale.

Superficie. Dimensions. — La superficie totale du continent et des îles qui en dépendent est, en chiffres ronds, de 10 millions de kilomètres carrés. Elle est, par conséquent, dix-neuf fois plus considérable que celle de la France, quatre fois moins que celle de l'Asie et trois fois moins que celle de l'Afrique.

La plus grande longueur de l'Europe, du cap *Nord* à l'extrémité méridionale de la presqu'île de Morée (cap *Matapan*), est de 3800 kilomètres environ ; sa plus grande largeur, du sud-ouest (cap *Saint-Vincent* en Portugal) au nord-est (mer de *Kara*), de 5400 kilomètres.

Configuration. — Des cinq grandes divisions du globe, l'Europe est la moins considérable, mais la plus peuplée par rapport à sa superficie, la plus civilisée et la plus riche.

Elle doit en partie cette supériorité et le génie entreprenant des races qui s'y sont développées à sa configuration et à la nature même du sol et du climat.

C'est une loi presque générale que la prospérité commerciale d'une contrée est en raison directe de l'étendue de ses côtes par rapport à sa superficie. — L'Europe, dont les frontières continentales n'ont que 4000 kilomètres de développement, a plus de 34000 kilomètres de frontières maritimes ; elle compte 1 kilomètre de côtes pour 289 kilomètres carrés de superficie : un tiers de plus que l'Amérique du Nord, et près de trois fois plus que l'Asie.

Par l'océan Atlantique, l'Europe occidentale est à neuf jours de New-York, à trente jours du cap de Bonne-Espérance, à quarante jours du cap Horn ; par la Méditerranée, le midi de l'Europe touche à l'Afrique du nord et à l'Asie occidentale, et, depuis que le canal de Suez unit la Méditerranée à l'océan Indien, une traversée sans interruption et sans transbordement conduit les navires à vapeur de Marseille, de Gênes et de Trieste à Calcutta en vingt-huit jours, à Canton en six semaines et à Sidney en quarante-huit jours.

Les communications entre les diverses parties du continent européen ne sont pas moins faciles que celles de l'Europe avec les autres parties du monde. Au nord, trois grands golfes formés par l'**océan Glacial** et l'**Atlantique**, s'enfoncent profondément dans les terres : la mer *Blanche*, la mer du *Nord* et la mer *Baltique*. Au sud, la **Méditerranée** découpe les trois péninsules d'Espagne, d'Italie et de Grèce, comme l'Atlantique celles de Scandinavie, de Danemark et des Îles Britanniques : elle pénètre presque au cœur du continent sous le nom d'*Adriatique* et d'*Archipel*, se prolonge entre l'Europe et l'Asie par le détroit des *Dardanelles*, la mer de *Marmara* et le *Bosphore*, et se termine par la mer *Noire*, grand lac auquel ces détroits servent de déversoirs. A vol d'oiseau, Hambourg, sur la mer du Nord, n'est qu'à 270 lieues de Marseille; Stettin sur la Baltique, à 230 de Trieste sur l'Adriatique; Arkhangel sur la mer Blanche, à 480 environ d'Odessa sur la mer Noire. Ces distances sont encore rapprochées par les grandes lignes de navigation intérieure que tracent de nombreux cours d'eau navigables toute l'année.

II

Climat. — L'Europe est située moitié dans la zone froide septentrionale (température moyenne de $+1°$ à 10); moitié dans la zone tempérée (température moyenne de $+10$ à 20). Elle n'a donc point la prodigieuse fertilité des contrées tropicales; mais au lieu d'engourdir ou d'énerver, comme le font les températures extrêmes, son climat laisse à toutes les facultés actives leur libre développement et compense, par l'intelligence et le travail de l'homme, la vie moins énergique de la nature. Du reste, à l'exception des plantes de la zone torride, il en est peu qui ne s'acclimatent en Europe. La culture des céréales, de la pomme de terre, des plantes textiles et oléagineuses s'étend presque sur toute la zone européenne. La vigne et le mûrier réussissent au sud du 50° parallèle, l'olivier au sud du 44°. Les races domestiques les plus importantes prospèrent dans toute l'étendue de l'Europe et fournissent à la circulation, à l'industrie, à l'alimentation des ressources aussi abondantes que variées.

Nature du sol. — La constitution géologique de l'Europe n'est pas moins favorable que son climat au développement de la vie civilisée. Les terrains calcaires (1) et les terrains d'alluvions (2) y dominent : presque toute sa superficie est cultivable, ses plus hautes montagnes ne dépassent guère 4000 mètres et n'offrent point aux communications les mêmes obstacles que les chaînes gigantesques de l'Asie et de l'Amérique. On n'y rencontre point, comme dans les autres parties du monde, de déserts sablonneux, de steppes sans fin, de terrains couverts d'efflorescences salines, rebelles à la culture et à la civilisation.

Pauvre en métaux précieux, l'Europe est riche en carrières, en mines de cuivre, de plomb, de zinc, d'étain et surtout de fer et de houille. Le fer et la houille ont créé son industrie, comme ses mers et ses fleuves ont créé son commerce, comme son sol et son climat ont créé son agriculture, comme toutes ces causes réunies ont établi la supériorité de sa civilisation.

III

Divisions politiques. — L'Europe peut se diviser en six régions qui renferment vingt États ou groupes d'États.

1° La région du NORD-OUEST et de l'OUEST comprend quatre États : la *France*, le *Royaume-Uni de Grande-Bretagne et d'Irlande* ou *Îles Britanniques*, la *Belgique* et les *Pays-Bas* ou *Hollande*.

2° La région CENTRALE comprend trois États ou groupes d'États : l'*Empire d'Allemagne*, la *Suisse* et l'*empire Austro-Hongrois*.

---

1. On appelle terrains calcaires ceux qui renferment une forte proportion de chaux.
2. Les terrains d'alluvions sont ceux qui se composent de dépôts, relativement récents, formés par les eaux.

3° La région MÉRIDIONALE comprend trois États : l'*Espagne*, le *Portugal*, et l'*Italie*.

4° La région du SUD-EST comprend six États : la *Turquie d'Europe* avec ses dépendances, la *Bulgarie*, la *Roumanie*, la *Serbie*, le *Montenegro* et la *Grèce*.

5° La région de l'EST et du NORD-EST ne comprend qu'un État : la *Russie*.

6° La région SEPTENTRIONALE comprend trois États : le *Danemark*, la *Suède* et la *Norvège* (Péninsule scandinave).

CHAPITRE II

Les mers et les rivages.

I

OCÉAN GLACIAL ARCTIQUE

Océan Glacial septentrional. Terres arctiques. — L'océan Glacial arctique, qui commence au cercle polaire, communique librement avec l'Atlantique par le large espace qui s'étend entre le *Groënland* et la *Norvège*. Pendant l'hiver, c'est une plaine de glaces hérissée de blocs immenses qu'y versent les glaciers des terres arctiques. Pendant l'été, la chaleur du soleil et l'action des courants tièdes de l'Atlantique qui longent le littoral norvégien et se font sentir jusque sur les côtes occidentales de la Nouvelle-Zemble et du Spitzberg, disloquent les banquises et permettent aux pêcheurs de phoques et de baleines de se frayer un chemin au milieu de leurs débris. La température superficielle varie suivant les circonstances atmosphériques, mais, à 25 ou 30 mètres de profondeur, le thermomètre marque presque invariablement un ou deux degrés centigrades au-dessus de zéro.

L'océan Glacial arctique baigne les côtes de la Russie et de la Norvège et un certain nombre de grandes îles que les géographes ont rattachées tantôt à l'Europe, tantôt à cette ceinture de terres encore mal connues qui paraissent entourer le pôle nord et qu'on désigne sous le nom de **Terres arctiques.**

Les plus importantes sont le **Spitzberg** (montagne pointue), entre 75° et 80° de latitude nord, 16° et 25° de longitude orientale, groupe d'îles montagneuses et glacées dont les seuls habitants sont les ours blancs, les phoques et de nombreux oiseaux.

Au nord-est du Spitzberg, la terre **François-Joseph** a été découverte en 1873 et 1874 par l'expédition autrichienne sous les ordres de MM. Weyprecht et Payer. C'est un vaste archipel qui s'étend du 80° au 83° degré de latitude septentrionale par 59° environ de longitude orientale, couvert de glaciers, de champs de neige et hérissé de montagnes dénudées, dont les plus hautes dépassent 1 500 mètres.

Au sud de la terre François-Joseph, est située la **Nouvelle-Zemble** (en russe Terre-Neuve), longue terre coupée en deux par un détroit presque toujours obstrué de glaces, et souvent visitée en été par les tribus Samoyèdes qui viennent y chasser le phoque ou les animaux à fourrures.

La Nouvelle-Zemble est séparée par le détroit ou porte de *Kara* de l'île inhabitée et stérile de *Waigatch*, un des rendez-vous des pêcheurs russes et sibériens pendant la saison d'été.

Mer de Kara. — Entre la Nouvelle-Zemble et la presqu'île sibérienne de *Jalmal* s'enfonce un golfe libre de glaces pendant les mois de juillet, d'août et de septembre, la mer de **Kara** sur les confins de l'Europe et de l'Asie.

Mer Blanche. — Depuis la mer de Kara jusqu'à la presqu'île de *Kanin*, à l'entrée de la mer Blanche, la côte de Russie est basse, déserte, longée par des courants froids qui pénètrent dans la mer Blanche, enveloppée d'éternels brouillards et couverte de tourbières glacées auxquelles les indigènes donnent le nom de *toundras*. L'île de *Kolgouieff* n'est, comme celle de Waïgatch, qu'une station de pêche, inhabitable en hiver.

La mer Blanche, gelée pendant les trois quarts de l'année, et qui n'est navigable que du commencement de juillet à la fin de septembre, communique avec l'océan Glacial par une assez large ouverture et s'enfonce dans les terres par trois golfes longs et étroits : ceux de la *Dwina*, de l'*Onéga* et de *Kandalakcha* : c'est dans ce dernier golfe qu'elle atteint ses plus grandes profondeurs (300 m.), tandis que, dans le détroit qui la rattache à l'océan Glacial, les sondages varient entre 40 et 50 mèt.

La presqu'île de **Laponie** ou de *Kola* (terre qui est à l'extrémité, Finistère) qui forme le littoral occidental de la mer Blanche et qui se prolonge sur les bords de l'océan Glacial jusqu'au golfe de *Varanger*, est une région de lacs et de toundras, au sol granitique (1), au climat humide et froid, aux côtes inhospitalières, fréquentées cependant par les pêcheurs de harengs et de morues.

Océan Glacial arctique. Norvège. — C'est au golfe de Varanger que commence la Norvège. Presque jusqu'au cap *Nord*, la côte, bien qu'elle présente déjà de profondes découpures, est plate et monotone, mais à l'ouest du *Nord-Kyn* (cap situé à l'est du cap Nord), elle se relève brusquement et plonge dans la mer par des pentes presque verticales qui se dressent au-dessus des flots comme une muraille de granit. — Des golfes étroits bordés de tous côtés de montagnes sauvages, et qui portent le nom de *Fiord* (détroit) s'enfoncent dans l'intérieur des terres; des îles rocheuses séparées par des canaux où s'engouffrent les courants, les îles *Sœræ*, *Senjen*, l'archipel *Loffot*, forment, le long de la côte, une sorte de digue naturelle contre laquelle viennent se briser les vagues de l'Océan. — Dans un des passages qui séparent deux des îles les plus méridionales de l'archipel de Loffot se produisent, surtout quand soufflent les vents de l'ouest,

---

1. Le granit est une roche compacte et cristallisée qui appartient aux plus anciennes formations de la croûte terrestre.

les tourbillons connus sous le nom de *Maëlstroem* (courant du moulin), si redoutés autrefois des marins scandinaves.

Les courants chauds de l'Atlantique (*Gulf-Stream*), en rasant les côtes de Norvège, réchauffent la température du littoral. A *Bergen* (Norvège méridionale) les hivers sont doux et pluvieux, la neige fond vite et la mer ne gèle presque jamais, tandis que, sous la même latitude, la Baltique est gelée pendant six mois.

C'est dans les parages des îles *Loffot*, et surtout dans les parties les moins profondes du *Vestfiord* (golfe occidental), espèce de mer intérieure qui s'étend entre cet archipel et le continent, qu'a lieu, du mois de janvier au mois d'avril, la pêche de la morue, principale ressource de la population du littoral. On évalue à plus de 22 millions le nombre des poissons capturés chaque année entre le golfe de Varanger et le cercle polaire, et à 25 000 celui des personnes occupées à cette pêche.

Le saumon est très abondant dans les fiords de la Norvège septentrionale, et s'exporte en grande quantité pour l'Angleterre.

II

OCÉAN ATLANTIQUE

Océan Atlantique septentrional. — Les géographes n'ont point assigné de nom particulier à la partie septentrionale de l'océan Atlantique qui s'étend depuis le cercle polaire jusqu'au 62° degré de latitude (archipel des *Shetland*) et qui baigne la Norvège, les îles *Fær-Œer* ou *Feroë*, et l'**Islande**. C'est un bassin profond de 1000 à 3000 mètres en pleine mer. Sur les côtes de Norvège, tantôt basses et bordées de collines arrondies, comme aux environs de Drontheim, tantôt dominées par de brusques escarpements, mais toujours découpées de profondes dentelures, et semées d'îles granitiques (archipel de Drontheim, etc.), s'étend une terrasse sous-marine large de 50 à 150 kilomètres, située à une profondeur moyenne de 300 à 500 mètres au dessous du niveau de l'Océan. Les eaux qui la recouvrent conservent une température de 6 à 7 degrés centigrades. A une certaine distance des côtes, cette terrasse se relève, puis s'abaisse de nouveau et plonge rapidement jusqu'à une profondeur de 1500 à 2000 mètres. La température de ces couches inférieures ne s'élève guère au dessus de zéro. L'océan Atlantique septentrional est donc divisé en deux zones : une zone tiède supérieure, et une zone froide inférieure qui remonte vers la surface en se rapprochant des régions polaires, et que caractérise une faune analogue à celle des mers arctiques.

Dans le bras de mer qui sépare la Norvège du Groënland s'élèvent au-dessus des eaux deux massifs volcaniques qui s'appuient sur un plateau sous-marin orienté du sud au nord, dont la sonde rencontre la surface à 400 ou 500 mètres de profondeur.

Le moins considérable, l'archipel des îles **Fær-OEer** (îles aux brebis), n'est qu'un groupe d'îlots stériles ; le plus important, l'**Islande** (terre de glace), dresse, sur la limite des mers polaires, ses sommets volcaniques, ses plateaux glacés et ses côtes profondément découpées, surtout au nord et à l'ouest. La morue, le hareng et le maquereau abondent dans les mers d'Islande et de Norvège, où la pêche se fait surtout en février, mars et avril.

Une dépression, profonde de 1200 à 1300 mètres, sépare le massif sur lequel reposent l'Islande et les îles *Fær-OEer*, d'un plateau beaucoup plus élevé qui supporte les îles *Shetland* et la *Grande-Bretagne :* cette vallée marque la limite septentrionale de la mer du Nord.

Mer du Nord. — La mer du Nord, *l'océan Germanique* des anciens, baigne à l'est la Norvège, depuis le cap *Stadt* jusqu'au cap *Lindesnæs*, à l'entrée du *Skager-Rak*, le Jutland et le Sleswig-Holstein. Le littoral norvégien offre le même aspect que celui de l'Atlantique : des falaises de granit, tantôt nues et sauvages, tantôt couronnées de sapins, des îles hérissées de rochers, des fiords étroits et sinueux dont le plus profond, le *Sogne-*

fiord, pénètre à plus de 140 kilomètres dans l'intérieur des terres. Une sorte de fossé de 350 à 800 mètres de profondeur dessine les contours de la côte, et la sépare du plateau qui forme le fond de la mer du Nord, entre le Jutland, l'Allemagne du Nord, les Pays-Bas et la Grande Bretagne.

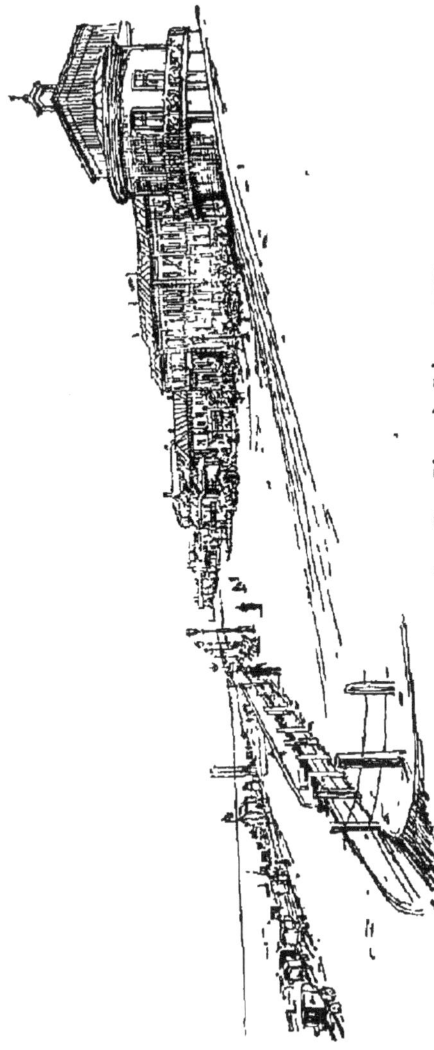

De l'autre côté du *Skager-Rak*, la péninsule du **Jutland** (pays des *Jutes*), terminée par le cap *Skagen*, et du *Sleswig-Holstein*, est basse et sablonneuse : le fond de la mer se relève rapidement : la sonde le rencontre partout entre 35 et 40 mètres. A deux heures de la côte allemande, en face de l'estuaire de l'Elbe, se dresse, à 50 mètres au-dessus de la mer, le plateau rocheux d'*Heligoland* (île sainte), qui appartient aux Anglais depuis 1807. — Les côtes méridionales de la mer du Nord, plates et marécageuses depuis l'embouchure de l'Elbe jusqu'au golfe du *Dollart* (Allemagne), offrent une large échancrure formée par

Fig. 1. — Littoral des Pays Bas. Plage de Scheveningen.

l'estuaire du Weser et le golfe de *Jade :* elles sont bordées, depuis le golfe de Jade, d'une chaîne d'îles sablonneuses qui se prolonge jusqu'à l'entrée du **Zuiderzée** (îles *Wangeroog*, *Norderney*, *Borkum*, *Ameland*, *Terschelling*, du *Texel*, etc.).

Le littoral des Pays-Bas, aussi monotone que celui de l'Allemagne, formé tantôt de dunes blanches, tantôt de terres à demi inondées et qui se confondent avec la mer, ne présente qu'un golfe de quelque importance, le **Zuiderzée** (mer du Sud), creusé au treizième siècle, sur l'emplacement d'anciens lacs, par une irruption de l'Océan. On songe, aujourd'hui, à reconquérir le terrain perdu et à dessécher le Zuiderzée en barrant, par une digue de 40 kilomètres, le détroit profond de 4 à 6 mètres qui le fait communiquer avec la mer du Nord. Ce travail presque achevé pour le golfe de l'Y (prononcez aï), au sud-ouest du Zuiderzée, rendrait à la culture près de 200000 hectares.

Du reste, une partie de la Hollande est au-dessous du niveau de la mer, et n'est protégée contre l'inondation que par les dunes et par des digues artificielles dont la rupture a entraîné plus d'une fois de terribles catastrophes. Quelques-unes sont des travaux gigantesques qui ont exigé les efforts de plusieurs générations. Celle du *Helder* a 8 kilomètres de long, 12 mètres d'épaisseur au sommet, 13 mètres d'élévation au-dessus du niveau moyen de la marée, et plonge sous les flots à 64 mètres, sous un angle de 40 degrés! Au delà des bouches de la Meuse et de l'Escaut, obstruées d'innombrables îles au sol marécageux (*Voorne*, *Gœree*, *Schouwen*, *Beveland*, *Walcheren*, etc.), recommencent les dunes basses qui bordent tout le littoral de la Belgique et de la France jusqu'au cap *Grisnez*.

La côte occidentale de la mer du Nord, depuis le *Sud-Foreland* (promontoire du sud) près de Douvres (Angleterre) jusqu'au cap *Duncansby*, au nord-est de l'Écosse, appartient à la Grande-Bretagne. — En Angleterre, où elle est généralement basse et vaseuse, elle n'offre guère que deux saillies remarquables : entre la Manche et l'estuaire de la Tamise, la péninsule de *Kent*, terminée par le *North-Foreland* (promontoire du nord) ; entre l'estuaire de la Tamise et le golfe marécageux du *Wash*, la large presqu'île du *Norfolk*. Au nord de l'embouchure de l'*Humber*, à partir du cap *Flamborough*, la côte se relève ; les baies deviennent plus profondes et plus nombreuses, et, depuis le golfe du *Forth*, la côte écossaise est coupée de fiords (*firth* en anglais), ceux du *Tay*, de *Moray*, de *Dornoch*, qui rappellent ceux de la Norvège.

La limite septentrionale de la mer du Nord est marquée par les archipels rocheux des **Orcades** (Orkney) et des **Shetland**, sans cesse entourés de brouillards et balayés par les vents du pôle.

Au milieu même du bassin de la mer du Nord, dont la profondeur moyenne ne dépasse pas 100 à 135 mètres, s'élèvent deux plateaux sous-marins, le *Long-Banc* où les sondages varient de 55 à 73 mètres, et le *Dogger-Banc* qui est à peine recouvert de 30 à 40 mètres d'eau. Ce sont les parages les plus renommés pour la pêche. Les principales pêches sont celle du hareng, qui se fait en juillet et en août dans les Orcades, en septembre et en octobre sur le Dogger-Banc et sur les côtes de Hollande ; celle de la morue, de février à avril, et celle des huîtres sur les côtes du Holstein, de l'Allemagne, de la Belgique et de la Grande-Bretagne, et surtout sur le Dogger-Banc et dans le Zuiderzée.

Mer Baltique. — La mer du Nord communique avec la mer **Baltique** (du nom de *Baltia* donné autrefois à la Scandinavie) par un long canal qui, sous les noms de *Skager-Rak* et de *Cattégat*, sépare le Jutland de la Norvège et de la Suède, et se resserre sous celui de **Sund** (4500 mètres de largeur) entre l'île de *Seeland* (*Sjalland*, en danois) et la côte suédoise, avant de déboucher dans le bassin de la Baltique méridionale.

Le groupe des îles danoises ferme pour ainsi dire l'entrée de ce bassin et ne laisse que trois passages, le Sund, le grand *Belt* (détroit), entre *Fionie* (*Fyen*) et

Fig. 2. — Château de Kronborg sur le Sund.

Seeland, et le petit *Belt*, entre Fionie et le continent.

La Baltique, longue et étroite, presque sans marées, à peine salée, surtout dans sa partie septentrionale, et profonde de 30 à 280 mètres, forme trois bassins distincts : au nord, le golfe de **Botnie** bordé en Suède de récifs et de plages sablonneuses, en Russie de côtes plates, souvent marécageuses, et limité au sud par le groupe des îles d'*Aland*; à l'est, le golfe de **Finlande**, profond de 35 à 70 mètres, aux côtes escarpées et rocheuses; au sud enfin, la **Baltique** proprement dite, dont le littoral semé de lagunes sur les côtes de l'Allemagne (lagunes de *Stettin*, golfe de *Danzig*, *Frisches-Haff*, *Kurisches-Haff*), plat et vaseux en Russie sur les bords du golfe de **Livonie**, se relève dans la Suède méridionale, où la mer creuse d'innombrables baies presque toutes hérissées d'écueils. Les îles de *Bornholm*, de *Gottland* et d'*OEland* sur les côtes de Suède, offrent à l'est des plages de sable, à l'ouest de hautes falaises; celles de *Dago* et d'*OEsel* sur les côtes de Russie, de *Rügen*, d'*Usedom* et de *Wollin* sur les côtes d'Allemagne, s'élèvent à peine au-dessus de la mer.

Le golfe de Botnie et le golfe de Finlande sont gelés du mois de novembre au mois de mai : dans la partie méridionale de la Baltique, il est rare que les glaces soient assez compactes pour interrompre la navigation.

Des observations qui remontent déjà à plus d'un siècle sembleraient prouver que la côte occidentale se soulève lentement, tandis que la côte méridionale et orientale s'abaisse, comme s'il s'opérait un mouvement de bascule dans cette partie du continent européen.

Mer de la Manche. — La mer du Nord communique avec la **Manche** par un canal large de 28 kilomètres dans sa partie la plus resserrée, profond de 10 à 30 mètres et qui porte le nom de **Pas de Calais**. La nature du fond, crayeux et imperméable, rend assez facilement exécutable le projet d'un tunnel sous-marin entre la France et l'Angleterre, tunnel dont les travaux préparatoires ont déjà commencé.

La Manche baigne le sud de l'Angleterre et le nord-ouest de la France dont les côtes présentent de frappantes analogies. De Douvres à la rade de *Spithead*, en Angleterre, et de la baie de *Somme* à la pointe de la *Hève*, en France, des falaises crayeuses interrompues par quelques plages de sable ou de galets : de la rade de Spithead à la pointe de *Portland* et de l'estuaire de la Seine à l'extrémité septentrionale de la presqu'île du **Cotentin** (cap de la *Hague*), des côtes moins élevées, sur-

Fig. 3. — Les falaises de la Manche en Angleterre.

tout en France : enfin, de la pointe de Portland aux caps *Lizard* et *Land's End* (fin de la terre) et de la pointe de la Hague au cap *Saint-Mathieu*, les rochers, les falaises de schiste ou de granit, les larges déchirures de la **Cornouaille** (*Cornwal*) et de la **Bretagne**. Outre les îlots et les écueils semés sur la côte bretonne, dans la baie du mont Saint-Michel, sur le littoral du Cotentin et de la Basse-Normandie, la Manche baigne sur les côtes d'Angleterre l'île verdoyante de **Wight** et le groupe sauvage des *Sorlingues* (Scilley), sur celles de France l'**archipel Anglo-Normand** (*Jersey*, *Guernesey* et *Aurigny*) rattaché au Cotentin par une chaîne de roches sous-marines.

La profondeur moyenne de la Manche ne dépasse pas 45 mètres : la pente de cette large vallée est inclinée vers l'Océan et brusquement interrompue au nord-ouest du cap de la Hague par une fosse de 100 à 160 mètres qui ne s'étend pas jusqu'à la côte anglaise. Les courants violents de l'Océan et de la mer du Nord brisés par la presqu'île du Cotentin qui s'avance comme un épi gigantesque, les vents d'ouest qui s'engouffrent dans ce canal avec une puissance irrésistible, rendent la navigation dangereuse et tendent à accumuler les galets et les sables à l'entrée de nos ports, qui ne sont point protégés comme ceux de l'Angleterre par la configuration du rivage.

Les grandes pêches de la Manche sont celles du hareng et des huîtres dont les bancs les plus fameux sont ceux de Cancale en France, de Portsmouth et de Falmouth en Angleterre.

A l'ouest de l'Europe, depuis l'Islande jusqu'au *détroit de Gibraltar*, l'**Atlantique** baigne les îles Britanniques, pénètre entre l'Irlande et l'Angleterre par la mer d'**Irlande**, et creuse sur les côtes de la France et de l'Espagne le golfe de **Gascogne**, sur celles de l'Espagne méridionale, le golfe de **Cadix**.

Océan Britannique. — Les îles Britanniques et la France sont bordées d'une large terrasse qui se rétrécit sur les côtes d'Espagne et de Portugal et que la sonde rencontre partout à une profondeur de 50 à 180 mètres. Elle s'incline en talus rapides du côté de l'ouest : à une distance de 300 à 400 kilomètres de la côte anglaise et française, de 100 à 120 kilomètres de la côte espagnole, le fond de la mer descend brusquement à 1 500 ou 2 000 mètres pour s'abaisser bientôt au-dessous de 4 000.

La côte septentrionale de la Grande-Bretagne, du cap

Duncansby au *canal du Nord*, et la côte occidentale de l'Irlande sont découpées par de véritables fiords (golfes de *Lorn*, de la *Clyde*, en Ecosse, baies de *Donegal*, de *Galway*, de *Limerick*, de *Dingle*, de *Bântry*, en Irlande) et semées d'îles granitiques dont les plus importantes sont les **Hébrides**. Les prismes basaltiques de la grotte de Fingal dans l'île de *Staffa* (Hébrides) et de la *Chaussée des géants* sur la côte septentrionale de l'Irlande ont gardé la trace des phénomènes volcaniques qui durent bouleverser autrefois le sol de ce plateau sous-marin.

Mer d'Irlande. — La mer d'Irlande, entre l'Irlande et l'Angleterre, n'est qu'un détroit qui s'élargit dans sa partie centrale, où se dresse l'île de *Man*, et se rétrécit à ses deux extrémités, le *canal du Nord* et le *canal de Saint-Georges*. La côte d'Angleterre, creusée par les golfes de *Solway*, de *Morecambe*, de *Liverpool*, de *Caernarvon*, de *Cardigan*, est beaucoup plus découpée que la côte irlandaise. La presqu'île de **Galles** y projette ses pointes granitiques (caps *Saint-David*, *Saint-Goven*, etc.), et domine de ses hautes falaises le canal Saint-Georges et la baie de Bristol. Au nord de la presqu'île, l'île d'*Anglesea* n'est séparée du continent que par un détroit que franchit aujourd'hui un pont tubulaire long de 600 mètres et haut de 30.

Au sud du canal de Saint-Georges, entre le pays de Galles et la Cornouaille s'enfonce le golfe ou *canal de Bristol*, large estuaire de la Severn.

Mer de France, golfe de Gascogne. — La mer de **France**, dont la partie méridionale porte le nom de golfe de **Gascogne**, s'ouvre entre la pointe *Saint-Mathieu* en France, et les caps *Ortégal* et *Finisterre* en Espagne. Le littoral français, rocheux et tourmenté dans la presqu'île de Bretagne, depuis la pointe Saint-Mathieu jusqu'à l'embouchure de la Loire, plat et bordé de marais salants de l'embouchure de la Loire à celle de la Garonne, est formé depuis la pointe de *Grave* jusqu'à l'Adour par une chaîne de dunes dont quelques-unes atteignent 80 mètres, et qui reculent lentement devant la mer.

Les îles d'*Ouessant*, de *Sein*, de *Groix*, de *Belle-Isle*, de *Noirmoutier*, d'*Yeu*, de *Ré* et d'*Oléron* s'échelonnent de la pointe Saint-Mathieu à l'embouchure de la Charente, comme les débris d'une digue destinée à protéger les côtes de France contre les assauts de l'Océan.

La côte d'Espagne, depuis la Bidassoa jusqu'au cap *Finisterre*, prolonge par des pentes abruptes le versant septentrional des Pyrénées et des monts Cantabres qui descend vers le golfe de Gascogne.

Le golfe de Gascogne, avec ses côtes inhospitalières, les vents d'ouest qui s'y engouffrent, les courants (branche du Gulf-Stream) qui rasent la côte d'Espagne et longent à une plus grande distance celle de France, est une des mers les plus agitées et les plus dangereuses de l'Europe.

Océan Ibérique. — Le littoral espagnol et portugais, depuis le cap *Finisterre* jusqu'au cap **Saint-Vincent**, trace du nord au sud une ligne presque droite, coupée par l'estuaire du Tage. Escarpée en Galice, la côte est souvent basse et marécageuse en Portugal, où les marais salants de *Sétuval* le disputent à ceux de la France occidentale.

Du cap *Saint-Vincent* à la pointe de *Trafalgar* (détroit de Gibraltar), s'arrondit en demi-cercle un golfe largement ouvert, sur les bords duquel s'élève la ville de *Cadix*, l'antique *Gadès*. Elle marquait pour les anciens la limite de l'Atlantique et avait donné son nom au détroit désigné aujourd'hui par celui de Gibraltar.

Les principales pêches de l'Atlantique sont celles du hareng et de la sardine sur les côtes d'Angleterre et de France, du thon sur celles d'Espagne et de Portugal, des huîtres sur celles du Pays de Galles, de la Bretagne, dans le bassin d'Arcachon et à l'embouchure du Tage, et des crustacés (homards, langoustes, etc.), dans les parages de la Bretagne et de la Cornouaille.

III

LA MÉDITERRANÉE

Le détroit de Gibraltar. — Entre la pointe de *Tarifa* et celle de *Gibraltar* en Europe, le cap *Spartel* et la pointe de *Ceuta* en Afrique s'ouvre un détroit long de 50 kilomètres environ, large de 27 à 45 et dont les moindres profondeurs sont de 300 mètres, tandis que les plus grandes atteignent 1 500 mètres entre Gibraltar et Ceuta. C'est la porte de la Méditerranée par où se déverse un courant puissant venant de l'Atlantique, mais compensé par un contre-courant sous-marin qui rentre dans l'Océan.

La Méditerranée. — La Méditerranée couvre une superficie de plus de deux millions et demi de kilomètres carrés ; comme toutes les mers intérieures, elle n'a que des marées peu sensibles : elles s'élèvent à peine à un mètre dans le golfe de Venise où elles sont le plus appréciables. L'évaporation très active lui enlève plus d'eau que ne lui en apportent les pluies ou les fleuves qu'elle reçoit : de là le courant que lui envoie l'Atlantique et qui empêche son niveau de baisser peu à peu comme celui de la Caspienne.

Le relief du sol sous-marin dessine dans la Méditerranée deux grands bassins, l'un occidental, l'autre oriental, séparés par l'Italie, la Sicile et la chaîne de hauts fonds qui forme une sorte de barrage entre la Sicile et la Tunisie.

Bassin occidental. — Le bassin occidental enveloppé par l'Espagne, la France, l'Italie, la Tunisie, l'Algérie et le Maroc, prend sur les côtes d'Espagne les noms de mer **Ibérique** (1) et de mer des **Baléares**, sur celles de France celui de **Golfe du Lion**, sur celles d'Italie ceux de **Golfe de Gênes** et de mer **Tyrrhénienne.**

---

1. L'Espagne s'appelait autrefois l'*Ibérie*.

Mer Ibérique et mer des Baléares. — Les côtes d'Espagne, escarpées depuis Gibraltar jusqu'au cap de *Palos*, s'abaissent du cap de Palos à Barcelone et se relèvent de Barcelone au cap *Creus*, où commence le golfe du Lion.

Elles dessinent une série de grands golfes dont l'ouverture est dirigée au sud dans la mer Ibérique, à l'est dans celle des Baléares : celui de *Malaga* depuis la pointe de Gibraltar jusqu'au cap de *Gata*, celui de *Carthagène* de la pointe de Gata au cap de *Palos*, celui d'*Alicante* du cap de Palos au cap de la *Nao*, celui de *Valence* du cap de la Nao à l'embouchure de l'Ebre, celui de *Tarragone* de l'embouchure de l'Ebre à celle du Llobregat, au sud de Barcelone.

La mer **Ibérique**, entre l'Espagne et l'Afrique, a des profondeurs de 2 000 à 2 400 mètres ; celle des **Baléares** enveloppe d'un fossé profond de 1 500 à 2 200 mètres le large plateau sous-marin sur lequel reposent *Minorque, Majorque, Cabrera, Iviça, Formentera*, les unes montagneuses, mais fertiles et verdoyantes, les autres, rochers dénudés et brûlés par le soleil.

Golfe du Lion. — Entre le cap *Creus* où finissent les Pyrénées et le cap *Couronne* où se terminent les Alpes de Provence, s'arrondit en demi-cercle le *Golfe du Lion*, avec ses côtes basses, bordées d'étangs (étangs de *Si-jean*, de *Thau*, de *Berre*) et dont la pente insensible se prolonge sous les flots par des hauts-fonds sablonneux.

Golfe de Gênes. — Le golfe de Gênes ou de *Ligurie*, séparé du précédent par la saillie des côtes de Provence, offre au contraire de brusques escarpements qui continuent la pente des Alpes et des Apennins.

Mer Tyrrhénienne (1). — La mer **Tyrrhénienne**, enveloppée par l'Italie, la Sicile, la Sardaigne et la Corse, forme un bassin aux bords fortement inclinés et dont les plus grandes profondeurs dépassent 3 600 mètres. La côte

---

1. Les Tyrrhéniens ou Étrusques étaient un ancien peuple de l'Italie centrale.

d'Italie, plate et marécageuse depuis l'île d'*Elbe* jusqu'au golfe de *Gaëte*, est élevée, creusée de baies pittoresques (golfe de *Naples*, golfe de *Salerne*, etc.) et semée d'îles volcaniques (*Ischia*, *Capri*) dans sa partie méridionale.

La côte septentrionale de Sicile est bordée d'une terrasse sous-marine d'où émergent les groupes volcaniques des îles *Ægates* et *Lipari*. La **Sardaigne** et la **Corse**, massifs montagneux dont la côte orientale présente quelques plages marécageuses, s'élèvent au contraire brusquement, et à quelques lieues des côtes la sonde plonge à 1 000 mètres. Le détroit de *Bonifacio* qui les sépare est hérissé d'écueils qui en font un des plus dangereux passages de la Méditerranée.

Bassin oriental. — Le bassin oriental communique avec le bassin occidental par le détroit de *Messine*, large de 3 kilomètres dans sa partie la plus resserrée, qui sépare la Sicile de l'Italie, et par un bras de mer peu profond d'environ 250 kilomètres entre le cap Bon en Tunisie et la pointe sud-ouest de la Sicile. Il porte sur les côtes d'Europe les noms de mer **Adriatique**, de mer **Ionienne** et d'**Archipel**.

Mer Adriatique. — La mer **Adriatique** (du nom de la ville d'Adria), resserrée entre l'Italie à l'ouest, l'Autriche-Hongrie au nord et à l'est, le Monténégro et la Turquie au sud-est, communique avec la **mer Ionienne** par le *Canal d'Otrante*, entre le cap *Leuca* en Italie et le cap *Glossa* (Linguetta) en Turquie.

Peu profonde au nord, où le **Golfe de Venise**, ensablé par les alluvions du Pô et des torrents qui descendent des Alpes, se comble peu à peu, l'Adriatique atteint dans sa partie méridionale des profondeurs de 800 à 1 000 mètres. Le littoral italien, sur lequel fait saillie le gigantesque promontoire du *Mont Gargano*, s'abaisse dans le golfe de Venise, dont les lagunes envasées empiètent lentement sur la mer.

Le littoral autrichien, qui commence à la presqu'île d'**Istrie** et se prolonge jusqu'aux bouches de *Cattaro*, est presque partout escarpé et semé de nombreuses îles, l'**Archipel illyrien** (*Cherso, Veglia, Pago, Grossa, Brazza, Lesina, Lissa, Curzola, Sabbioncello*), dont la population, longtemps adonnée à la piraterie, fournit aujourd'hui à l'Autriche ses plus intrépides marins.

Le littoral monténégrin et turc n'est pas moins sauvage et d'accès moins difficile.

Mer Ionienne. — On donne le nom de **mer Ionienne** (du nom des *Ioniens*, une des anciennes populations de la Grèce) au bassin que limitent à l'est la Turquie et la Grèce, à l'ouest le groupe volcanique de **Malte** et la **Sicile**, au nord-ouest l'Italie. C'est le plus profond de la Méditerranée : à l'est de Malte, la sonde est descendue à près de 4 000 mètres.

La mer Ionienne creuse sur les côtes d'Italie, entre les caps de *Nao* et *Leuca*, le golfe de **Tarente**, dont les ports ensablés ont perdu leur antique renommée ; sur celles de Grèce le golfe d'**Arta** (ancien golfe d'Ambracie), celui de **Lépante** ou de *Corinthe*, qui deviendra, par le percement de l'**isthme de Corinthe** (7 kilom.), l'une des routes les plus fréquentées de la Méditerranée, ceux d'*Arkadia*, de *Coron* (Messénie) et de *Marathonisi* (Laconie), qui découpent profondément la presqu'île du **Péloponèse**. Ces deux derniers sont séparés par le massif du *Taygète* ou *Maïna* terminé par le cap *Matapan*, l'ancien *Ténare*, avec ses formidables escarpements et ses cavernes où les légendes antiques plaçaient une des bouches de l'enfer.

Sur les côtes de Grèce, depuis le canal d'Otrante jusqu'au delà du cap Matapan, sont dispersées les îles **Ioniennes : Corfou** (Corcyre), la plus vaste de l'Archipel, **Paxo, Sainte-Maure** (Leucade), séparée du continent par un chenal qu'on peut traverser à gué, *Théaki,* l'ancienne Ithaque, **Képhalonie** et **Zante** (Zacynthe), avec leurs vignes qui produisent les raisins dits de Corinthe ; enfin, au sud du cap Malia, **Cérigo,** l'ancienne *Cythère*, dont les verts bosquets ont disparu comme les temples d'Aphrodite qu'ils ombrageaient autrefois.

Archipel. — L'**Archipel (mer Égée)** est un bassin presque fermé qu'entourent, à l'est l'Asie Mineure, au sud les chaînes sous-marines dont **Rhodes**, *Carpathos*, la grande île de **Candie** (Crète), celle de Cythère sont les sommets, à l'ouest les côtes rocheuses de la Grèce découpées par les golfes de *Nauplie*, d'*Egine* et de *Volo*, au nord celles de la Turquie européenne, avec les golfes de *Salonique*, de la *Cavale*, d'*Enos* et de *Saros*, les presqu'îles de la *Chalcidique* (mont *Athos*) et de *Gallipoli* (Chersonèse de Thrace). L'Archipel est parsemé d'îles dont les noms rappellent les plus brillants souvenirs de l'histoire grecque : sur les côtes d'Asie, les *Sporades* méridionales : *Cos*, *Kalymnos*, *Leros*, *Patmos*, *Nicaria* et les îles de *Samos*, de *Chio*, de *Métélin* ou *Mytilini* (l'ancienne Lesbos), de *Ténédos*; au nord, *Limno* (Lemnos), *Imbros*, *Samothrace*, *Thasos*; à l'ouest les Sporades septentrionales : *Skyros*, *Skopelos*, *Skiathos*, *Chilidromi* et la grande île d'**Eubée** (Négrepont), séparée du continent par le canal de *Talantia* et l'*Euripe*; au centre les **Cyclades**, *Andros*, *Tino*, *Dili* (ancienne Délos), *Syra*, *Naxos*, *Paros*, *Milo* (Mélos), *Santorin*, l'ancienne Théra, etc..., avec leurs montagnes volcaniques et leurs rochers rougeâtres, tapissés de beaux vergers ou de maigres bouquets d'oliviers. Les villages suspendus au flanc des falaises contrastent tristement avec les splendeurs d'un passé qui n'a plus pour témoins que quelques débris de temples ou de môles renversés par les flots. Malgré ses îles, l'Archipel atteint au nord de la Crète des profondeurs de plus de 2000 mètres, et, au pied des montagnes de l'Eubée, les sondages accusent plus de 500 mètres sur la côte orientale de l'île.

Fig. 1. — Le corail.

La pêche est très active dans toute la Méditerranée : à

Fig. 5. — Vue du Bosphore à Constantinople.

l'ouest, le thon et la sardine ; sur les côtes d'Algérie et de Tunisie, le corail ; sur celles de l'Archipel les éponges, qui ne le cèdent qu'à celles de Syrie.

Les Dardanelles, la mer de Marmara, le Bosphore. — La mer **Noire**, le *Pont-Euxin* (mer hospitalière) des anciens, forme un troisième bassin méditerranéen qui communique avec l'Archipel par un long détroit resserré à ses deux extrémités, les *Dardanelles* (ancien Hellespont) et le *Bosphore de Thrace*, et qui s'élargit dans sa partie centrale, sous le nom de **mer de Marmara**.

Le **Bosphore** (en grec, le passage du Bœuf), avec ses rives bordées de palais et de jardins, est une sorte d'écluse naturelle longue d'une trentaine de kilomètres, large de 500 à 3000 mètres et d'une profondeur moyenne de 30 à 40 mètres, qui déverse dans la profonde cuvette de la mer de Marmara (1300 mètres au nord-est de l'île de *Marmara*) le trop-plein des eaux de la mer Noire, grossie par de grands fleuves qui manquent à la Méditerranée.

Le détroit des **Dardanelles** (nom dérivé de celui de l'ancienne *Dardanie* ou *Troade*), plus long que le Bosphore (64 kilom.), plus profond (50 à 130 mètres) et d'une largeur moyenne presque double (1700 à 3000 mètres), est également sillonné par des courants rapides qui se dirigent vers l'Archipel.

La mer Noire. — La mer **Noire**, dominée au sud par les côtes escarpées de l'Asie Mineure, à l'est par les pentes abruptes du Caucase, au nord par les falaises de la **Crimée**, baigne à l'ouest des rives plates et marécageuses (Roumanie, Bulgarie, Turquie). C'est une sorte d'entonnoir dont les parois s'abaissent rapidement et où la sonde atteint, au milieu de l'ellipse dessinée par ses rivages, des profondeurs de près de 2000 mètres.

Mer d'Azof. — La mer Noire communique par le détroit de *Kertch* ou d'*Iénikalé* (3 mèt. 50 cent. dans la partie la plus profonde du chenal), l'ancien Bosphore cimmérien, avec un golfe envasé, la mer d'Azof, profond à peine de 25 mètres, bordé de lagunes et de plages sablonneuses et que comblent lentement les alluvions du Don.

La mer d'Azof est moins salée que la mer Noire et son niveau est supérieur de plus d'un mètre ; aussi les courants du détroit de Kertch sont-ils assez violents.

La côte orientale de la presqu'île de **Crimée** est baignée, depuis l'isthme de *Pérécop* jusqu'à l'isthme d'*Arabat*, par un golfe long et étroit, la **mer Putride** (2157 kilom. car.), séparée de la mer d'Azof par un bourrelet de sable large à peine d'un kilomètre, mais long de 120 kilomètres, et qui porte le nom de flèche d'Arabat.

L'évaporation est si active dans la mer Putride que cette lagune ne tarderait pas à disparaître, si elle ne communiquait avec la mer d'Azof par une passe étroite et qui s'ensable de plus en plus.

La mer Caspienne. — La **mer Caspienne** qui, à une période géologique antérieure, paraît avoir communiqué non seulement avec la mer Noire, mais avec la Baltique et les mers boréales, n'est aujourd'hui qu'un lac de 440 000 kilomètres carrés, profond de 15 à 16 mètres et à peine salé dans sa partie septentrionale, comblée par les alluvions du Volga et de l'Oural ; mais dans les parties centrale et méridionale séparées par une chaîne de hauts-fonds, dans le prolongement du cap *Apchéron*, les sondages ont signalé des profondeurs de 700 et de 950 mètres, et la salure est plus forte que celle de la mer Noire.

Son niveau est de 26 mètres au-dessous de celui de la Méditerranée, et les eaux que lui apportent ses grands tributaires, le Volga, l'Oural, le Térek, le Kour, ne suffisent pas pour compenser l'activité de l'évaporation.

La pêche de la Caspienne rapporte chaque année à la Russie près de 60 millions. On y trouve encore le phoque qui a disparu depuis longtemps de nos mers européennes.

Résumé. — Les mers de l'Europe, navigables en toute saison, à l'exception de l'océan Glacial et de la Baltique, n'ont, malgré l'inconstance des courants atmosphériques, ni les colères, ni les calmes plats des mers équatoriales. Elles pénètrent de tous côtés dans les terres où elles découpent de nombreuses presqu'îles et creusent des golfes profonds. Les côtes sont hospitalières : pour créer des ports, l'homme n'a eu qu'à compléter le travail de la nature. Leur configuration, si favorable au commerce et à la navigation, a été pour beaucoup dans la supériorité de la civilisation européenne. Ce sont les bords de la Méditerranée qui l'ont vue naître : ce sont les bords de l'Atlantique qui l'ont vue grandir et déborder sur les autres continents où nos navigateurs ont répandu, avec nos marchandises, nos langues et nos idées, tandis que nos colonies peuplaient le Nouveau Monde et dominaient l'ancien.

RÉSUMÉ DU CHAPITRE Ier

Bornes. — L'Europe est située entre 36° et 71° de latitude nord, 60° de longitude est et 12° 45' de longitude ouest. — Elle a pour bornes, au *nord*, l'océan Glacial arctique et l'océan Atlantique ; à l'*ouest*, l'océan Atlantique ; au *sud*, le détroit de Gibraltar, la mer Méditerranée, la mer Noire et les monts Caucase ; à l'*est*, la mer Caspienne, le fleuve Oural et les monts Ourals. — *Superficie*, 10 000 000 de kilom. carrés.

RÉSUMÉ DU CHAPITRE II

I

Les mers et les rivages. — *Océan Glacial arctique*. L'océan Glacial, qui baigne le *Spitzberg*, la terre *François-Joseph*, la *Nouvelle-Zemble*, les îles *Waigatch* et *Kolgoueff* (Russie), et les îles *Loffot* (Norvège), ne forme qu'une mer secondaire, la mer Blanche, couverte de glaces pendant sept ou huit mois de l'année.

Le cap *Nord* (Norvège) est le point le plus septentrional de l'Europe.

II

L'océan *Atlantique septentrional* baigne la Norvège, les îles *Fær-OEer* ou *Féroë*, l'*Islande*, et s'étend jusqu'aux îles *Shetland* au nord de la Grande-Bretagne.

L'océan Atlantique forme la mer Baltique, la mer du Nord, la Manche, la mer d'Irlande et la mer de France.

Mer Baltique La mer Baltique, en général peu profonde, et où la navigation est interrompue par les glaces du mois de novembre au mois d'avril, baigne la péninsule scandinave et la péninsule danoise, l'archipel danois, et les îles de *Gottland* d'*OEland*, d'*Aland*, de *Dago*, d'*OEsel*, de *Rügen*, sur les côtes de Suède, de Russie et d'Allemagne. Elle forme sur le littoral russe les golfes de *Botnie*, de *Finlande* et de *Livonie*; sur le littoral allemand, ceux de *Danzig* et de *Stettin*.

Mer du Nord. La mer Baltique communique avec la mer du Nord par les détroits du *Sund* entre la Suède et l'île danoise de Seeland, du *Cattégat* et du *Skager-Rak* entre la Suède, la Norvège et le Danemark, du *grand Belt* entre l'île de Seeland et celle de Fionie et du *petit Belt* entre l'île de Fionie et le Sleswig.

La mer du NORD baigne, à l'est, la Norvège et la péninsule danoise; au sud, l'Allemagne, la Hollande, la Belgique; à l'ouest, les îles Britanniques, et forme en Hollande le golfe du *Zuiderzée* (mer du Sud). Les groupes des *Orcades* et des *Shetland* marquent sa limite septentrionale.

Mer de la Manche. La MANCHE étroite et peu profonde communique avec la mer du Nord par le *Pas de Calais*: elle baigne, au sud, la France (presqu'île du *Cotentin* terminée par le cap de la Hague et presqu'île de Bretagne, îles *Anglo-Normandes*); au nord, l'Angleterre, sur les côtes de laquelle sont situées l'île de *Wight* et les îles *Sorlingues*.

La limite de ce bassin est marquée, à l'est, par le cap *Grisnez* et le *Sud-Foreland*; à l'ouest, par le cap *Saint-Mathieu* et le cap *Land's End*.

Océan Britannique et mer d'Irlande. L'océan Britannique baigne les côtes occidentales de la Grande-Bretagne (îles Hébrides) et de l'Irlande.

La mer d'IRLANDE n'est qu'un bras de l'océan Atlantique septentrional, resserré entre l'Angleterre à l'est et l'île d'Irlande à l'ouest (canal du Nord et canal Saint-Georges), et qui baigne les îles de *Man* et d'*Anglesea*.

Mer de France. La mer de FRANCE, dont la partie méridionale porte le nom de *golfe de Gascogne*, est un grand golfe qui communique librement avec l'océan Atlantique et qui s'étend entre la pointe *Saint-Mathieu* (France) et le cap *Finisterre* (Espagne): elle baigne les îles d'*Ouessant*, *Belle-Isle*, *Noirmoutier*, *Ré* et *Oléron*.

Océan Ibérique. On peut donner le nom d'OCÉAN IBÉRIQUE à la partie de l'Atlantique qui baigne la côte occidentale de l'Espagne et le Portugal du cap *Finisterre* à la pointe de *Tarifa* (Espagne).

Les grandes pêches de l'Atlantique sont celles de la morue (océan Glacial et mer du Nord), du hareng (*id.*), de la sardine (Manche et mer de France), et des huîtres.

III

Méditerranée et mers secondaires. La mer Méditerranée

forme la mer Ibérique, la mer Tyrrhénienne (bassin occidental), la mer Adriatique, la mer Ionienne, l'Archipel (bassin oriental), la mer de Marmara, la mer Noire et la mer d'Azof. Elle communique avec l'Atlantique par le détroit de Gibraltar entre l'Espagne et l'Afrique.

Mer Ibérique. La mer IBÉRIQUE baigne les côtes orientales de l'Espagne et le groupe des îles *Baléares* (îles *Majorque, Minorque,* etc.).

La limite de ce bassin est marquée par la pointe de *Tarifa* au sud et le cap *Creus* (Espagne) au nord.

Golfes du Lion et de Gênes. Entre la mer Ibérique et la mer Tyrrhénienne, la Méditerranée creuse sur les côtes de France et d'Italie, du cap *Creus* à la pointe de la *Spezia* (Italie), les golfes du LION et de GÊNES.

Mer Tyrrhénienne. La mer TYRRHÉNIENNE (du nom des Tyrrhéniens ou Étrusques, ancien peuple de l'Italie centrale) baigne les côtes occidentales de l'Italie et les grandes îles de *Corse* et de *Sardaigne*, séparées par le détroit de *Bonifacio*, ainsi que celle de *Sicile*, séparée de l'Italie par le détroit de *Messine*.

Mer Adriatique. La mer ADRIATIQUE baigne à l'ouest l'Italie, à l'est l'Autriche-Hongrie (îles *Illyriennes*) et la Turquie, et forme le golfe de *Venise*.

Mer Ionienne. La mer IONIENNE communique avec la mer Adriatique par le *canal d'Otrante*; avec la mer Tyrrhénienne, par le *détroit de Messine*; elle baigne, au nord-ouest, l'Italie, où elle forme le golfe de *Tarente*; à l'est, la Turquie et la Grèce, où elle forme le golfe de *Lépante*. Elle renferme le groupe des *îles Ioniennes*, dont la principale est Corfou ; sa limite occidentale est marquée par la Sicile et par le groupe de *Malte*; sa limite méridionale par le cap *Matapan*, à l'extrémité de la presqu'île du Péloponèse ou Morée, rattachée à la Grèce par l'isthme de *Corinthe*. Cet isthme doit être percé par un canal long de 7 kilomètres.

Archipel et mer de Marmara. L'ARCHIPEL baigne, à l'ouest, la Grèce et la Turquie d'Europe ; au nord, la Turquie ; à l'est, l'Asie ; au sud, la grande île de *Candie*, et communique avec la mer Noire par le détroit des *Dardanelles*, la mer de *Marmara* et le *Bosphore* ou détroit de *Constantinople*. Les principales îles européennes sont le groupe des *Cyclades*, l'*Eubée, Limno, Samothrace* et *Thasos*.

Mer Noire et mer d'Azof. La mer NOIRE baigne, à l'ouest, la Turquie d'Europe ; au nord et à l'est, la Russie et la Crimée, presqu'île rattachée au continent par l'isthme de *Pérécop*, au sud, la Turquie d'Asie. Elle forme la mer d'Azof, golfe ensablé, avec lequel elle communique par le détroit de *Kertch* ou d'*Iénikalé*.

Mer Caspienne. La mer CASPIENNE est un grand lac, sans écoulement, situé dans une dépression et dont le niveau est à 26 mètres au-dessous de celui de la Méditerranée.

Les grandes pêches de la Méditerranée sont celles du thon, du corail (Algérie et Tunisie) et des éponges (Archipel).

Questionnaire.

Rappeler les grandes divisions de l'Europe. — Quelles sont les bornes de l'Europe? — Quelles sont les latitudes et longitudes extrêmes? — Quelle est la superficie du continent et son rapport avec celle de la France? — Quelle est la plus grande longueur de l'Europe du sud au nord?

Quelles sont les mers secondaires formées par l'océan Glacial arctique? — par l'Atlantique? — par la Méditerranée? — Indiquer pour chacune de ces mers les golfes, détroits, grandes îles, caps. — Donner une idée de la nature des côtes. — Pourquoi l'océan Glacial ne gèle-t-il pas sur les côtes de la Norvège? — Qu'est-ce que le Maelstrœm?

Quelles sont les grandes péninsules ou les presqu'îles secondaires les plus importantes, et les isthmes qui les rattachent au continent? — Quels sont les avantages que présente la configuration de l'Europe? — Quelles sont les grandes pêches de l'Atlantique? — de la Méditerranée? — Quelles sont les plus grandes profondeurs de la Méditerranée, de la mer Caspienne, de la Manche? — du golfe de Gascogne?

Exercices.

Carte de la Méditerranée. (Voy. l'atlas de *Drioux et Leroy*. Belin, éditeur.)

Indiquer par des courbes de niveau les principaux traits du relief du fond des mers européennes.

Indiquer la limite des principales pêches.

Lectures.

E. RECLUS. *L'Océan, l'atmosphère, la vie.* 1 vol. in-8°,
E. RECLUS. *Nouvelle Géographie universelle. L'Europe.*
LANIER. *L'Europe.* 1 vol. in-12, 1886.
MEUNIER. *Les Grandes Pêches.*

CHAPITRE III

Le relief du sol. Montagnes, plateaux et plaines.

I

Formation du sol de l'Europe. — Le relief du fond des mers est en relation intime avec celui des continents : aux mers peu profondes correspondent les côtes basses et les pays de plaines ; aux grandes profondeurs maritimes, les rivages taillés à pic et les régions montagneuses. Les mêmes causes qui ont creusé les océans et déterminé la conformation du sol sous-marin, ont soulevé les montagnes et dessiné le relief des terres, soit par l'influence lente et continue des agents, qui, sous nos yeux, en modifient chaque jour la surface, soit, comme le veut la géologie classique, par une série de révolutions brusques et de déchirements de l'écorce terrestre dus à l'action du foyer central qui se révélerait encore par les phénomènes volcaniques.

Quelle que soit l'explication des transformations du globe, l'Europe, comme tous les autres continents, a subi, avant d'arriver à sa configuration actuelle, des révolutions multiples que la disposition des différentes couches de terrains, leur nature, celle des débris animaux ou végétaux qu'on y rencontre, permettent de suivre à travers les âges. Les mers ont changé de place, des terres nouvelles se sont élevées au-dessus des flots, des terres émergées ont disparu, des montagnes ont surgi, brisant et disloquant les couches supérieures de la croûte terrestre : la faune et la flore ont changé comme l'aspect du sol. Ces phénomènes ont pour nous un intérêt puissant ; ils ont fait le sol sur lequel nous vivons, ils sont à la géographie actuelle ce que l'histoire du passé est à celle du présent.

L'orographie (1) européenne. — Un simple coup d'œil jeté sur une carte suffit pour faire reconnaître une région de terres basses qui occupe plus des deux tiers de l'Europe et plusieurs massifs de hautes terres dont les plus considérables sont situés au centre et au sud du continent.

Les terres basses, celles dont le niveau est inférieur à 300 mètres, forment une plaine continue depuis l'Atlantique jusqu'à l'Oural, depuis la mer Blanche et la Baltique jusqu'à la mer Noire et au Caucase, et comprennent : 1° le **bassin inférieur du Danube ;** 2° la

---

1. *Orographie* signifie description des montagnes et du relief du sol.

Russie presque tout entière; 3° la **Suède orientale et méridionale**; 4° l'**Allemagne du Nord et le Danemark**; 5° la **Hollande**, située en partie au-dessous du niveau de la mer, et la **Belgique**; 6° le **nord-ouest** et l'**ouest de la France**; 7° la plus grande partie de l'**Angleterre** et de l'**Irlande**.

Elles occupent en outre une vaste superficie, au centre de l'Europe, dans le bassin moyen du Danube (**Hongrie**); au sud, dans le bassin du Pô (**Italie**).

Les hautes terres, régions de grandes collines, de plateaux ou de montagnes, depuis 500 mètres jusqu'à la limite des neiges éternelles, comprennent :

A l'est : 1° la chaîne de l'**Oural**, et 2° celle du **Caucase**, qui marquent la limite de l'Europe et de l'Asie;

Au centre : 3° le massif de l'**Europe centrale** ou massif des **Alpes**, le plus vaste, le plus élevé du continent, et le plus important au point de vue de la distribution des eaux ; 4° le massif **français**;

Au sud : 5° le massif **pyrénéen** ou **ibérique** dans la péninsule *espagnole*; 6° la chaîne de l'**Apennin** dans la péninsule *italique*; 7° le massif des **Balkans** dans la péninsule *turco-hellénique*;

Au nord : 8° le massif **anglo-écossais**; 9° le massif de l'**Islande**; 10° le massif de la **Scandinavie**.

II

EUROPE ORIENTALE

Les monts Ourals. — L'Oural (1), la ceinture de pierre, comme l'appellent les Sibériens, s'étend du nord au sud depuis l'océan Glacial jusqu'à la Caspienne, sur une longueur de 2500 kilomètres. La maîtresse chaîne est granitique; elle s'abaisse brusquement du côté de l'Asie par des pentes rocheuses et dénudées, tandis que le versant européen se prolonge par des terrasses boisées

---

1. *Oural* signifie ceinture.

ou par des chaînes parallèles à l'arête principale, et appartenant aux plus anciennes formations sédimentaires (1). L'Oural septentrional, dont le pic le plus élevé, le *Tœl Pos Is*, point culminant de toute la chaîne, n'atteint pas 1730 mètres, est un chaos de roches sans verdure, de vallées marécageuses et de crêtes monotones que dominent çà et là des cimes enveloppées de brouillards.

L'Oural central, dont la largeur ne dépasse pas 40 à 50 kilomètres, offre, depuis la source de la Petchora jusqu'à celle de l'Oufa, affluent de la Kama, une série de plateaux peu élevés, rocailleux, mais. riches en mines de fer, de cuivre, en gisements aurifères, et en partie couverts de forêts de sapins, de bouleaux et de mélèzes. La plus haute cime, le *Déneschkin-Kamen*, mesure 1680 m.

L'Oural méridional, qui se prolonge par des chaînons épars jusqu'aux plateaux de l'*Oust-Ourt*, entre le lac d'Aral et la Caspienne, mais dont la masse principale finit par des terrasses escarpées sur les bords du fleuve Oural, se divise en quatre ou cinq chaînes parallèles, boisées ou couvertes de pâturages, et percées de nombreuses grottes où l'on exploite le cristal de roche. Les cimes les plus élevées ne dépassent pas 1645 mètres.

Entre l'Oural et le Caucase, la Caspienne et ses steppes, dont une partie est à plus de 20 mètres au-dessous du niveau de la Méditerranée, creusent une vaste dépression au sol marécageux ou sablonneux presque entièrement formé de dépôts d'origine récente.

Le Caucase. — Le Caucase, chaîne calcaire dont les cimes seulement sont granitiques, court de l'est à l'ouest entre la mer Noire et la Caspienne sur une longueur d'environ 1100 kilomètres et une largeur de 120 à 400. Lié par de nombreuses ramifications aux massifs asiatiques de l'Arménie et de la Perse, le Caucase s'élève

---

1. On appelle terrains sédimentaires ceux qui se sont déposés par couches successives au fond des anciennes mers, aujourd'hui desséchées ou déplacées, au lieu de se former par cristallisation comme les terrains primitifs.

du côté de l'Europe comme un amphithéâtre couronné par des cimes gigantesques, l'*Elbrouz* qui dresse plus haut que le mont Blanc (5660 mètres) son sommet couvert de neiges éternelles, et le *Kazbeck* qui dépasse de plus de 200 mètres le géant des Alpes. Les gradins inférieurs, revêtus sur le versant asiatique d'une luxuriante végétation, n'offrent sur la pente septentrionale que des pâturages et des forêts de sapins.

C'est dans la partie centrale de la chaîne que se dressent les plus hautes cimes : c'est là aussi que s'ouvre dans la vallée supérieure du Térek le principal passage, le défilé de *Dariel* où serpente, au pied du *Kazbeck,* la route stratégique de Vladikaukas à Tiflis.

Les deux extrémités de la chaîne s'abaissent vers la mer Caspienne et vers la mer Noire, mais la branche occidentale plonge dans la mer Noire et se relève de l'autre côté du détroit de Kertch dans les montagnes de **Crimée,** dont les sommets atteignent 1500 mètres, au sud de la péninsule.

Les plaines de Russie. Le plateau de Valdaï. — Au pied du Caucase et de l'Oural, de la mer Blanche à la mer Noire, de la Caspienne à la Baltique et aux Carpathes, s'étend une plaine de plus de 5 millions de kilomètres carrés, dont les plus hauts sommets atteignent à peine 300 mètres. Les terrains calcaires dominent dans le bassin de l'océan Glacial, de la Caspienne et de la mer Noire, le granit dans celui de la Baltique. C'est à peine si quelques chaînes de **collines** boisées en **Pologne** et sur la rive droite du **Volga,** quelques plateaux granitiques et semés de lacs comme celui de **Finlande,** pierreux et incultes comme ceux de l'**Uvalli,** ou couverts de forêts et de marécages comme celui de **Valdaï** rompent l'uniformité de la plaine. Le géant des sommets du Valdaï, le *Popova-gora,* a 300 mètres, le triple de la butte Montmartre. Cette région sert cependant de réservoir à trois des plus grands fleuves de l'Europe : la Dwina, le Dniéper et le Volga.

La plaine russe présente quatre zones bien distinctes,

qui la coupent de l'est à l'ouest : au nord, celle des *toundras,* steppes glacés où ne croissent que les mousses et les lichens ; au centre, celle des forêts qui occupe près des deux tiers de la Russie, et dont les clairières au sol maigre et pierreux ne produisent guère que le seigle et l'avoine ; à l'ouest et au sud-ouest, celle de la grande culture, couverte, sur une superficie de 80 millions d'hectares, d'une épaisse couche de terre noire (Tchornosjom), sans forêts, sans pierres, mais si fertile que la tige du chanvre y atteint 6 mètres et celle de la luzerne 5 mètres ; enfin, au sud et au sud-est, celle des steppes, les uns sablonneux et stériles, les autres revêtus d'une puissante végétation herbacée.

Les plaines du bas Danube. — La plaine de l'Europe orientale se prolonge dans le bassin inférieur du Danube, entre les Carpathes et les Balkans, par les terrasses de la Roumanie et de la Bulgarie, qui descendent en larges gradins vers le fleuve, et dont la fertilité le dispute à celle de la région des terres noires.

III

EUROPE CENTRALE (SUD)

Massif des Alpes.

Situation, nature des terrains. — Le point culminant de l'Europe centrale, le réservoir de ses fleuves, la ligne de démarcation entre la faune et la flore du midi et celles du nord, c'est le massif des **Alpes,** dont les rameaux dessinent toute la charpente de notre continent.

Le massif alpin proprement dit limité, à l'ouest par la vallée du Rhône et celle de l'Aar, au nord par celles du Rhin et du Danube, à l'est par la plaine de Hongrie, au sud par l'Adriatique, la plaine du Pô et le golfe de Gênes, couvre près de 300 000 kilomètres carrés ; il donne naissance à un quart de nos eaux européennes ; ses glaciers ont une superficie de 260 000 hectares, ses lacs une étendue de près de 3000 kilomètres carrés ; des centaines de pics s'élèvent au-dessus de la limite des neiges éternelles ; c'est la montagne dans toute sa majesté et en même temps avec cette variété infinie d'aspects, que ne présentent pas au même degré les hautes terres de l'Amérique, de l'Afrique ou de l'Asie.

Les grandes arêtes des Alpes, soulevées à des époques différentes, sont granitiques ; les contreforts et les terrains inférieurs appartiennent surtout aux formations calcaires ; çà et là sont dispersés des terrains où dominent les roches éruptives qui occupent dans le Tyrol des espaces considérables, mais les Alpes n'ont pas de volcans. Les monts *Euganéens*, qui dressent au nord-est de l'Italie leurs cônes (point culminant, 540 mètres), aujourd'hui couverts de bois et de cultures, ont été soulevés au milieu de la plaine et ne se rattachent pas au massif principal.

On a exploité et l'on exploite encore dans les Alpes des mines d'or, d'argent, de plomb, de cuivre, de fer, de sel gemme, mais beaucoup de filons sont épuisés et la plupart n'ont jamais dû être d'une grande richesse. Les combustibles minéraux, assez rares dans la partie des Alpes qui appartient à la Suisse et à l'Italie, sont plus abondants en Autriche et en France, mais ce sont pour la plupart des lignites et des anthracites de qualité médiocre et qui n'ont de valeur qu'au point de vue de la consommation locale.

Bien que la physionomie générale des Alpes ait été à peu près fixée par les deux derniers soulèvements, celui des Alpes Occidentales et celui des Alpes Centrales, les plus récentes de ces grandes convulsions qui ont bouleversé notre continent, elle a dû être modifiée par des phénomènes dont l'action est encore sensible, les avalanches, les éboulements, les glissements de couches, et surtout les glaciers et les torrents.

Les glaciers.—Les glaciers d'aujourd'hui s'arrêtent d'ordinaire un peu au-dessous de la limite des neiges éternelles (entre 2000 et 2400 mètres) et, même sur les pentes les plus rapides, ne descendent guère plus bas que 1300 mètres ; mais ils ont couvert, à une époque géologique postérieure au soulèvement des grandes Alpes, toute la Suisse, le Tyrol, la Savoie et les vallées supérieures des fleuves. Les débris de moraines et les blocs erratiques, qu'on rencontre à 350 mètres d'altitude dans la vallée du Rhin et à moins de 700 dans le Jura, témoignent encore de cette invasion dont la science a été jusqu'ici impuissante à déterminer la cause. Ces fleuves de glace ont dénudé le sol des vallées, poli les rochers, tracé au flanc des montagnes ces stries gigantesques qu'on dirait faites de main d'homme, emporté jusque dans la plaine les débris qu'ils y ont déposés en se retirant.

Aujourd'hui, les plus grands glaciers des Alpes, ceux des Alpes Grées, Pennines et Bernoises, n'atteignent pas 40 kilomètres carrés de superficie et dépassent rarement 200 mètres de profondeur. Quelques-uns, surtout dans le Grindelwald (Alpes Bernoises) et dans le massif du mont Blanc (*glacier des Bois, glacier des Bossons*), descendent à moins de 1100 mètres ; mais ils fondent alors plus ou moins vite : le glacier des Bois est depuis plusieurs années en pleine décomposition, et le mouvement de recul est parfois si rapide qu'en un an certains glaciers ont perdu 700 mètres de terrain. On évalue la superficie totale des glaciers ou des terrains couverts de neiges éternelles dans les différentes chaînes des Alpes à près de 3500 kilomètres carrés, la masse des glaces à 170 milliards de mètres cubes, et la masse d'eau qu'elles représentent à près de 150 milliards de mètres cubes, c'est-à-dire le débit de la Seine pendant un siècle (1).

Les torrents. — Les torrents, dont les inondations contemporaines laissent de si terribles traces dans la région alpestre, ne sont que de minces filets d'eau auprès

---

1. W. Huber, *le Massif du Mont-Blanc*. (*Bull. de la Soc. de géogr.*, 1866, t. II, p. 326.)

des rivières de la période diluvienne larges de plusieurs kilomètres, dont les eaux furieuses ravinaient le sol, s'ouvraient un passage à travers les montagnes, et en semaient les débris dans les plaines où elles venaient s'étaler en nappes profondes, avant de rouler dans la mer.

Tous ces phénomènes concourent à modifier sans cesse, les uns par une action lente et séculaire, les autres par de brusques cataclysmes, la physionomie des grandes montagnes : les cimes rongées par les eaux, disloquées par les avalanches, s'affaissent peu à peu, les vallées se comblent, les débris s'accumulent sur les plateaux. « L'œuvre de la destruction des montagnes s'opère sous nos yeux et s'est poursuivie depuis l'origine des siècles avec une fatale persévérance. Le grain de sable entraîné, la pierre précipitée des hauteurs n'ont jamais repris leur place, et les sommets détruits peuvent n'avoir laissé, comme témoins de leur ancienne puissance, que les gigantesques bases sur lesquelles ils étaient assis. Leurs débris charriés dans les vallées ont servi à remblayer, par des milliards de mètres cubes, les dénivellations énormes et les gouffres béants des vallées primitives, pour donner au fleuve le cours régulier qu'il s'est construit lui-même à la longue, en dépit des premiers accidents de son cours (1). »

Configuration actuelle des Alpes. — Les Alpes décrivent un arc de cercle dont l'ouverture est tournée vers l'Italie, et qui se termine d'un côté au golfe de Gênes, de l'autre à l'Adriatique.

Le versant italien s'abaisse brusquement : les vallées sont courtes, rapides, presque toutes perpendiculaires à la crête de la grande chaîne. Les contreforts granitiques qui les séparent tombent à pic dans la plaine, que les anciens torrents ont couverte d'une couche épaisse de dépôts diluviens.

Le versant qui regarde la France, la Suisse, l'Alle-

---

1. W. Huber, *Considérations générales sur les Alpes centrales.* — (*Bulletin de la Société de géographie*, 1868, t. Ier, p. 128.)

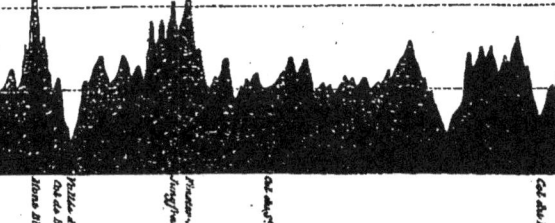

Profil des Alpes du Mont Ventoux au Col du Brenner (d'après Ewald)

Carte II.

magne et l'Autriche, se prolonge au contraire par d'énormes massifs, que des vallées longitudinales parallèles à la crête, et des vallées transversales, étroites et profondes, découpent comme les cases d'un échiquier. L'arête qui forme la ligne de partage des eaux entre les deux versants est en général dessinée par des plateaux assez larges, couverts de pâturages, et que dominent çà et là des cimes neigeuses et des pyramides de granit. Aussi les cols des Alpes sont-ils nombreux et pour la plupart d'un accès assez facile. Cette gigantesque barrière, qui semble entourer l'Italie d'un rempart infranchissable, est percée de tant de brèches qu'elle n'a jamais arrêté les invasions.

La flore et la faune alpestres. — Le voyageur qui traverse le massif des Alpes passe, en quelques jours, ou en quelques heures, par des variations de température aussi grandes que s'il allait d'une latitude tempérée au pôle et s'il revenait du pôle dans nos climats.

Au pied de la grande chaîne, dans le versant italien, mûrissent le limon et l'orange dans les vallées bien exposées; la vigne réussit jusqu'à 600 mètres, le blé jusqu'à 900. C'est entre 600 et 1000 mètres que s'étend la zone des prairies, et celle des forêts de châtaigniers et de chênes : au delà jusqu'à 1300 mètres, les céréales disparaissent, et le hêtre mêlé au sapin couvre les pentes de plus en plus abruptes et que l'imprévoyance du montagnard a trop souvent dépouillées de leurs forêts. De 1400 à 1800 mètres, le sapin et le mélèze revêtent seuls de leur sombre manteau de verdure le sol de plus en plus rocailleux et tourmenté. Au-dessus de 1800 mètres, commence la région des pâturages alpestres, où les troupeaux ne séjournent que pendant l'été pour redescendre en hiver dans la région des prairies.

Enfin, sur la limite des neiges éternelles, qui varie suivant l'exposition entre 2500 et 2800 mètres, le roc nu n'est plus tapissé que de mousses et de lichens qui rappellent la maigre végétation des contrées polaires.

La flore des Alpes est d'une richesse et d'une variété incomparables : l'absinthe, l'arnica, la gentiane, le rhododendron, les azalées fleurissent à des hauteurs de 2000 mètres, et la fraise mûrit jusque sur le bord des

Fig. 6. — Marmotte. (L'animal est de la grosseur d'un chat.)

glaciers. Les animaux caractéristiques des hautes régions

Fig. 7. — Chamois (hauteur de la figure jusqu'à la naissance du cou, 0",03 ; hauteur réelle, 0",70 à 0",80).

sont : l'ours brun, la marmotte, l'hermine, le chamois,

le grand coq de bruyère, l'aigle, le vautour ; mais, poursuivis par le chasseur jusque dans la région des neiges éternelles, ces hôtes de la montagne disparaissent peu à peu, les plantes elles-mêmes n'échappent pas à la destruction, et le temps n'est pas loin où quelques-unes des espèces animales ou végétales de la zone alpestre n'auront plus de représentants que dans nos galeries de zoologie ou dans les herbiers de nos botanistes.

Climat. — Au delà de 1 600 mètres, les neiges couvrent la terre pendant neuf mois de l'année; mais le souffle du *fœhn* (le vent du midi), dont les terribles rafales annoncent le printemps, les fond en quelques heures, et une semaine suffit pour revêtir les pâturages de verdure et y ramener les troupeaux.

Dans les zones inférieures, les pluies sont abondantes, surtout au printemps et en automne, et même en hiver la température descend rarement au-dessous de 10 degrés centigrades (au-dessous de zéro).

Les habitants des Alpes sont une race robuste et qui jouit, malgré la rigueur du climat, d'une excellente santé; cependant le crétinisme et le goître, qui paraît en être le symptôme, ne sont pas rares dans certaines vallées et devraient être attribués, soit à la constitution du sol, soit à l'aération insuffisante, soit plutôt à la qualité des eaux.

Grandes divisions des Alpes. — Les géographes divisent ordinairement les Alpes en trois grandes sections : les **Alpes Occidentales, Centrales** et **Orientales.**

Alpes occidentales.

Le massif des Alpes Occidentales commence au col de *Cadibone*, point de soudure avec les Apennins, et finit au col *Ferret*, point de soudure avec les Alpes Centrales.

Il est compris entre la Méditerranée au sud, les plaines du Piémont à l'est, la vallée du Rhône, à partir du coude de Martigny, au nord et à l'ouest.

Il se partage en deux zones : la zone alpine proprement

dite et la zone subalpine, séparées par un sillon longitudinal que tracent, depuis le coude du Rhône entre Martigny et Saint-Maurice, la vallée de l'Arve, celles de l'Arly affluent de l'Isère, de l'Isère jusqu'à Grenoble, du Drac, de la Durance jusqu'à Embrun, de l'Ubaye, du Verdon, affluents de la Durance, et du Var.

La chaîne principale, qui sépare la France de l'Italie, forme un arc de cercle dont la convexité est tournée du côté de la France. Elle porte les noms d'**Alpes Maritimes**, du col de *Cadibone* au mont *Viso* (3845 mètres), d'**Alpes Cottiennes** (1), du mont *Viso* au mont *Cenis*, et d'**Alpes Grées** (probablement du celtique *craigh*, rocher, pierre), du mont *Cenis* au col *Ferret*.

Alpes Maritimes. — Les Alpes Maritimes plongent jusque dans la Méditerranée, par des escarpements dont les dernières pentes, couvertes d'oliviers et d'orangers, laissent passage à la fameuse route de la Corniche. Leur point culminant, l'aiguille de *Chambeyron*, ne dépasse pas 3400 mètres.

La seule route carrossable est celle du col de *Tende* (1795 mètres), dont les deux versants appartiennent à l'Italie ; les autres passages ne sont que des routes muletières ou des chemins de chars comme le col de la *Fenêtre* (2283 mètres), et le col de l'*Argentière* (1995 mètres), ou des sentiers comme ceux du col d'*Agnello* et du col *Longet*, au pied du mont *Viso*.

Les Alpes Maritimes, très escarpées dans le versant italien où elles donnent naissance au *Tanaro* (col de *Tende*), à la *Stura* (nœud de l'*Enchastraye*), et au *Pô* (mont *Viso*), se prolongent en France par des massifs, les uns dénudés et ravinés par les torrents, comme les **Alpes de la haute Provence** (mont *Pelat*, point culminant, plus de 3000 mètres), entre la Durance, l'Ubaye et le Verdon ; les autres, boisés ou couverts de pâturages, comme les montagnes granitiques des *Maures* et le massif porphyrique de l'**Esterel**, sur le littoral ; les chaînes

---

1. Cottius était un chef gaulois contemporain d'Auguste.

calcaires de **Sainte-Victoire** et des **Alpines**, sur la rive gauche de la Durance. Au pied des Alpines s'étend sur la rive gauche du Rhône, la plaine aride de la **Crau**, dont les cailloux roulés rappellent le temps où la Durance l'inondait de ses eaux torrentielles avant de se jeter directement à la mer.

Alpes Cottiennes. — Les Alpes Cottiennes ont des cimes de plus de 3 000 mètres, le mont *Genèvre* (3 680 mètres), le mont *Thabor* (3 175 mètres), le mont *Cenis* (3 490). Les routes carrossables du mont *Genèvre* (1 860 mètres) et du mont *Cenis* (2 088 mètres), qui se réunissent après avoir franchi la ligne de partage des eaux, dans la vallée de la *Dora Riparia*, et qui débouchent au *pas de Suze*, la clef de l'Italie septentrionale, sont les meilleures des Alpes occidentales, mais le percement du tunnel creusé sous le col de *Fréjus*, et qui livre passage à la voie ferrée (12 240 mètres de longueur, 1 388 mètres d'altitude au point culminant), entre Modane en France et Bardonèche en Italie, a singulièrement diminué leur importance. Les cols de *la Croix* et d'*Abriès*, au sud du mont Genèvre, ne sont que des chemins de mulets.

Les Alpes Cottiennes projettent, dans le versant français, deux massifs au moins aussi élevés que la chaîne principale : celui des **Alpes de Maurienne** (les *Trois Ellions*, les *Grandes Rousses*, la crête de *Belledonne*, 3 000 à 3 500 mètres), coupé par le col de *Galibier* et limité par les vallées de l'Arc, de l'Isère et de la Romanche, affluent du Drac, et celui des **Alpes du Dauphiné** ou ou plus exactement de l'**Oisans**, entre la Romanche, le Drac et la Durance. La Suisse n'offre rien de plus imposant que nos montagnes du Dauphiné avec leurs glaciers, leurs vallées sauvages, leurs sommets (*Barre des Ecrins* [4 103 mètres], *Grand-Pelvoux* [3 954 mètres]), qui atteignent 4 000 mètres, et leurs cols presque impraticables ; un seul, celui du *Lautaret* (2 080 mètres), qui fait communiquer le bassin de la Durance et celui de l'Isère, est accessible aux voitures.

Au delà du Drac commence la zone subalpine : elle

comprend les longues crêtes du **Vercors**, entre l'Isère et la Drôme, et le massif dénudé du **Dévolui** (point culminant, *la Tête de l'Obiou*, 2 792 mètres), entre la Durance, un de ses affluents le Buech, et le Drac, dont les vallées communiquent par le col de *Croix-Haute*. Ces massifs se prolongent jusqu'aux bords du Rhône et de la Durance, par les groupes confus du département de la Drôme, les crêtes des monts de *Lure* et du *Luberon*, et les magnifiques escarpements du mont *Ventoux* (1 912 mètres).

Fig. 8. — Vue du mont Blanc.

Les Alpes Grées. — Le mont Blanc. — Les Alpes Grées sont la partie la plus majestueuse des Alpes françaises. Du mont Cenis au mont Blanc l'arête principale coupée par une seule route charretière, celle du *Petit Saint-Bernard*, est dominée par des aiguilles granitiques dont les plus élevées sont celles de la *Grande Sassière* (3 756 mètres) et de la *Levanna* (3 640 mètres), et s'épanouit sur les deux versants en puissants massifs couverts de neige et de glaciers, le *grand Paradis*, en Piémont (4052 mètres), les monts de la *Vanoise* et de la *Tarentaise* en France entre la vallée de l'Arc et celle de l'Isère : mais ces splendeurs sauvages le cèdent à celles du massif du **mont Blanc**, le roi de nos montagnes européennes. Isolé de toutes parts, au sud par le col du *Bonhomme*, à l'est par l'*Allée Blanche* et le *Val Ferret*, au nord par le col de *Balme*, à l'ouest par la vallée de *Chamonix*, il dresse au-dessus des glaciers et des champs de neige (glaciers de l'*Argentière*, *Mer de glace*, glaciers du *Géant*, des *Bossons*, etc.) ses aiguilles de granit dont dix-huit ont plus de 3400 mètres, cinq plus de 4,000 mètres et que domine une cime neigeuse (4810 mètres), point culminant de toute la chaîne des Alpes.

La zone subalpine des Alpes Grées comprend : 1° le massif des **Dranses** (1) ou du **Chablais** (point culminant, la *Dent du Midi*, 3285 mètres), entre le Rhône, le lac de Genève et l'Arve ; 2° le massif des **Bornes** entre l'Arve et le Fier, terminé sur les bords du Rhône par les escarpements du mont *Vuache* ; 3° les plateaux des **Bauges** entre le lac d'Annecy et le lac du Bourget ; 4° le massif pittoresque de la **Grande-Chartreuse** (point culminant, 2066 mètres), entre le lac du Bourget et la vallée de l'Isère.

Alpes Centrales.

Les Alpes Centrales commencent au col Ferret et finissent au col du *Brenner* ; elles se divisent en trois sections : les **Alpes Valaisanes** ou **Pennines**, du col Ferret au col du *Simplon* ; les **Alpes Lépontiennes**, du Simplon au col de *Maloggia*, et les **Alpes Rhétiques**, du col de Maloggia au col du *Brenner*.

Le massif est coupé comme celui des Alpes Occidentales par plusieurs vallées longitudinales, celle du Rhône

1. La Dranse est un torrent qui se jette dans le lac de Genève.

(*Valais*) jusqu'au Saint-Gothard, celle du Rhin, depuis le Saint-Gothard jusqu'à Coire, et celle de l'Inn (*Engadine*), qui tracent un énorme sillon parallèle à l'arête principale.

Alpes Pennines. — Les Alpes Pennines (du celtique *Pen*, sommet, tête) peuvent le disputer au massif du mont Blanc. Trente de leurs sommets dépassent 4 000 mètres, et, parmi eux, le *mont Rose* s'élève à 4 640 mètres, le *Dôme de Mischabel* à 4554, le *Weisshorn* à 4512, la pyramide du *Cervin* à 4 482 ; leurs 140 glaciers occupent une superficie de 60 000 hectares, le double de ceux des Alpes Grées ; enfin leur masse imposante n'est coupée par aucun passage, si ce n'est par les sentiers des chasseurs de chamois. Les deux cols, celui du *Grand Saint-Bernard* (2 472 mètres) franchi en 1800 par Bonaparte et celui du Simplon (2 010 mètres), où passe une des bonnes routes des Alpes et où il est question depuis longtemps de percer un tunnel rival de celui du Saint-Gothard, sont situés aux deux extrémités de la chaîne.

De l'autre côté de la vallée du Rhône et parallèlement aux Alpes Pennines, se dresse brusquement un massif presque aussi puissant, celui des **Alpes Bernoises**, qui commence à la *Dent de Morcles* sur la rive droite du Rhône et finit au *Saint-Gothard ;* ses sommets les plus élevés, le *Finsteraarhorn* (4275 mètres), le *Moine*, la *Jungfrau* (la Vierge), dépassent 4 000 mètres ; ses glaciers (glaciers d'*Aletsch*, de l'*Aar*, de *Grindelwald*) sont les plus vastes des Alpes, et ses cols, la *Gemmi* (2 300 mètres), le *Grimsel* (2 228 mètres), comptent parmi les plus sauvages et les plus difficiles.

Le versant septentrional des Alpes Bernoises s'abaisse par une pente plus douce vers la vallée de l'Aar et les lacs de la Suisse centrale qu'elles encadrent de leurs rameaux. Le *Rigi* (1 828 mètres), sur les bords du lac des *Quatre-Cantons*, un des derniers sommets de la zone subalpine, escaladé aujourd'hui par un chemin de fer, domine les **plaines de la Suisse septentrionale** et **orientale** qui s'abaissent par degrés vers les lacs de Genève, de Neuchâtel, de Constance et vers la fertile vallée du Rhin.

Alpes Lépontiennes. — Saint-Gothard. — Les Alpes *Lépontiennes* (du nom d'une peuplade soumise par les Romains) forment un gigantesque plateau, presque entièrement couvert de neiges éternelles, dominé par des cimes de 3000 à 3600 mètres (*Dammastock*, 3633 mètres, *Galenstock*, 3597 mètres dans le massif du *Winterberg*, *Rheinwaldhorn*, dans le groupe du mont *Adule*, 3598 mètres) et dont le centre est marqué par une sorte d'îlot montagneux séparé du reste du massif par la vallée supérieure du *Rhône*, le col de la *Furca*, la haute vallée de la *Reuss*, celle du *Rhin*, le col de *Lukmanier*, et la vallée du *Tessin*. C'est en quelque sorte le noyau de la chaîne des Alpes, le principal réservoir des fleuves auxquels elle donne naissance : le Rhône, le Rhin, le Tessin, véritable source du Pô, l'Inn, véritable source du Danube ; c'est le point de partage des bassins de la Méditerranée, de l'Adriatique, de la mer Noire et de la mer du Nord. Ce noyau de hautes terres, si important dans la géographie de l'Europe, a pris le nom de **Saint-Gothard**. Il le doit à un des cols les plus fréquentés des Alpes (2114 mètres), percé aujourd'hui par un tunnel de 15 kilomètres qui met en communication l'Italie et l'Europe centrale.

Du massif du Saint-Gothard rayonnent vers le sud les **Alpes Tessinoises** au pied desquelles dorment le lac *Majeur* et le lac de *Côme* ; vers le nord, les **Alpes d'Uri** qui dominent le lac des *Quatre-Cantons*, et les **Alpes de Glaris** ou massif du **Dœdi** (*Tœdi*) dont les ramifications, encadrant le lac de *Zug* et celui de *Zurich*, se prolongent jusqu'au lac de *Constance* ; enfin vers l'est les **Alpes des Grisons**, montagnes boisées, d'un aspect sauvage (cols du *Septimer*, 2375 mètres, du *Julier*, de l'*Albula* ; chaîne de l'*Albula*, pic *Linard*, 3416 mètres, chaîne du *Rhætikon*), qui séparent la vallée du Rhin de celle de l'Inn.

Dans la zone subalpine, à l'est du lac de Constance, elles s'abaissent peu à peu, et, sous le nom d'**Alpes**

54 GÉOGRAPHIE PHYSIQUE DE L'EUROPE.

Algaviennes (1500 à 2400 mètres), finissent par se confondre avec les **plateaux de la Souabe** qui descendent lentement vers la vallée du Danube (300 à 900 mètres d'altitude). C'est sous le massif qui rattache les Alpes des Grisons aux Alpes Algaviennes qu'a été creusé le tunnel de l'*Arlberg* (10270 mètres de long), la

LE CHEMIN DE FER DE L'ARLBERG. (TYROL)
(FRONTIÈRES DE BAVIÈRE, D'AUTRICHE ET DE SUISSE.) Echelle 1: 925.000

Carte III.

communication la plus directe entre la vallée du Rhin et celle de l'Inn.

A leur extrémité orientale, les Alpes Lépontiennes sont coupées par deux gorges profondes, celles du *Bernardino* (2063 mètres) et du *Splugen* (2117 mètres), qui donnent passage à deux routes carrossables descendant l'une vers le lac Majeur, l'autre vers le lac de Côme.

Les Alpes Rhétiques. — Les Alpes Rhétiques (*Rhetia*, ancien nom du Tyrol) commencent au groupe de *Bernina* (4052 mètres). Ce massif neigeux se dresse aux sources de l'*Inn* et de la *Maira*, affluent de l'*Adda*, en face du *Septimer*, dont il est séparé par la dépression du col de *Maloggia* (1811 mètres), situé à l'origine des deux vallées et donnant passage à une route qui rejoint à *Chiavenna* celle du Splugen. Sur le flanc oriental du Bernina, la haute vallée de l'Adda communique avec celle de l'Adige par la route carrossable du *Stelvio*, à 2758 mètres d'altitude. Outre le Bernina, les principaux massifs des Alpes Rhétiques sont ceux de l'**Ortler** (point culminant 3905 mètres), entre la vallée de l'*Adda*, à l'ouest, et celle de l'*Adige* au nord et à l'est; et de l'**Œtzthal** (point culminant 3770 mètres), entre la vallée de l'Adige au sud, celle de l'Inn à l'ouest et au nord, et la dépression du *Brenner* à l'est (1367 mètres). Le col du Brenner est franchi par un chemin de fer et par une route carrossable.

La zone subalpine des Alpes Rhétiques comprend, du côté de l'Italie, le massif des **Alpes de Bergame** (point culminant 3040 mètres), entre la vallée de l'Adda (*Valteline*) au nord, le lac de Côme à l'ouest et la vallée de l'Oglio à l'est; le groupe des **Alpes de la Chiese** (1) (mont *Presanella*, 3562 mètres, mont *Adamello*, 3375 mètres), entre la vallée de l'*Oglio* à l'ouest, celle de l'*Adige* et le lac de *Garde* à l'est, et le col de *Tonal* (1875 mètres) au nord. Ces belles montagnes dominent de leurs pentes escarpées les **plaines de Lombardie**, auxquelles

---

1. La Chiese est un affluent de l'Oglio.

leurs glaciers et leurs neiges versent les eaux qui les fertilisent. Du côté de l'Allemagne, au nord de la vallée de l'Inn, s'allonge de l'ouest à l'est, parallèlement au cours de cette rivière, la chaîne des **Alpes Bavaroises** (point culminant 2900 mètres), avec leurs forêts de sapins, leurs lacs entourés de verdure, et leurs croupes gazonnées qui s'abaissent lentement vers le **plateau de Bavière**, et déversent leurs eaux dans le Danube par la rivière de l'*Isar*.

Alpes orientales.

Le massif des Alpes Orientales est compris entre la vallée du Danube au nord, les **plaines de Hongrie** et **de Croatie** à l'est et au sud-est, l'*Adriatique* et les plaines de la **Vénétie** au sud, la vallée de l'*Adige*, celle de son affluent l'*Eisack*, la dépression du *Brenner* et la vallée de l'*Inn* à l'ouest. Il est coupé de l'ouest à l'est par deux sillons principaux : le premier tracé par la vallée de la *Salzach*, affluent de l'*Inn*, et celle de l'*Enns*, affluent du Danube ; le second, par celle de la *Drave*, qui le divisent en trois chaînes parallèles :

1° La chaîne centrale (**Tyrol et province de Salzbourg**), la plus large et la plus élevée, se dresse sous le nom de **Hautes-Tours** (*Hohe Tauern*), entre la vallée de la Salzach (*Pinzgau*) au nord, celles de la Rienz, affluent de l'Eisack et de la Drave (*Pusterthal*) au sud. Son principal sommet (*Gross-Glockner, Grand-Clocher*) atteint 3797 mètres, et quelques-uns de ses glaciers ne le cèdent pas à ceux des Alpes Grées ou Pennines. Ce massif se bifurque à son extrémité orientale en deux branches séparées par la vallée de la *Mur*, affluent de gauche de la *Drave* : la branche septentrionale, sous les noms de **Basses-Tours** (*Niedere Tauern*), de *Hochswab* et de *Wiener-Wald* (forêt de Vienne), se prolonge jusqu'aux bords du Danube : on lui donne quelquefois le nom d'**Alpes Noriques**. La branche méridionale, sous le nom d'**Alpes de Styrie**, encadre de ses contreforts boisés les

Fig. 9. — Cascade de la Traun (Alpes autrichiennes).

vallées des affluents de la Drave, et s'abaisse en larges terrasses vers la plaine de Hongrie.

2° La chaîne septentrionale, sous le nom d'**Alpes de Salzbourg** et d'**Alpes Autrichiennes**, dessine les vallées pittoresques de la province de Salzbourg (*Pongau*) et de la haute Autriche (*Salzkammergut*), avec leurs lacs, leurs cascades et leur ceinture de forêts.

3° La chaîne méridionale, dont la crête forme la ligne de partage des eaux entre l'Adriatique et la mer Noire, se compose de deux sections séparées par le col de *Tarvis* (1163 mètres), un des passages des Alpes franchis par un chemin de fer.

La branche occidentale, connue sous le nom d'**Alpes Carniques** (*Carnes*, peuplade des Alpes détruite par les Romains), commence aux sources de la Drave : ses sommets dépassent 2680 mètres. Elle se prolonge, à l'ouest, jusqu'à la vallée de l'Adige, par un massif plus élevé dont le point culminant approche de 3500 mètres, et qu'on désigne quelquefois sous le nom d'**Alpes Cadoriques** ou d'**Alpes de la Fassa** (1). Le versant méridional de ce double massif est formé de terrasses calcaires, qui finissent par se perdre dans les plaines de la Vénétie et du Frioul.

La branche orientale court du col de Tarvis au golfe de Fiume, sous le nom d'**Alpes Juliennes**. Le principal sommet, le mont *Terglou* (les Trois-Têtes), atteint 2856 mètres. Les cols sont nombreux : le plus important est celui d'*Adelsberg*, franchi par une voie ferrée. Les Alpes Juliennes se terminent en Istrie, par des plateaux calcaires, élevés de 500 à 600 mètres, creusés d'entonnoirs innombrables où s'engouffrent les eaux, sillonnés de ravins desséchés, et qui ont reçu le nom de *Carst*. C'est une des régions les plus âpres et les plus déshéritées du littoral de l'Adriatique.

1. La Fassa est un affluent de l'Adige.

IV

EUROPE CENTRALE (NORD). — SYSTÈME HERCYNIEN SYSTÈME DES CARPATHES

Les plateaux de l'Europe centrale. — La région qui s'étend au nord des Alpes est un vaste plateau coupé de l'ouest à l'est par deux longues fissures à peu près parallèles, au sud la vallée du *Danube*, au nord celles du *Main*, de l'*Eger* et la vallée supérieure de l'*Elbe* jusqu'à son confluent avec l'Eger.

Limité au sud par les Alpes, à l'est par la vallée de la *Morawa*, affluent du Danube qui le sépare des Carpathes, à l'ouest par la vallée du *Rhin* qui le sépare des hautes terres de l'Europe occidentale, ce plateau s'abaisse vers le nord en pentes plus ou moins rapides jusqu'au niveau de la grande plaine qui, sous le nom de Pays-Bas et d'Allemagne septentrionale, borde la mer du Nord et la Baltique. Revêtu autrefois de sombres forêts de chênes et de sapins qui continuaient de l'autre côté du Rhin la forêt des Ardennes, il avait reçu des anciens le nom de forêt *Hercynienne*, et quelques géographes modernes appellent encore système *hercynien* l'ensemble des terrasses calcaires, des crêtes granitiques ou des roches éruptives qui occupent le centre de l'Europe.

Forêt Noire. — Sur la rive droite du Danube, les *hautes plaines* de la **Bavière** et de la **Souabe**, dont l'altitude varie entre 400 et 700 mètres, n'offrent que des accidents de terrain insignifiants, comme les collines semées çà et là au nord du lac de Constance; mais, à mesure qu'on s'approche de la source du fleuve, le sol devient plus tourmenté : à la plaine succèdent des terrasses boisées et ravinées par les eaux, et, dans l'angle formé par le Rhin, se dresse un massif haut de 1 200 à 1 500 mètres, couvert de forêts de sapins, creusé de vallées profondes presque toutes perpendiculaires à la crête, et dominé par des cimes granitiques, le *Feldberg*

(1 495 mètres), le *Kandel* (1 243 mètres), qui descendent brusquement vers la **plaine du Rhin** (grand-duché de Bade). — C'est la **Haute Forêt Noire** (*Scharzwald*), qui s'étend du Rhin à la *Kinzig*, parallèlement aux Vosges et qui donne naissance au Danube. — Au nord de la vallée de la Kinzig, le massif s'abaisse, les grès succèdent au granit, aucune cime n'atteint plus 1 200 mètres, et la montagne s'étale en larges plateaux qui s'effacent peu à peu dans la plaine du *Neckar*, mais pour se relever entre le Neckar et le Main dans le pays tourmenté de l'**Odenwald**, où quelques sommets dépassent 500 mètres.

Jura de Souabe et Jura franconien. — La région comprise entre le Danube et le Main, à l'est de la Forêt Noire, région dont l'altitude moyenne varie entre 250 et 500 mètres, est un plateau qui monte en pente douce du nord au sud, et dont le talus méridional descend presque à pic dans la vallée du Danube. Cette pente rapide, qui, vue du Danube, offre l'aspect d'une chaîne de montagnes, porte successivement le nom de **Heuberg** (point culminant 1 010 mètres), de **Jura de Souabe** ou *Alpes Rudes* (*Rauhe Alp*) et de **Jura franconien**. Ces deux Juras sont des plateaux calcaires, les uns boisés, les autres nus et stériles, dont les sommets n'atteignent pas 1 000 mètres.

Le Harz. Les massifs de l'Allemagne centrale. — Au nord du Main, le plateau se prolonge en s'abaissant de plus en plus ; mais les hauteurs confuses qui le sillonnent ou qui lui servent de ceinture prennent d'autant plus de relief que l'altitude générale est moins considérable. Le point culminant de toute cette région est le massif du **Harz**, à l'angle nord-est du plateau. Sa situation isolée au milieu de la plaine, l'aspect imposant et sévère de son plus haut sommet, le dôme du *Brocken* (1 140 mètres), la grâce de ses vallées, le mystère de ses forêts, les sombres profondeurs de ses mines en ont fait le théâtre des légendes les plus fantastiques de l'Allemagne du Nord. La forêt de **Franconie** (*Frankenwald*) et la **forêt de Thuringe** (*Thüringerwald*) s'élèvent sur le front oriental du plateau comme un épais rempart, dont les plus hautes tours, le *Beerberg* et le *Schneekopf* (Tête neigeuse) approchent de 1000 mètres.

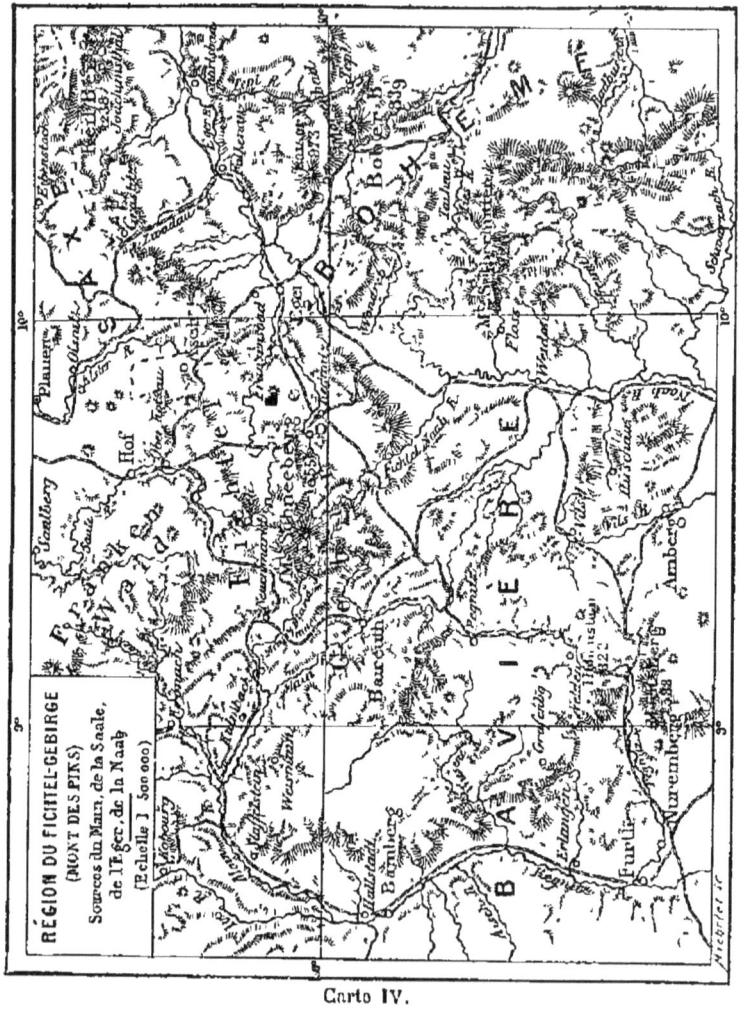

Carte IV.

Du Harz au Rhin, le front septentrional est moins élevé ; les cimes ne dépassent pas 830 mètres.

Le talus occidental borde le Rhin sous les noms de

Siebengebirge (les sept montagnes), de **Westerwald** et de **Taunus** (point culminant : 880 mètres). Enfin, au centre même du plateau, entre le Main et le Wéser, s'élèvent sous les noms de *Spessart*, de *Vogelsgebirge* et de *Rhœn* des massifs basaltiques dont les sommets arrondis en forme de dômes atteignent 900 mètres.

Fichtelgebirg. — Aux sources du Main et sous la même latitude que le confluent de cette rivière avec le Rhin (50° latitude nord) se dresse un massif granitique dont la maîtresse cime, le *Schneeberg*, dépasse 1050 m. Couvert de forêts de pins, qui lui ont valu son nom de **Fichtelgebirg** (*Montagnes des Pins*), ce massif est le réservoir des eaux de l'Europe centrale, le nœud auquel se rattachent ses principales chaînes de montagnes : c'est le Saint-Gothard de l'Allemagne. — Du Fichtelgebirg rayonnent vers le nord-ouest le Frankenwald, vers le sud-ouest le Jura franconien, vers le nord-est et vers le sud-est deux des quatre chaînes qui enferment le quadrilatère de Bohême.

Groupe de la Bohême. — Le groupe de la Bohême, situé au cœur même de l'Europe, dont il forme pour ainsi dire la citadelle, se compose de quatre massifs symétriquement disposés en forme de losange et dominant par plusieurs étages de terrasses escarpées un bassin intérieur, accidenté, semé de collines rocheuses, coupé de profondes vallées. Les eaux de ce bassin que remplissait une méditerranée aujourd'hui desséchée viennent toutes se déverser dans le grand fleuve de l'Elbe, qui s'écoule vers le nord-est en franchissant, par un étroit défilé, cette ceinture de montagnes.

Les deux côtés occidentaux du losange, les monts de **Bohême** (*Bœhmerwald*), dont la cime la plus haute monte à près de 1500 mètres (*Altvater*, le grand-père), et les monts **Métalliques** (*Erzgebirge*), qui ne dépassent pas 1275 mètres, sont des montagnes boisées, d'aspect sauvage, mais coupées par de nombreuses routes et par plusieurs lignes de chemins de fer : des deux côtés orientaux, l'un, le plateau de **Moravie**, est une large terrasse

Fig. 10. — La Suisse saxonne. Le Bastion.

dont la pente n'est escarpée que du côté du Danube; l'autre court depuis la brèche de l'Elbe jusqu'aux sources de la Morawa, sous les noms de monts de **Lusace**, de monts des **Géants** (*Riesengebirge*) et de monts **Sudètes** : c'est une chaîne boisée, coupée de profonds défilés et dont le point culminant, le *Schneekoppe*, s'élève à 1610 mètres. Sur les deux rives de l'Elbe, entre la frontière de Bohême et Pirna, en Saxe, s'étend cette région pittoresque, si célèbre en Allemagne, sous le nom de *Suisse saxonne*.

Les Carpathes. — La vallée de la Morawa trace la limite entre le système de la Bohême et celui des Carpathes qui se courbent en demi-cercle depuis le confluent du Danube et de la Morawa jusqu'au défilé des Portes de Fer.

1° La portion occidentale de cet arc immense est formée par les **Petites Carpathes**, plateaux calcaires, d'une élévation moyenne de 400 à 500 mètres, qui dominent la vallée de la Morawa et s'étendent depuis le Danube jusqu'aux sources de la Vistule. A partir de ce point, le massif se relève et s'élargit.

2° La partie centrale de la chaîne, les **Tatras**, dont la plus haute cime, le pic de *Gerlsdorf*, s'élève à 2647 m., est un chaos de montagnes granitiques aux flancs, tantôt nus, tantôt boisés, de vallées étroites, d'âpres plateaux, de torrents et de lacs aux eaux vertes ou noires, ombragés par d'épaisses forêts de sapins, dont la majesté sauvage le dispute aux sites les plus grandioses de la Suisse. Les terrasses septentrionales des Tatras s'abaissent sous le nom de **Beskides** vers la vallée de la Vistule; les terrasses méridionales dont quelques sommets dépassent encore 2000 mètres, descendent sous les noms de monts de **Liptau** et de monts **Matras** jusque dans la plaine de Hongrie où s'effacent leurs dernières ondulations. Le massif des Tatras, que ne franchit aucune ligne de chemin de fer, et qui n'est traversé que par des routes médiocres, est habité par une population de pâtres et de bûcherons qui a conservé longtemps une sorte d'indépendance, et qui inspirait encore, il y a un demi-siècle, une terreur justifiée aux cultivateurs de la plaine.

3° Les **Carpathes orientales** commencent aux sources du *San*, affluent de la Vistule, et se prolongent jusqu'à celles du *Maros*, affluent de la Theiss. C'est un plateau boisé, surmonté de cimes isolées, dont quelques-unes s'élèvent à plus de 2000 mètres.

Les Alpes de Transylvanie. — Dans sa partie méridionale, le massif s'épanouit sous le nom de *plateau de Transylvanie (Hochland von Siebenbürgen)*. Les **Alpes de Transylvanie** qui en forment la ceinture orientale ont des sommets de plus de 2500 mètres (monts *Négoï* et *Retyezat*), mais les cols sont assez nombreux, et la chaîne est coupée dans toute son épaisseur par la vallée de l'*Aluta*, affluent du Danube, qui prend sa source sur le versant occidental, et qui s'est ouvert un passage par le défilé de la *Tour-Rouge*. Les montagnes s'abaissent en se rapprochant du Danube; cependant sur les bords mêmes du fleuve quelques-uns des contreforts ont encore 600 m. d'élévation, et, sur une longueur de 120 kilomètres, il a dû se frayer une route à travers les rochers en séparant les Alpes de Transylvanie des montagnes de Serbie qui n'en sont que le prolongement (défilé des Portes de Fer).

Les plaines de Hongrie. — Les Carpathes, les Alpes de Transylvanie, les montagnes de Serbie et de Bosnie et le massif des Alpes Orientales enveloppent de toutes parts une vaste plaine qui a été, comme la Bohême, comme la Bavière et la Souabe, une mer intérieure, avant que les eaux n'eussent creusé la brèche par où devait s'échapper le Danube.

C'est la plaine de Hongrie, la *puzta*, tour à tour désert, marécage et prairie, couverte au printemps et en automne d'un manteau de verdure, brûlée en été par le soleil, inondée en hiver, et balayée en toute saison par le vent qui y soulève des tourbillons de neige ou de poussière. Cependant les steppes reculent devant la culture, le berger s'est fait laboureur, et la plaine du Danube est déjà un des greniers d'abondance de l'Europe. Tandis que le versant occidental et le versant méridional des Carpathes dominent la plaine hongroise, le versant oriental s'abaisse par une série de terrasses presque plates, peu élevées et qui descendent vers le Danube et vers la mer Noire, comme les marches d'un gigantesque escalier. Ces terrasses forment la plaine de **Roumanie.**

Les plaines de la Pologne et de l'Allemagne du Nord. — Quant au versant septentrional, il s'efface peu à peu, comme les derniers gradins des montagnes de la Bohême et des plateaux de l'Allemagne centrale, dans une plaine immense qui, sous le nom de Pays-Bas, d'Allemagne du Nord, de Danemark, borde la mer du Nord et la Baltique, et sous ceux de Pologne et de Russie se continue dans l'intérieur du continent jusqu'au pied des monts Ourals.

« Sur le penchant des montagnes de l'Allemagne cen-
» trale, cette plaine est couverte d'une solide terre végé-
» tale et, sur les bords des fleuves, d'une riche terre
» d'alluvion. Mais dans les intervalles qui séparent ces
» fleuves, et surtout sur les bords de la mer, elle est
» constamment sablonneuse : les eaux sans écoulement
» y forment une quantité innombrable de lacs et de ma-
» récages. Pour unique accident de terrain, elle présente
» des dunes de sable ; pour unique végétation, des sapins,
» des bouleaux et quelques chênes. Elle est grave et
» triste comme la mer dont elle rappelle souvent l'image,
» comme la végétation élancée et sombre dont elle se
» couvre, comme le ciel du Nord. Elle est très fertile sur
» le bord des fleuves, mais dans l'intérieur une culture
» maigre se développe çà et là au milieu des éclaircies
» des forêts de sapins, et, si quelquefois elle présente le
» spectacle de l'abondance, c'est lorsque de nombreux
» bestiaux ont engraissé le sol. » (THIERS, *Histoire du Consulat et de l'Empire.*)

V

EUROPE OCCIDENTALE

Plateaux de l'Allemagne rhénane et de la Lorraine. Les Ardennes. Les Vosges. — Les plateaux de l'Allemagne centrale, coupés par la vallée du Rhin, se prolongent de l'autre côté du fleuve par une région de hautes terres qui présentent à peu près les mêmes caractères géologiques et la même configuration. Au **Westerwald** correspondent, sur la rive gauche du Rhin, le massif volcanique de l'**Eifel** et les larges plateaux schisteux (1) ou calcaires qui, sous le nom de **Hautes-Fagnes** et d'**Ardennes**, couvrent presque toute la région comprise entre la Meuse et la Moselle (points culminants, 700 mètres); au **Taunus** les pentes boisées du **Hunsrück**, entre la Moselle et la Nahe ; enfin à l'**Odenwald** et à la **Forêt-Noire**, les croupes du **Hardt** avec leurs étroites vallées, leurs forêts et leurs sommets dénudés (mont *Tonnerre*, 700 mètres), et les **Vosges**, symétriques sur la rive gauche du Rhin aux montagnes de la rive droite.

Comme la Forêt-Noire, les Vosges se dirigent du nord au sud, et c'est également dans leur partie méridionale, du mont *Donon* au *ballon d'Alsace*, que se trouvent les plus hauts sommets (*ballon de Guebwiller*, 1 427 mètres, *Hohneck*, 1 366). La physionomie des deux chaînes est la même : dômes arrondis dominant des plateaux couverts de pâturages, vallées sinueuses et profondes, magnifiques forêts de sapins, escarpements du côté du Rhin, pentes plus douces et plus longues dans l'autre versant. Comme le talus oriental de la Forêt-Noire se prolonge par les plateaux de la Souabe, le talus occidental des Vosges se prolonge par ceux de la Lorraine, par les terrasses boisées

---

1. Les roches schisteuses sont celles qui sont disposées par couches régulières plus ou moins épaisses, comme l'ardoise.

des *monts Faucilles*, les plaines ravinées du *plateau de Langres* et le long bourrelet de l'*Argonne*. Mais là cesse la symétrie : tandis que les terrasses de l'Allemagne centrale se continuent vers l'est par le massif de la Bohême et celui des Carpathes, celles des Ardennes et du plateau lorrain finissent brusquement dans les *plaines basses* de la *Belgique* et de la *France septentrionale*, à peine sillonnées de quelques collines.

Le Jura. — Les Vosges sont séparées du massif du Jura par une sorte de fossé qui a reçu le nom de *trouée de Belfort,* et qui semble continuer vers l'ouest la vallée du Rhin à l'endroit où le fleuve se détourne brusquement vers le nord. Le Jura est limité au nord par la vallée du Rhin, à l'est par la vallée de l'*Aar* et par les dépressions des hautes plaines de la Suisse où dorment les lacs de *Neuchâtel* et de *Genève*, au sud par l'étroite fissure que le Rhône a creusée entre les montagnes savoisiennes et le Jura méridional, à l'ouest enfin par le lit d'un ancien lac qui forme aujourd'hui la vallée de la Saône et la plaine marécageuse des *Dombes* et de la *Bresse*.

Le Jura n'est pas une chaîne, c'est un ensemble de plateaux (1) et de terrasses coupées par des failles profondes, où roulent des rivières torrentielles, s'élevant de l'ouest à l'est, et se terminant du côté de la Suisse par un talus rapide où s'ouvrent quelques brèches donnant passage à des routes ou à des chemins de fer. Long de 250 kilomètres, large d'environ 60, le Jura est orienté du nord-est au sud-ouest, et monte, par une pente presque insensible, des bords du Rhin à ceux du Rhône. C'est dans le Jura méridional qu'on trouve les plus hauts sommets, le *Cret de la Neige*, 1 723 mètres, la *Dôle*, le *mont Tendre;* aucun, du reste, n'a la fière allure des cimes alpestres ni même le relief des ballons des Vosges; c'est à peine s'ils s'élèvent au-dessus du massif comme des créneaux au-dessus d'un rempart. Le Jura, dont le pied est couvert de vignobles, est couronné de forêts presque jusqu'au

1. Benlioux, *le Jura*, p. 16.

sommet : plus heureuses que celles des Alpes, ses vallées n'ont pas eu à subir les conséquences d'imprudents déboisements.

La Côte d'Or et les Cévennes. — De l'autre côté de la Saône, en face du Jura, s'étagent, dans le prolongement du plateau de Langres, des gradins dont les premières assises sont chargées de vignobles, et les pentes supérieures couvertes de forêts, de pâturages ou de champs cultivés ; c'est la **Côte d'Or**, qui ne dépasse guère 600 mètres.

Le mont *Saint-Vincent* marque la fin de la Côte d'Or et le commencement des **Cévennes septentrionales.** Les Cévennes sont une chaîne étroite, orientée du nord au sud, qui s'élève peu à peu sous les noms de monts du *Charolais*, du *Beaujolais* et du *Lyonnais* (hauteur moyenne 500 à 700 mètres, points culminants le mont d'*Ajoux*, 1 012 mètres, et le mont *Tarare*, 1 004 mètres) ; l'arête est granitique ; les pentes plus escarpées à l'est qu'à l'ouest appartiennent aux anciennes formations calcaires.

A partir du mont *Pilat* (1 434 mètres) se courbe en arc de cercle, du nord au sud-ouest, un puissant massif de granit et de basalte dominé par des cratères éteints et des pics escarpés, qu'on pourrait appeler les **Cévennes centrales** et qui comprend les montagnes volcaniques du *Vivarais* (Mont Mézenc, 1 754 mètres, point culminant des Cévennes, mont Gerbier des Joncs, 1 560 mètres), et les monts granitiques du *Gévaudan* (monts Lozère, 1 702 mètres, Aigoual, 1 567 mètres) avec leurs forêts sauvages, leurs plateaux désolés, et leurs contreforts qui s'abaissent brusquement vers la vallée du Rhône.

Enfin du mont Aigoual au col de *Naurouse* courent du nord-est au sud-ouest sous les noms de monts *Garrigues*, monts de l'*Espinouse*, *montagne Noire*, les **Cévennes méridionales**, montagnes âpres et nues dont la hauteur moyenne varie entre 600 et 1 200 mètres. Ce massif granitique, taillé en pentes abruptes du côté de la Méditerranée, se prolonge sur l'autre versant par de larges plateaux calcaires au sol aride et pierreux, couverts de maigres pâturages et qui portent le nom de *Causses*.

Massif central français. — Les Cévennes dessinent la limite orientale et méridionale du massif central français, qui occupe environ 8 millions d'hectares et 22 départements, et qui domine, au sud la vallée de la Garonne et le littoral de la Méditerranée, à l'est la vallée du Rhône, au nord et à l'ouest les plaines basses de la France occidentale et septentrionale qui s'étendent jusqu'à l'Atlantique et jusqu'à la Manche. Ce massif granitique, dont les monts du *Morvan* marquent la limite septentrionale, est surmonté de cimes volcaniques, les monts d'*Auvergne*, la chaîne des *Dômes*, les monts du *Vélay;* les plus hauts sommets atteignent presque 1 900 mètres (Puy *de Sancy*, 1 886 mètres, situé dans le massif du *Mont-Dore*).

Le massif central a joué dans la géographie de notre pays un rôle des plus importants. Il a été le noyau autour duquel s'est formé peu à peu le sol même de la France : il est le grand réservoir de nos fleuves, il exerce sur le climat une action puissante; enfin il a été au temps de César, et il pourrait redevenir le dernier réduit de la défense nationale. L'*ouest* et le *sud-ouest* de la France sont, comme le nord, des pays de plaines, mais plus accidentés et dont les points culminants, les massifs granitiques de la *Bretagne* (*montagnes Noires* et monts d'*Arrée*) et les collines de *Normandie* atteignent 350 et même 400 mètres.

VI

EUROPE MÉRIDIONALE

Péninsule Ibérique. Les Pyrénées. Les sierras espagnoles.

Les Pyrénées. Description générale. — Le massif central français n'est séparé que par la vallée de la Garonne et par une dépression qui s'enfonce entre les *Montagnes Noires* et les *Corbières* (col de *Naurouse*, 189 mètres), de la chaîne des **Pyrénées,** la seconde de nos chaînes européennes par l'élévation des sommets. Elles forment la limite septentrionale d'une des trois grandes péninsules que l'Europe projette au midi, l'*Espagne*, l'*Ibérie* des anciens Grecs.

Malgré l'unité apparente du système orographique des Pyrénées, elles ont été formées par des soulèvements d'âges très divers. Les **Pyrénées françaises,** qui commencent au cap *Creus* sur la Méditerranée et finissent au col de *Bélate,* ont été soulevées sur deux lignes parallèles, orientées de l'est à l'ouest, l'une plus septentrionale qui s'étend de la Méditerranée à la Garonne, l'autre plus méridionale, de la Garonne au col de Bélate. Elles sont comme soudées l'une à l'autre par un soulèvement antérieur orienté du sud-est au nord-ouest, et parallèle à la Garonne. D'autres axes de soulèvement viennent croiser les deux axes principaux et déterminer des brisures qui altèrent la régularité de la chaîne. Les terrains granitiques, bien qu'ils occupent, surtout dans les Pyrénées orientales, des espaces considérables, ne forment pas toujours la ligne de faîte qui est souvent constituée par les schistes ou même par le terrain crétacé. C'est la craie qui domine sur les deux versants dans les terrasses inférieures, sauf une bande longue et étroite qui émerge dans le versant français entre la vallée du gave de Pau et celle de l'Ariège.

Les **Pyrénées espagnoles,** qui sous les noms de monts *Cantabriques,* de monts des *Asturies* et de monts de *Galice*, se prolongent parallèlement au littoral jusqu'aux caps *Ortégal* et *Finisterre,* sont plus irrégulières que les Pyrénées françaises. Les deux chaînes, dont la longueur totale est d'environ 1 000 kilomètres et dont l'épaisseur varie de 50 à 100, présentent, du reste, des caractères communs : les pentes sont en général plus courtes et plus rapides, et la déclivité des vallées plus forte dans le versant septentrional que dans le versant méridional ; les vallées, sauf de rares exceptions, coupent le massif dans le sens de sa largeur et non de sa longueur comme dans les Alpes; les sommets, dont un certain nombre dépassent 3 000 mètres, se dressent en pointes aiguës et déchiquetées et présentent cette disposition qui a valu aux montagnes espagnoles leur nom de Sierras (*serra*, scie) : les contreforts qui s'appuient à l'arête principale sont élevés et abrupts, et rendent les communications difficiles entre les différentes vallées. Enfin les deux chaînes s'abaissent à leurs extrémités, et c'est dans leur partie centrale qu'elles atteignent leur plus grande élévation. Dans les deux massifs, les terrains sont riches en minerais de fer et en sources thermales, presque toutes sulfureuses, dont quelques-unes jouissent d'une réputation européenne (*Bagnères de Luchon, Cauterets, Eaux-Bonnes*, etc., en France; *Santa-Agueda, Ontañeda, Alceda*, en Espagne).

Les sommets des Pyrénées sont inférieurs de 1 000 m. à ceux des Alpes; les lacs pyrénéens (lacs d'*Oo*, de *Gaube*, etc.) ne sont que des flaques d'eau si on les compare à ceux de Genève ou de Constance; les glaciers ne descendent guère au dessous de 2 000 mètres et n'occupent que trois ou quatre millièmes de la surface au lieu d'en occuper sept centièmes comme dans les Alpes; les fleuves, à l'exception de la Garonne et de l'Ebre, ne sont que des torrents; les Pyrénées ont cependant leurs beautés aussi sauvages et aussi grandioses que celles de la nature alpestre : leurs escarpements formidables, leurs vallées non moins pittoresques que celles de la Suisse ou du Dauphiné, leurs éboulis gigantesques, leurs cirques immenses (*Gavarnie, Troumouse*), dont les parois montent verticalement à des hauteurs de 1 000 à 1 500 m. et dont les gradins pourraient contenir des millions d'hommes.

La limite des différentes zones végétales est à peu près la même dans les Pyrénées que dans les Alpes, la vigne y monte à 550 mètres, le seigle à 1600, le sapin à 2000, le rhododendron à 2500, le génevrier à près de

2 800, c'est-à-dire jusqu'à la limite des neiges éternelles. Les forêts de châtaigniers, de hêtres, d'ifs, de sapins, qui couvraient autrefois toute la chaîne, ont en partie disparu; et les pâturages, inférieurs à ceux des Alpes, nourrissent peu de gros bétail. Quant aux races sauvages, le chamois ou isard, l'ours brun, le bouquetin, le lynx, le loup, elles deviennent de plus en plus rares, et, comme dans les Alpes, il est facile d'en prévoir à courte échéance le complet anéantissement.

Pyrénées françaises.

Pyrénées orientales. — Trois soulèvements orientés du sud-ouest au nord-est, et dont l'axe vient couper celui des Pyrénées sous un angle plus ou moins aigu, divisent le massif des Pyrénées françaises en trois sections : 1° de la Méditerranée aux *Corbières* (puy de *Carlitte*), les **Pyrénées orientales** (hauteur moyenne de 1 500 à 1 800 mètres), avec leurs cols traversés par des routes carrossables (col de *Pertus*, col de la *Perche*) et par le chemin de fer de Perpignan à Barcelone (col des *Balistres*), et leurs sommets de moins de 3 000 mètres (*Puigmal*, 2 900 mètres). — Un soulèvement transversal et postérieur à celui de la chaîne principale a formé le massif du *Canigou* en France (2 785 mètres) et celui de la *Sierra-del Cadi* en Espagne; le *Puigmal* est dans l'axe de ce soulèvement.

Les Pyrénées orientales se prolongent en France jusqu'à la vallée de l'Aude par le massif des **Corbières**, qui enveloppe à l'ouest et au nord la plaine alluviale du *Roussillon*, dominée au sud par le *Canigou*. En Espagne, toute la région comprise entre la vallée de la Sègre, dont la partie supérieure porte le nom de *Cerdagne*, et celle de l'Ebre, n'est qu'un vaste massif montagneux dont les points les plus élevés appartiennent à une sorte de bourrelet littoral coupé par de nombreuses vallées et qui se continue au sud du delta de l'Ebre.

Les Pyrénées centrales. — 2° Les Pyrénées centrales, des *Corbières* aux monts de *Bigorre* (du puy de *Carlitte* au pic de *Troumouse*), sont un énorme massif, en partie granitique, dont les cols impraticables aux voitures (ports de *Viella,* de *Vénasque*) dépassent 2 400 mètres, dont les sommets, le puy de *Montcalm* (3 080 m.), la pique d'*Estats* (3 140 m.), le pic de *Perdighera* (3 220 mètres), la **Maladetta** avec son pic de *Néthou,* le roi des Pyrénées (3 404 m.), le *Tuc de Maupas* (3 110 m.), le pic *Posets* (3 367 m.), le pic de *Troumouse* (3 086 m.) se dressent à plus de 3 000 mètres. Les vallées : le val d'*Andorre,* le val de *Gerri,* le val de *Vénasque,* en Espagne, sur le versant méridional; le val d'*Aran,* haute vallée de la Garonne, le val de *Luchon,* la vallée d'*Aure,* dans le versant septentrional, comptent parmi les plus pittoresques des Pyrénées. — Les contreforts qui séparent quelques-unes de ces vallées peuvent rivaliser avec la chaîne principale, mais le plus important dans le versant français est la chaîne du **Bigorre,** qui commence au pic de Troumouse et forme entre la haute vallée de la *Neste,* affluent de la Garonne, et celle du *Gave de Pau,* affluent de l'*Adour,* une gigantesque barrière, se prolongeant du massif de Troumouse au pic du *Midi de Bigorre* (2 877 mètres). Les plus hautes cimes (massif de *Néouvieille,* pic *Long*) ont plus de 3 000 mètres, et la vallée de *Campan* (haute vallée de l'Adour), celle de *Barèges,* rivalisent avec les plus belles de la grande chaîne.

Dans le versant espagnol, les contreforts sont plus longs, mais moins élevés, à l'exception de celui de la *Peña Montanesa* (2 908 m.) dans le prolongement du massif du Posets.

Les Pyrénées occidentales. — 3° Les Pyrénées -occidentales, du pic de Troumouse au col de *Belate,* présentent jusqu'au pic d'*Anie* (2 504 m.) un aspect aussi majestueux que celui des Pyrénées centrales. Les cimes : mont *Perdu* (3 352 m.), *Taillon* (3 146 m.), *Vignemale* (3 290 m.), aiguille de *Marmoré* ou de *Balaitous* (3 175 m.), pic du midi d'*Ossau* (2 885 m.) et sa sœur jumelle, la *Peña colorada* (2 886 m.), en Espagne, sont couvertes de neiges et de glaciers ; les cols, ports de *Gavarnie*, de la *Peyre*, du *Pourtalet*, ne sont que des sentiers ; une seule route, inachevée, celle de *Jaca*, en Espagne, à *Oloron* en France, par le val de *Canfranc* et le *Somport*, est accessible aux voitures ; enfin les vallées (vallée de *Luz* ou du gave de Pau, val d'*Ossau*, vallée d'*Aspe* en France, vallées de la *Cinca*, du *Gallego*, de *Canfranc*, ou du haut *Aragon*, en Espagne) sont aussi profondes et aussi sauvages que celles de Vénasque ou d'Andorre. Le cirque de *Gavarnie*, avec ses parois verticales de 1600 mètres (source du gave de Pau), l'emporte sur tous ceux des Pyrénées.

A partir du pic d'Anie, les sommets s'abaissent, les vallées s'élargissent, les cols deviennent plus nombreux et plus faciles. Celui de *Val Carlos* ou de *Roncevaux* est franchi par la route de *Saint-Jean-pied-de-Port à Pampelune*, et celui de *Belate* donne passage à la route carrossable de Bayonne à Pampelune par le val de *Bastan* (vallée de la Bidassoa).

Dans tout le versant méridional, depuis la vallée de la Sègre jusqu'à celle de l'*Arga* (Pampelune), les vallées perpendiculaires à la crête des Pyrénées sont coupées par une sorte de terrasse parallèle à la chaîne principale et qui s'abaisse brusquement dans les hautes plaines de la Catalogne, de l'Aragon et de la Navarre (vallée de l'Èbre). Cette espèce d'avant-chaîne franchie par les principaux affluents de l'Èbre porte les noms de *Sierra de Boumort*, entre la Sègre et la Noguera Pallaresa, de *Sierra de Guara* entre le Gallego et la Cinca, au sud de la région montagneuse connue sous le nom de *Sobrarbe*, enfin de *Sierra de la Peña* entre le Gallego et l'Aragon.

Dans le versant septentrional, il n'existe rien de comparable à ces soulèvements parallèles à la grande chaîne ; les premières terrasses des Pyrénées dont la plus importante est le plateau de *Lannemezan*, disposé en éventail entre la vallée de la Garonne et celle de l'Adour, ont été formées par les torrents de la période diluvienne et s'abaissent en pente douce vers la vallée de la Garonne ou celle du gave de Pau.

Pyrénées espagnoles.

Les Pyrénées espagnoles ont, comme les Pyrénées françaises, leur point culminant au centre de la chaîne. Dans leur partie occidentale, du col de Belate aux sources de l'Èbre (*Sierra de Aralar, Sierra-Salvada,* etc.), elles n'ont aucun sommet qui atteigne 1 600 mètres. Les cols sont faciles, trois d'entre eux sont franchis par des chemins de fer, celui d'*Idiazabal* (ligne de Bayonne à Madrid), celui d'*Izarra* (ligne de Burgos à Bilbao) et celui de *Reinosa* (ligne de Madrid à Santander).

La partie centrale (monts **Cantabres** et monts des **Asturies**) s'élève brusquement à plus de 2 000 mètres aux sources mêmes de l'Èbre, dans la *Sierra de Isar*, à la *Peña Labra* : elle dépasse 2 600 dans le massif connu sous le nom de *Peñas de Europa* où se trouvent les fameuses cavernes de *Cavadonga*, le refuge du roi goth Pélage et de ses compagnons, au temps de la conquête arabe. Elle conserve une élévation moyenne de 1 800 à 2 000 mètres jusqu'à la *Sierra de Picos*, où commencent les monts de Galice. Elle est cependant coupée par quelques routes et par un chemin de fer, celui de *Léon* à *Oviédo* et à *Gijon*.

La partie orientale des Pyrénées espagnoles (monts de **Galice**) est un massif confus et tourmenté, qui s'épanouit en plateaux assez bien cultivés, ou se divise en chaînons tortueux. Les plus hauts sommets dépassent 1 500 mètres.

Le versant septentrional des Pyrénées espagnoles se prolonge jusqu'aux bords du golfe de Gascogne par une série de contreforts, les uns boisés, les autres dénudés par les pluies et les torrents et qui s'enchevêtrent dans un inextricable chaos. La pente méridionale, en général plus courte, descend brusquement vers la vallée de l'Èbre ou se perd dans les hautes plaines du plateau castillan.

Plateau de Castille. Monts Ibériques. — La péninsule ibérique est, en effet, un vaste plateau dominé au nord par la chaîne des Pyrénées françaises et espagnoles ; à l'est par des massifs isolés (*Sierra de la Demanda*, *Sierra de Moncayo*, 2 350 m.) qui se dressent sur la rive droite de l'Èbre, se prolongent sous différents noms jusqu'au littoral de la Méditerranée et le bordent d'épaisses terrasses coupées par les tributaires de la mer des Baléares ; au sud par les escarpements de la *Sierra-Morena* (montagne Noire) ; à l'ouest enfin par les gradins qui descendent vers l'Atlantique, et les sierras hautes de 1000 à 1200 mètres qui longent le littoral portugais. C'est au rebord oriental du plateau que les géographes appliquent d'ordinaire le nom de **chaîne** ou de monts **Ibériques.**

Les hautes plaines enfermées dans cette enceinte de montagnes, et dont l'altitude moyenne dépasse 500 mètres, ont reçu le nom de **plateau** des **Castilles**. Ce sont d'immenses terrasses calcaires, arides, brûlées en été par le soleil, balayées en hiver par les vents du nord, où de maigres pâturages, des landes semées de touffes de genêts et de bouquets d'arbres rabougris occupent plus de place que les terres cultivées. Les fleuves s'y creusent d'étroites vallées où ils roulent en hiver et se traînent en été, séparant par de profondes fissures des plateaux incultes (*paramesas*) et des tables de grès ou de granit (*muelas*, meules) qui rappellent l'aspect désolé de nos causses cévénoles.

Sierras du plateau castillan. — Le plateau des Castilles est coupé, de l'est à l'ouest, par deux chaînes qui encadrent la vallée du Tage.

La plus septentrionale (entre *Tage* et *Duero*) s'élève peu à peu sous le nom de *Sierra Pela* et de *Sierra de Guadarrama*, atteint son point culminant dans la *Sierra de Gredos* (2660 m.), et se prolonge par la *Sierra de Gata*, la *Sierra d'Estrella* et le promontoire de *Torres Vedras* jusqu'à l'embouchure du Tage.

La plus méridionale et la moins élevée longe la rive droite de la *Guadiana*, sous les noms de monts de *Tolède*, de *Sierra de Guadalupe* et de *Sierra d'Ossa*, et vient

78 GÉOGRAPHIE PHYSIQUE DE L'EUROPE.

s'effacer en Portugal dans les terrasses de l'Estramadure et de l'Alentejo.

L'Espagne n'a de plaines basses et bien cultivées qu'au nord, dans la vallée de l'*Èbre* (Aragon), à l'est entre la mer et les monts Ibériques, où la *huerta de Valence* doit à ses canaux d'irrigation sa végétation splendide, et au

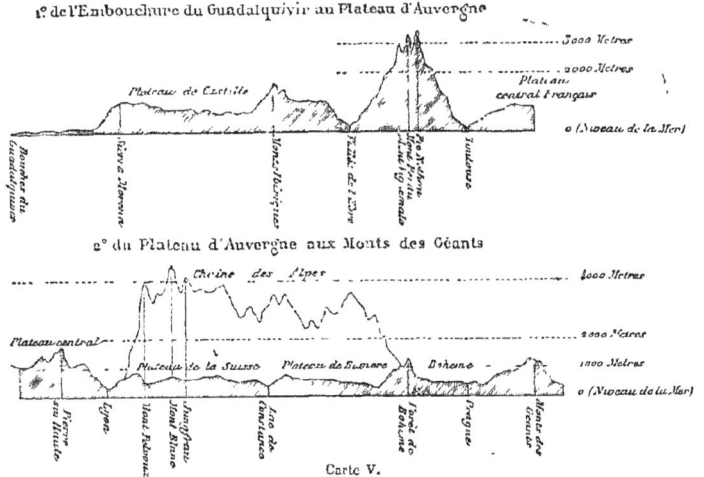

Carte V.

sud dans la vallée du Guadalquivir où l'*Andalousie*, l'ancienne *Bétique*, a conservé son admirable fertilité.

Cette riche plaine est limitée au sud par un massif

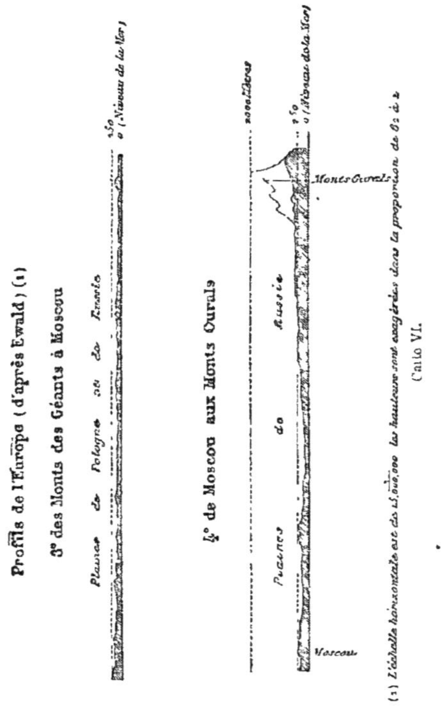
Profils de l'Europe (d'après Ewald) (1)
3° des Monts des Géants à Moscou
Plaines de Pologne et de Russie
250
0 (Niveau de la Mer)
4° de Moscou aux Monts Ourals
2000 Mètres
Plaines de Russie
250
0 (Niveau de la Mer)
Monts Ourals
Moscou

(1) L'échelle horizontale est de $\frac{1}{15.000.000}$ les hauteurs sont exagérées dans la proportion de 62 à 1

Carte VI.

épais, coupé de nombreuses vallées, et qui domine le littoral de la Méditerranée, depuis la pointe de *Tarifa* jusqu'à celle du *Gata*. C'est la **Sierra Nevada** dont le point culminant, le pic de *Mulahacen*, dans le massif des *Alpujarras*, dépasse de 150 mètres les plus hautes cimes des Pyrénées. La Sierra Nevada, avec ses neiges éternelles, ses torrents, ses roches de granit rougeâtre, ses sombres forêts de sapins, contraste avec le ciel africain et la végétation tropicale de l'étroite lisière de plaines qui s'étend au pied de la montagne, sur les bords de la Méditerranée.

Péninsule italique. L'Apennin.

La pente méridionale des Alpes vient, comme nous l'avons dit plus haut, mourir dans une vaste plaine presque entièrement couverte de terrains d'alluvions, sillonnée d'innombrables canaux d'irrigation, arrosée par l'Adige, par le Pô et ses affluents : c'est le *Piémont*, la *Lombardie* et la *Vénétie*, l'une des régions les plus fertiles et les mieux cultivées de l'Europe. Entouré au nord et à l'ouest par les Alpes, ce magnifique bassin est limité au sud par une chaîne moins élevée qui se rattache aux Alpes maritimes et qui, sous le nom d'**Apennin**, dessine la charpente de toute la péninsule italique.

Les Apennins.—L'*Apennin septentrional (ligurique et toscan)* commence au col de *Cadibone* et finit au mont *Comero* (2092 mètres), aux sources du Tibre. C'est une chaîne aride, monotone, sans grands sommets, élevée en moyenne de 1500 à 1600 mètres, dont les vallées perpendiculaires à la crête sont courtes et profondes, et qui domine par des pentes abruptes le golfe de Gênes, puis s'élargit et s'élève à mesure qu'elle se rapproche de l'Adriatique. Les cols sont relativement élevés : celui de la *Bocchetta*, au nord de Gênes, a 780 mètres ; ceux de *Pontremoli* (route de Parme à Carrare), de *Fiumalbo* (route de Modène à Pistoia), de *Pracchia* (route et chemin de fer de Bologne à Florence), ont de 900 à 1000 mètres.

L'*Apennin central*, taillé presque à pic dans son versant oriental, tandis que la pente occidentale est plus douce, a des sommets de plus de 2500 mètres : le massif atteint déjà, sur le parallèle du lac Trasimène, une largeur de 260 kilomètres ; un peu plus au sud, il s'élargit encore et forme un plateau, les *Abruzzes*, l'ancien *Samnium*, dominé par des cimes de plus de 2900 mètres (le *monte Corno*, le *gran Sasso d'Italia*), sillonné de vallées profondes, en partie couvert de forêts, et qui est resté longtemps la terre classique du brigandage.

L'*Apennin méridional* n'est plus une chaîne, c'est un massif confus, beaucoup moins élevé que celui des Abruzzes, et qui couvre l'ouest et le centre de la péninsule jusqu'au golfe de Tarente. Il se prolonge par les collines rocheuses et les âpres montagnes de la Calabre jusqu'au cap de *Spartivento*. A l'est, le littoral de l'Adriatique, jusqu'à l'éperon formé par le soulèvement isolé du *monte Gargano*, n'a que des collines insignifiantes.

De chaque côté de l'arête formée par l'Apennin s'étendent, dans le versant de l'Adriatique et de la mer Tyrrhénienne, des plaines étroites, les unes fertiles, comme la Toscane, la Campanie et la Romagne, les autres marécageuses et désolées comme la campagne de Rome (*marais Pontins*), ou arides et brûlées par le soleil comme l'Apulie.

Le Vésuve et l'Etna. — Calcaire, schisteuse ou granitique, la chaîne de l'Apennin proprement dit n'a pas de roches éruptives ; mais à l'ouest et à l'est de la chaîne principale s'étend une traînée volcanique presque effacée dans le versant de l'Adriatique (cratère éteint du mont *Vultur*), mais qui, dans celui de la mer Tyrrhénienne, a laissé des traces profondes : en Toscane, les eaux thermales, les sources d'acide borique, le cratère de l'*Amiata* (1767 mètres) ; dans la Campagne romaine, les lacs volcaniques et les monts d'*Albano ;* en Campanie, les lacs *Averne* et d'*Agnano*, la solfatare de Pouzzoles, et surtout le **Vésuve** (1250 mètres), le seul volcan du continent européen encore en activité, qui dresse, au bord du golfe de Naples, son dôme de lave, de cendres et de pierres ponces.

4.

Fig. 11. — Le Vésuve.

Dans les îles, s'élèvent l'*Epomée*, dont les feux souterrains prouvent encore leur puissance par les sources bouillantes qui jaillissent du sol et les tremblements de terre qui bouleversent l'île d'Ischia (1883) ; le *Stromboli*, dont les éruptions semblent alterner avec celles du Vésuve ; enfin l'**Etna**, le roi des volcans européens (3300 m.), tour à tour couvert de feu et de neige, et qui domine de sa masse énorme toute la Sicile orientale.

Le reste de l'île est de formation calcaire ; deux chaînes littorales, l'une au nord, l'autre au sud, dessinent les limites d'un plateau élevé de 400 mètres en moyenne, à peine cultivé, couvert de bois d'yeuses et de bruyères, et dont la physionomie sauvage contraste avec la richesse et l'admirable végétation du littoral.

Corse et Sardaigne. — Géologiquement, la Corse et la Sardaigne n'appartiennent pas à l'Italie péninsulaire. Les terrains granitiques, très rares dans la péninsule, y dominent : des abîmes de 1000 mètres et plus les séparent des côtes occidentales de l'Italie, tandis qu'au nord un plateau sous-marin les rattache aux Alpes dont elles paraissent être le prolongement. Bien que sa superficie soit moins considérable, c'est la Corse qui possède les plus hauts sommets de ce massif insulaire, le *monte Cinto* (2707 mètres), et le *monte Rotondo* (2624 mètres). Le point culminant des montagnes de Sardaigne ne dépasse pas 1900 mètres.

Péninsule turco-hellénique. Les Balkans.

Alpes Dinariques. Monts de Bosnie. Monténégro. — Les Alpes Orientales se prolongent comme les Alpes Occidentales dans une direction presque parallèle à celle de l'Apennin par une série de plateaux et de chaînes peu élevées qui descendent brusquement vers l'Adriatique, tandis que l'autre versant présente des pentes moins rapides, en partie couvertes de forêts. Ce sont les **Alpes Dinariques,** qui doivent leur nom à un de leurs principaux sommets, le mont *Dinara* (1258 m.), et qui forment la limite entre la Dalmatie et la Bosnie.

Autant l'orographie de la péninsule italique est simple et nettement dessinée par l'Apennin, autant celle de la péninsule turco-hellénique est compliquée et confuse. Les divers soulèvements se croisent et se heurtent, toutes les formations géologiques se confondent, les vallées rayonnent dans tous les sens et c'est pour le géographe une tâche assez ingrate que d'essayer de se reconnaître au milieu de ce chaos.

On peut cependant distinguer dans cet enchevêtrement de plateaux et de montagnes qui couvrent toute la péninsule un certain nombre de massifs dont nous indiquerons les principaux. Le plus occidental est :

1° Celui des montagnes de **Dalmatie**, de **Bosnie**, d'**Herzégovine** et du **Monténégro** (*Tchernagora*, dans le dialecte slave des Monténégrins, montagne Noire), entre l'Adriatique à l'ouest, les vallées de la *Boïana* et du *Drin* au sud, celle de la *Drina*, affluent de la Save, à l'est, et celle de la *Save* au nord. Les principales arêtes, parallèles les unes aux autres, sont orientées du nord-ouest au sud-est (*Alpes Dinariques, chaînes de Bosnie*) et séparées par de petites plaines ou des vallées profondément encaissées où roulent des rivières torrentielles. La citadelle de toute cette région, le Monténégro, a des sommets, le *Dormitor*, le *Kom*, qui s'élèvent de 2400 à 2600 mètres.

Monts de Serbie. — 2° Entre la vallée de la *Drina* à l'ouest, celle du *Danube* au nord, celle de la *Morawa*, affluent du Danube, à l'est, et la haute plaine de *Kossovo* (plaine des Merles) au sud, s'étend le massif calcaire de **Serbie**, moins élevé que le précédent, mais aussi âpre, aussi sauvage, couvert de forêts de chênes et de sapins et sillonné de profonds ravins.

Balkans. — 3° Entre la *plaine du Danube* (**Bulgarie**), la mer Noire, la mer de Marmara, l'Archipel, la vallée de la *Morawa* et celle du *Strouma* (l'ancien *Strymon*), tributaire de l'Archipel, toute la partie orientale de la péninsule appartient au système des **Balkans**. Ce sys-

LE RELIEF DU SOL.

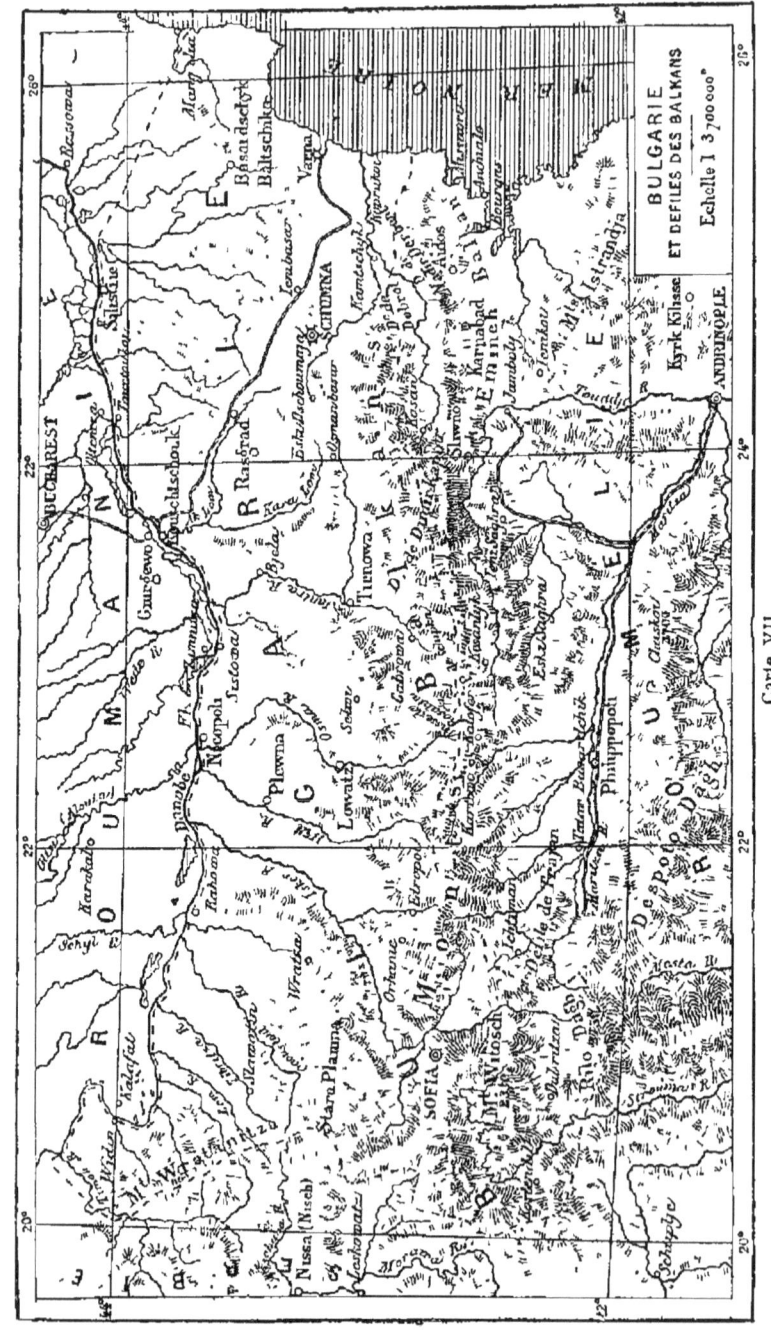

Carte VII.

tème se compose de deux grandes chaînes. La plus septentrionale est le **Balkan** proprement dit (ancien *Hémus*), montagnes boisées, d'une élévation moyenne de 1000 à 1200 mètres, percées de nombreux défilés et qui dominent par des pentes abruptes la *plaine de Thrace* (vallée de la *Maritza*), tandis qu'elles s'abaissent en larges gradins vers la *plaine de Bulgarie* (vallée du *Danube*).

La plus méridionale, le *Rhodope* ou **Despoto**, se rattache au Balkan par les énormes massifs du mont *Vitosch* (2330 mètres), du *Rilo-Dagh* (2750 mètres), du *Mavala* (3100 mètres), du *Gœl-Tépé* (2680 mètres), et court parallèlement à l'Archipel entre la vallée de la *Maritza*, au nord et à l'est, et celle du *Strouma* à l'ouest. Malgré la ceinture de montagnes qui l'entourent (car l'enceinte dessinée au sud par le Rhodope, à l'ouest par le Rilo-Dagh et le Vitosch, au nord par le Balkan, est fermée à l'est par une chaîne granitique parallèle au littoral de la mer Noire, les monts **Istrandja**), la *plaine de* **Thrace** est facilement accessible à l'est, au sud-est, sur la rive gauche de la Maritza, et même au nord par les nombreuses passes du Balkan. — A l'ouest, au contraire, elle n'a que deux issues : le défilé de *Sofia* creusé par le torrent de l'*Isker*, affluent du Danube, entre le mont Vitosch et le Balkan occidental, et la gorge de *Doubnitza* entre le mont Vitosch et le Rilo-Dagh, futurs passages des chemins de fer qui réuniront le réseau turc au réseau européen.

Massif de la Macédoine. — 4° Entre la vallée du *Strouma* à l'est, la plaine de *Kossovo* au nord, le **Tchar-Dagh** et le **Grammos** à l'est, la vallée de la *Vistritza* et l'Archipel, au sud, s'étend la **Macédoine**, région de plateaux arides, de sombres vallées et de petites plaines marécageuses dominées par des massifs qui encadrent les bassins du *Vardar* (ancien *Axius*) et de ses affluents, et projettent dans l'Archipel les trois pointes de la *Chalcidique*. La plus orientale, celle à qui ses nombreux couvents ont fait donner le nom de *Montagne Sainte* (*Hagion Oros*), se termine par la masse imposante du mont *Athos* (1935 mètres), la plus haute cime du massif macédonien.

Massif de l'Albanie. — 5° Le massif de l'**Albanie** (ancienne *Illyrie*), limité au sud par la vallée du *Voïoutza* (ancien *Aoüs*), à l'ouest par la mer Adriatique, au nord par la vallée du *Drin*, est séparé à l'est des plateaux de la Macédoine par une chaîne épaisse qui, sous les noms de **Tchar-Dagh** et de **Grammos**, forme la ligne de partage des eaux entre l'Archipel et l'Adriatique. Ses sommets neigeux dont le plus élevé dépasse 3000 mètres, ses dômes de granit, ses lacs bordés de précipices, ses sombres forêts de sapins, ses vallées étroites (*Khssoura*), où roulent les torrents, ont toute la majesté des Alpes avec un caractère plus sauvage et un aspect plus tourmenté. Les populations albanaises, qui n'ont jamais été qu'imparfaitement soumises par tous les conquérants de la péninsule hellénique, conservent encore avec leur langue nationale, une des plus anciennes de l'Europe, la rudesse et les mœurs belliqueuses de leurs ancêtres.

Massif hellénique. — 6° Entre les vallées du *Voïoutza* et de la *Vistritza* au nord, la mer Ionienne à l'ouest, le golfe de Corinthe au sud, et l'Archipel à l'est, s'élève le massif **hellénique** proprement dit, dont l'arête centrale est marquée depuis le plateau de *Metzovo* (1620 mètres, *Lacmon* des anciens), par la chaîne du **Pinde** (point culminant : 2168 mètres), prolongée jusqu'à l'isthme de Corinthe par celles de l'*Œta* (point culminant : 2319 mètres), du *Parnasse* (2511 mètres) et du *Cithéron*.

De cette branche principale se détachent une foule de rameaux qui dessinent les vallées de l'Épire, enveloppent de toutes parts la plaine de Thessalie (massif de l'*Olympe* [2973 mètres] au nord, de l'*Ossa* ou *Kissovo* et du *Pélion* ou *Plession* à l'ouest, chaîne de l'*Othrys* au sud), couvrent la Grèce centrale d'un inextricable réseau et se prolongent dans l'Archipel par les hautes cimes de l'Eubée (1500 à 1740 mètres) et les pics isolés des Cyclades (400 à 1000 mètres), dans la mer Ionienne par les massifs de *Leucade*, de *Képhalonie* et de *Zante* (point culminant 1600 mètres, dans l'île de Képhalonie).

Massif du Péloponèse. — 7° Le massif du **Péloponèse**, qui se rattache par les hauteurs de l'isthme de Corinthe aux chaînes de l'Attique, a pour noyau une sorte de plateau central élevé de 900 à 1000 mètres, l'**Arcadie**, le pays des forêts, des pâturages, des fraîches vallées et des sources limpides. L'Arcadie, dominée au nord par des sommets qui dépassent 2000 mètres (*Khelmos*, 2354 mètres, *Olonos*, ancien Erymanthe, 2134 m.), à l'est par un massif moins élevé qui se prolonge jusqu'au cap *Malée*, projette à l'ouest vers la mer Ionienne, au sud vers les golfes de Messénie et de Laconie, des terrasses couvertes de bruyères où l'*Alphée*, le *Pamisus* et l'*Eurotas* se sont creusé leur lit. Ces deux dernières vallées sont séparées par un étroit contrefort, le *Maïna*, l'ancien *Taygète*, qui dresse sa plus haute cime à 2400 m. et se termine par les falaises gigantesques du cap *Matapan* (l'ancien *Ténare*).

Massif de Candie. — 8° Au sud du Péloponèse émerge brusquement le massif insulaire de **Candie**, l'ancienne *Crète*, avec ses ravins arrosés par des torrents qui se dessèchent en été, ses terrasses dont les premiers gradins sont semés de bois d'oliviers et d'orangers, tandis que les pentes supérieures portent des forêts de châtaigniers et de chênes, et ses trois sommets jumeaux : l'*Aspra Vouna* (2450 mètres, ancien massif des monts *Blancs*), le *Psiloriti* (2450 mètres, ancien *Ida*), et le *Lasithi* (2150 mètres, ancien *Dicté*).

Au nord de Candie, le groupe volcanique de *Milo* et de *Santorin* (Théra) est encore le théâtre d'éruptions qui ont plus d'une fois fait surgir des îles nouvelles et bouleversé les plus méridionales des Cyclades.

VII

EUROPE SEPTENTRIONALE

Groupe des Iles britanniques.

A l'exception de l'Oural et du Caucase, les massifs montagneux que nous avons décrits jusqu'ici et qui forment la charpente de l'Europe sont liés entre eux sans autre solution de continuité que des dépressions d'une médiocre étendue ; ceux de l'Europe septentrionale sont isolés : des plaines basses ou des mers les séparent des hautes terres de l'Europe continentale.

Angleterre. — La Grande-Bretagne, détachée du continent à une époque relativement récente, semble continuer dans sa partie méridionale et orientale les vallons de la Normandie et les plaines de l'Artois et de la Flandre. C'est à l'ouest et au nord que sont groupés les massifs montagneux.

Le moins élevé, celui de la **Cornouaille** (*Cornwall*), dont les croupes boisées, les roches granitiques, les plateaux couverts de bruyères rappellent l'aspect de la Bretagne, ne dépasse pas 630 mètres.

Les montagnes calcaires du **Pays de Galles** s'élèvent à près de 1100 mètres (pic *Snowdon*), et couvrent toute cette région qui a été le dernier refuge de l'indépendance des vieux Bretons.

La chaîne **Pennine**, et le massif granitique du *Cumberland*, bien que leurs plus hauts sommets n'atteignent pas 1000 mètres, l'emportent sur les montagnes du Pays de Galles par la majesté de leurs cimes déchirées, par la fraîcheur de leurs vallées, par la beauté de leurs lacs si souvent chantés par les poètes de l'Angleterre.

Ecosse. — Les monts **Cheviots** et les massifs sauvages qui les prolongent dans la direction de l'ouest jusqu'au golfe de la Clyde séparent les **basses terres d'Ecosse** (*Lowland*), la plaine de la Clyde et du Forth, des plateaux du Northumberland et du Cumberland.

La limite septentrionale des basses terres écossaises est marquée par la chaîne des **Grampians** dont le plus haut sommet, le *Ben-Nevis* (1 335 mètres), le point culminant de la Grande-Bretagne, garde sa couronne de neige pendant dix mois de l'année. — C'est là que commencent les **hautes terres** (*High-Land*), le pays popularisé par le grand romancier Walter Scott, chaos de montagnes dénudées, de plateaux stériles et tourbeux, de vallées encaissées où dorment des lacs aux eaux limpides (lac *Ness*, lac *Lomond*, lac *Earn*, lac *Katrine*, etc.), et où les torrents roulent de cascade en cascade. Le massif des Grampians est séparé par la profonde fissure du canal *Calédonien* de celui des monts de **Ross** qui couvre tout le nord de l'Ecosse et domine de ses escarpements les fiords creusés par les anciens glaciers sur le littoral de l'Atlantique. — Les îles *Orcades* (*Orkney*) au nord, les *Hébrides* à l'ouest s'avancent dans l'Océan comme une digue de granit et de basalte toujours battue par la houle du large.

Les côtes occidentales d'Ecosse portent encore la trace de puissantes convulsions volcaniques : la grotte de *Fingal* avec ses colonnades basaltiques (île de *Staffa*), les porphyres de l'île de *Mull*, les aiguilles de basalte de l'île d'*Eig*, la *Chaussée des Géants* sur la côte septentrionale de l'Irlande sont les témoins de ces bouleversements grandioses dont les phénomènes volcaniques actuels ne sont que l'image affaiblie.

Irlande. — L'**Irlande** (*Erin*, l'île verte) est une plaine, semée de lacs et de tourbières et entourée d'une ceinture de montagnes ou plutôt de massifs isolés que séparent de larges dépressions. Volcaniques dans le nord, granitiques à l'ouest et au sud, ces massifs ont une hauteur moyenne de 600 à 800 mètres. Le point culminant, le *Carrantuo-Hill*, au sud-ouest de l'île, n'atteint pas 1 100 mètres.

Groupe de l'Islande.

Sur la limite des mers polaires, au nord de la Grande-Bretagne à laquelle elle semble se rattacher par un long plateau sous-marin au milieu duquel émerge le groupe des îles *Fær-OEer*, se dresse le massif de l'**Islande**, la plus méridionale des terres arctiques. L'Islande est un

Fig. 12. — Les geysers.

plateau d'une altitude moyenne de 600 à 700 mètres, s'abaissant brusquement vers la mer par des falaises de basalte qui dessinent les contours des fiords capricieux de la côte septentrionale et occidentale. Au sud, s'élève presque à pic un véritable rempart de lave surmonté de dômes neigeux et de glaciers dont le plus vaste, le *Klofa*, a près de 10 000 kilomètres carrés. C'est au milieu de ces champs de neige et de glace que montent à près de 2 000 mètres les cratères volcaniques dont l'*Hécla* (1 533 mètres) et le *Skaptar* sont les plus redoutables et qui ont couvert d'une couche de cendre, de laves ou de scories une partie du plateau. Au pied de l'Hécla, au milieu d'une plaine autrefois fertile, mais aujourd'hui ensevelie sous la cendre, jaillissent ces sources intermittentes connues sous le nom de *Geysers*, et dont la plus puissante lance jusqu'à une hauteur de 30 mètres une gerbe de vapeur et d'eau bouillante.

Groupe de la Scandinavie.

La péninsule scandinave, entourée par la Baltique, la mer du Nord, l'Atlantique et l'océan Glacial, se rattache au continent par un isthme semé de lacs et de tourbières, et sillonné de quelques hauteurs rocheuses qui s'effacent dans les plaines de la Russie septentrionale.

La charpente de la péninsule est dessinée depuis le cap *Lindesnæss*, sur la mer du Nord, jusqu'au cap *Nord*, sur l'océan Glacial, par un large plateau granitique qui s'abaisse en pente douce vers la mer Baltique, mais qui tombe à pic dans l'océan Glacial et que découpent les innombrables fiords du littoral norvégien. Les pentes de ce plateau, partout où elles ne sont pas trop rapides, sont couvertes de forêts de sapins et de chênes, qui commencent à s'éclaircir : au sommet s'étendent des pâturages et des tourbières, dominés par des massifs isolés qui ressemblent à des créneaux ou à des tours en ruines et qui gardent éternellement leur couronne de neige et leur ceinture de glaciers. Les géographes ont donné à l'ensemble de ces massifs et de ces plateaux le nom d'**Alpes Scandinaves**. C'est dans la partie méridionale que se dressent les plus hauts sommets ; l'*Ymesfield*

(2604 mètres), le *Snehætten*, dans le massif du *Dovrefield* (2306 mètres), le *Skagatœlstinderne* (2458 mètres), qui domine le *Sognefiord* et le gigantesque glacier de *Jostedal*.

Au nord de Drontheim, commencent les monts **Kiœlen** dont la cime la plus élevée atteint 1884 mètres, et dont les glaciers descendent jusqu'à 600 mètres. Dans le nord de la péninsule, les montagnes s'abaissent, se rapprochent de la mer et finissent par se perdre dans les plateaux désolés du *Finmark* et de la *Laponie*.

RÉSUMÉ

I et II

L'EUROPE ORIENTALE est un pays de plaines sillonnées par quelques chaines de collines (*collines de Pologne, collines du Volga*), et dominées par des plateaux peu élevés (plateaux de l'*Uvalli*, de *Valdaï*, 200 à 300 mètres). Cette région de plaines est limitée à l'est et au sud par deux massifs de montagnes, l'OURAL (point culminant 1700 mètres), et le CAUCASE (points culminants, l'Elbrouz, 5660 mètres, le Kazbeck, 5043 mètres; principal col, le défilé de *Dariel*). Les plaines des bords de la Caspienne sont situées au-dessous du niveau de la mer.

III et IV

AU CENTRE DE L'EUROPE, s'élève le massif des ALPES, les plus hautes montagnes du continent européen, dont la chaine principale, couverte de neige et de glaciers, se recourbe en demi-cercle depuis le golfe de Gênes jusqu'à l'Adriatique. Les vallées les plus importantes sont parallèles à la crête et la pente est en général plus rapide du côté de l'Italie que du côté de la France, de la Suisse et de l'Allemagne. Les principales divisions sont : 1° les *Alpes Maritimes* (col de Tende, mont Viso); les *Alpes Cottiennes* (monts Genèvre, Thabor, Cenis, cols du mont Genèvre et du mont Cenis, col de Fréjus percé par un chemin de fer); les *Alpes Grées* (mont Blanc, 4810 mètres, point culminant de l'Europe, col du petit Saint-Bernard), formant les ALPES OCCIDENTALES ; 2° les *Alpes Pennines* (monts Rose, 4640 mètres, Cervin, col du grand Saint-Bernard, col du Simplon); les *Alpes Lépontiennes* (col et massif du Saint-Gothard, percé par un chemin de fer, point central des Alpes, col du Splugen) , les *Alpes Rhétiques* (massif de Bernina, col du Brenner traversé par un chemin de fer), formant les ALPES CENTRALES; 3° les *Alpes Car-*

niques et *Cadoriques* (col de Tarvis), et les *Alpes Juliennes* (col d'Adelsberg, traversé par un chemin de fer), formant les ALPES ORIENTALES.

De la partie centrale des Alpes (Saint Gothard) se détachent vers l'ouest les ALPES BERNOISES (point culminant, 4 275 mètres), qui s'abaissent par degrés jusqu'au plateau du *Jorat*, au nord du lac de Genève; vers le nord les ALPES HELVÉTIQUES (*Alpes d'Uri*, chaîne du *Tœdi*, etc.) qui couvrent presque toute la Suisse.

Des Tauern, massif qui continue vers le nord les Alpes Carniques, partent à l'est les ALPES DE STYRIE, au nord-est les ALPES NORIQUES et AUTRICHIENNES, dont la pente septentrionale, inclinée vers la vallée du Danube, forme le *plateau de la Haute-Autriche*, élevé en moyenne de 450 à 500 mètres.

Entre les Tauern et le Saint-Gothard part du mont Septimer la chaîne des *Alpes des Grisons* et des *Alpes Algaviennes*, qui se prolonge à l'est par les *Alpes Bavaroises* et dont le versant septentrional domine le *plateau de Bavière*, élevé de 500 à 700 mètres.

La chaîne des Alpes Algaviennes se prolonge entre le Rhin et le Danube par des plateaux qui se dirigent vers l'ouest, et d'où se détachent au nord les montagnes boisées de la FORÊT-NOIRE (point culminant, 1 495 mètres), parallèle aux Vosges, à l'est les plateaux désignés sous le nom de *Jura de Souabe* et de *Jura franconien*, qui se lient au groupe de la BOHÊME.

Ce groupe se compose de quatre chaînes disposées en losange: au nord, les *Monts Métalliques* et les *Monts des Géants* (point culminant, 1 610 mètres); au sud, les *plateaux de Moravie* et la *forêt de Bohême*. De l'angle occidental du losange se détachent, vers le nord-ouest, des hauteurs qui se divisent en plusieurs branches et dessinent les *plateaux de l'Allemagne centrale* (forêts de Franconie et de *Thuringe*, *Harz*, à l'est du Wéser; *Rhœn*, *Spessart*, sur la rive droite du Main; *Westerwald*, *Taunus*, sur la rive droite du Rhin).

Le groupe de la Bohême se lie à celui des CARPATHES par les monts SUDÈTES. Les Carpathes centrales ou monts *Tatras* renferment les points culminants du massif (2 650 mètres). Les *Carpathes Orientales* et les *Alpes de Transylvanie* se recourbent en demi cercle depuis les sources du Dniester jusqu'au Danube; ce sont des plateaux élevés et boisés, dominés par des groupes confus dont le versant occidental s'efface dans les *plaines de Hongrie* et dont le versant oriental s'abaisse par gradins vers le Danube et la mer Noire.

Au nord des plateaux de l'Allemagne centrale, de la Bohême et des Carpathes, s'étendent les plaines sablonneuses ou marécageuses de l'*Allemagne du Nord* et de la *Pologne*.

V

Dans l'*Europe occidentale*, le groupe français comprend les Cévennes, d'où se détachent des chaînes qui dessinent ou dominent le *Massif central français* (volcans d'Auvergne, point culminant, le *puy de Sancy*, 1886 mètres); la *côte d'Or*; le *plateau de Langres*, d'où se détachent, vers le nord-ouest, l'*Argonne* et les *Ardennes*; les monts *Faucilles*; le *Ballon d'Alsace*, d'où remonte, vers le nord, la chaîne boisée des Vosges (ballon de Guebwiller, 1427 mètres, cols de Bussang, de Sainte-Marie-aux-Mines, de Saverne); enfin le Jura (massifs du Reculet, 1723 mètres, de la Dôle, cols de Saint-Cergues, de Jougne, des Verrières), qui se recourbe, entre le Rhône et le Rhin, parallèlement aux Alpes.

La Hollande, la Belgique, le nord, l'ouest et le nord-ouest de la France sont des pays de plaines. L'Allemagne rhénane, le nord-est de la France et l'est de la Belgique sont des plateaux d'une élévation moyenne de 200 à 450 mètres.

VI

1° Au *sud-ouest* de l'Europe, le groupe espagnol comprend la Sierra Nevada (point culminant, 3550 mètres); les *monts Ibériques*, plateaux confus qui courent du sud au nord dominés par des chaînes isolées (point culminant, 2350 mètres) et d'où se détachent vers l'ouest trois grands rameaux : 1° *Sierra Morena*; 2° *Monts de Tolède et Sierras d'Estramadure*; 3° *Sierras de Guadarrama*, de *Gredos* et d'*Estrella*.

Les Pyrénées *espagnoles* (monts Cantabres) courent de l'ouest à l'est, des caps *Ortégal* et *Finisterre* aux sources de la Bidassoa. Ces montagnes dessinent la limite septentrionale d'un plateau élevé en moyenne de plus de 500 mètres, le *plateau des Castilles*, qui occupe tout le centre de la péninsule.

Les Pyrénées *françaises*, des sources de la Bidassoa à la Méditerranée, s'élèvent entre la France et l'Espagne. Leurs plus hauts sommets (la Maladetta, 3404 mètres, le Posets, le mont Perdu, le Vignemale), couverts de neiges éternelles, atteignent ou dépassent 3000 mètres. Deux lignes de chemins de fer les traversent à leur extrémité occidentale et orientale.

2° Au *sud*, les *Alpes occidentales* se prolongent du col de *Cadibone* aux extrémités de l'Italie (caps *Spartivento* et *Leuca*) par la chaîne et les plateaux des Apennins (point culminant, 2990 mètres), qui dessinent l'arête de la péninsule italique et se relèvent en Sicile de l'autre côté du détroit de Messine. Les deux volcans du *Vésuve* en Italie et de l'*Etna* en Sicile appartiennent au système des Apennins.

3° Au *sud-est*, les *Alpes Orientales* se prolongent le long de l'Adriatique par les ALPES DINARIQUES, les monts de *Bosnie* et du *Monténégro*, le TCHAR-DAGH et le massif du PINDE (point culminant, environ 3 000 mètres), d'où se détachent au nord les *monts de Serbie* qui vont rejoindre les Carpathes, à l'est les BALKANS et le RHODOPE (point culminant, 3 109 mètres), au sud les chaînes confuses (*OEta, Parnasse*, etc.), qui dessinent la charpente de la péninsule hellénique, s'abaissent à l'isthme de Corinthe, se relèvent dans le Péloponèse et se terminent au cap *Matapan*.

VII

Au *nord-ouest* s'élèvent dans la GRANDE-BRETAGNE trois massifs isolés, les montagnes du *pays de Galles*, la *chaîne Pennine* et les montagnes de l'*Ecosse*, dont la branche la plus considérable, les monts *Grampians*, atteint 1 330 mètres.

L'île d'ISLANDE est dominée par un massif d'origine volcanique dont le principal cratère est l'*Hécla*.

Au *nord*, la péninsule scandinave est traversée depuis le cap *Lindesnæss* jusqu'au cap *Nord* par la chaîne des ALPES SCANDINAVES, qui plonge presque à pic dans l'océan Atlantique et l'océan Glacial, et dont la crête est formée par des plateaux surmontés de pics neigeux (point culminant, 2 600 mètres).

Le plateau de Finlande est sillonné par des collines dont les branches dessinent les contours de ses lacs.

Questionnaire.

I et II. — Quels sont les principaux massifs de montagnes de l'Europe? Trouve-t-on dans l'intérieur de la Russie de véritables montagnes? Quel est le point central d'où se détachent les principales lignes de hauteurs? Nommer les plus importantes de ces lignes.

Quelle est la chaîne de montagnes qui sépare l'Europe de l'Asie septentrionale? L'aspect des monts Ourals est-il le même dans toute leur étendue?

Quelle est la chaîne de montagnes qui sépare l'Europe de l'Asie occidentale? Quel est le principal sommet et le principal défilé du Caucase? En quoi diffèrent les deux versants de cette chaîne?

III et IV. — Quelles sont les grandes divisions de la chaîne principale des Alpes? Comment subdivise-t-on les Alpes occidentales, centrales, orientales? Quels sont les sommets et les cols les plus importants? Quels sont ceux que franchissent des voies ferrées? Quel est le point le plus élevé de la chaîne des Alpes? Rappeler les traits caractéristiques de la description des Alpes, la définition des glaciers, des avalanches. Nommer quelques-uns des glaciers les plus connus. Quels sont les animaux et les végétaux des hautes régions des Alpes? Quels sont les grands rameaux septentrionaux des Alpes? De quel point de la chaîne partent-ils? Quels sont les sommets les plus élevés des Alpes bernoises?

Décrire les chaînes de montagnes ou les plateaux de l'Europe centrale. Qu'est-ce que la Forêt-Noire? Qu'est-ce que le Harz? Quelle est la disposition et quels sont les noms des montagnes qui entourent la Bohême? Quelle en est l'élévation moyenne? Quelles sont les chaînes qui rattachent le massif de la Bohême à celui des Carpathes? Quel est l'aspect des Carpathes? En quoi diffère-t-il de celui des Alpes? Quelles sont les montagnes qui rattachent le massif des Carpathes à celui de la péninsule hellénique? Pourquoi doit-on les regarder comme une prolongation des Carpathes?

V. — Rappeler les principaux traits de la description des Cévennes, du massif central français, des Vosges, des Ardennes, du Jura. — Quel nom portent les derniers rameaux des Ardennes?

VI. — Quelles sont les principales chaînes de montagnes de la péninsule espagnole? Que signifie le mot Sierra? Quelles sont les plus hautes montagnes de l'Espagne? Qu'appelle-t-on monts Ibériques? D'où vient ce nom? Rappeler les divisions, les principaux sommets, les cols les plus importants et les traits caractéristiques de la description des Pyrénées franco-espagnoles.

Quels sont les deux grands rameaux méridionaux qui forment le prolongement des Alpes? Quelle est la direction générale des Apennins? Quels sont les volcans d'Italie et de Sicile? Quelle est la plus grande élévation de la chaîne des Apennins? Quelle est la chaîne qui rattache aux Alpes le groupe hellénique? Quel est l'aspect général de ce groupe? Quels en sont les principaux rameaux? Quels sont, parmi les sommets et les défilés, les plus connus dans l'histoire de l'ancienne Grèce?

VII. — Quels sont les principaux massifs montagneux de la Grande-Bretagne? Quel est le caractère des montagnes de l'Écosse? Y trouve-t-on des traces de l'action volcanique? L'Irlande possède-t-elle de grandes montagnes? Quelle est la physionomie générale de l'île d'Islande? Que signifie ce nom? Quel est le volcan le plus connu de l'Islande? Trouve-t-on des îles entre l'Islande et la Grande-Bretagne? D'où vient le nom d'Alpes scandinaves? Quel est l'aspect de cette chaîne? Quels sont les caps qui la terminent? En quoi diffèrent les deux versants?

Quels sont en Europe les pays de montagnes? Quels sont les pays de plaines? Décrire les plaines de l'Allemagne septentrionale. — Celles de la Russie. — Toutes les parties de l'Europe sont-elles situées au-dessus du niveau de la mer? Quelle est la partie la plus basse de l'Europe? Quels sont les principaux plateaux de l'Europe? Décrire le plateau des Castilles. — Le plateau de Finlande. — Le plateau de Bavière.

Exercices.

Carte du relief de l'Europe. Indiquer, par des courbes de niveau et des teintes différentes, les pays de plaines, les plateaux et les montagnes.

Tracé de la chaîne principale des Alpes et des grands rameaux qui s'en détachent.

Donner, par des profils, l'idée du relief du sol entre les monts Ourals et la mer Baltique. — Entre l'embouchure de la Gironde et l'embouchure du Danube. — Entre le Skager-Rak et l'embouchure du Tibre. — (Voir la carte en relief de l'Europe, par MM. H. Pigeonneau et Drivet.)

Lectures.

Tyndall. *Les Glaciers*. In-8°.
Dupaigne. *Les Montagnes*. In-8°.
E. Reclus. *L'Europe*.
Taine. *Voyage aux Pyrénées*. In-8°.
F. de Tschudi. *Description pittoresque de la nature et de la faune alpestres*.
Whymper. *Escalades dans les Alpes*. In-8°.
Le Tour du Monde. *Voyages dans le Harz* (1863); *à l'Etna* (1865); *dans le pays de Galles* (1866); *dans la Forêt-Noire* (1867); *en Islande* (1868); etc.

CHAPITRE IV

Les fleuves et les rivières. — Les lacs.

I

Versants et bassins. Ligne de partage des eaux. — Il y a quelques années, la plupart des atlas élémentaires représentaient les lignes de partage des eaux entre les différents bassins fluviaux ou maritimes, de manière à faire supposer qu'ils sont séparés par de véritables chaînes de montagnes. Le jeune voyageur qui n'avait jamais étudié la géographie que sur les bancs du lycée était tout étonné de passer du bassin de la Seine dans celui de la Loire sans avoir à franchir aucune ligne de hauteurs qui ressemblât le moins du monde aux Alpes, aux Pyrénées ou aux Vosges. On a eu raison de condamner un système de représentation graphique qui ne pouvait que donner des idées fausses sur le relief du sol et sur le régime des eaux : mais il ne faudrait pas pousser le zèle, comme semblent disposés à le faire quelques géographes contemporains, jusqu'à proscrire la division même en versants et en bassins. Si les eaux coulent, c'est qu'elles sont entraînées par la pente du sol, et, si elles ne coulent pas toutes dans le même sens, c'est que ces pentes sont inclinées dans des directions différentes. Il y a donc dans la nature des lignes de partage des eaux. Ce ne sont ni les géographes, ni les dessinateurs qui les ont inventées. Il suffit de se souvenir qu'elles sont plus ou moins apparentes, qu'elles peuvent être tracées aussi bien par une simple ondulation de terrain que par une chaîne de montagnes ou de collines, que très souvent elles ne renferment pas les points culminants du bassin, et que certains fleuves se sont ouvert un passage à travers les massifs montagneux plus élevés que ceux où ils prennent leur source et qui semblent opposer à leur cours un obstacle invincible.

En Europe, la ligne de partage entre les deux grands **versants**, celui de l'**océan Glacial** et de l'**Atlantique** incliné vers le *nord-ouest*, et celui de la **Méditerranée**, de la **mer Noire** et de la **Caspienne**, incliné vers le *sud-est*, n'est déterminée dans les plaines de Russie que par les plateaux marécageux de l'*Uvalli* et de *Valdaï*, et par des ondulations insignifiantes qui n'ont pas même de nom et que les géographes désignent d'ordinaire sous la dénomination trop ambitieuse de collines de Pologne ; mais, dans l'Europe centrale et orientale, les deux versants sont séparés par une ligne nettement tracée, et que dessinent de vraies chaînes de montagnes :

Les *Carpathes*, les *Sudètes*, les plateaux de *Moravie*, les monts de *Bohême* en Autriche ;

Le *Jura franconien*, le *Jura de Souabe*, la *forêt Noire*, les plateaux de la *Souabe*, les *Alpes Algaviennes* en Allemagne ;

Les *Alpes des Grisons*, les *Alpes Centrales*, les *Alpes Bernoises* et le *Jorat* en Suisse ;

Le *Jura*, les monts *Faucilles*, le plateau de *Langres*, la *Côte d'Or*, les *Cévennes*, les *Corbières occidentales* et les *Pyrénées* en France ;

La chaîne *Ibérique* et la *Sierra-Nevada* en Espagne.

Les plus hauts sommets de l'Europe, le mont Blanc, le mont Rose, le Weisshorn, le Cervin ne font pas partie de la ligne générale de partage des eaux. Les deux grands versants du nord-ouest et du sud-est se divisent en bassins maritimes subdivisés eux-mêmes en bassins fluviaux, dont quelques-uns sont délimités par de hautes montagnes, mais dont beaucoup n'ont pour ceinture que des accidents de terrain à peine sensibles.

Centres de distribution des eaux. — Les réservoirs naturels des fleuves et des rivières sont les hautes terres couvertes de neiges, de glaciers, et les régions moins élevées, mais où les pluies sont fréquentes, et où le terrain peu perméable conserve les eaux à la surface au lieu de les laisser s'infiltrer dans le sol. Toutes nos chaînes européennes donnent naissance à des cours d'eau plus ou moins importants, mais ce ne sont pas toujours les montagnes les plus élevées qui versent les sources les plus abondantes. Les neiges du mont Blanc ne forment que deux torrents, l'Arve et la Dora Baltéa, tandis que les plateaux du *Saint-Gothard*, le plus vaste réservoir des eaux de l'Europe centrale et occidentale, alimentent le Rhin, le Rhône, le Danube par l'Inn, et le Pô par le Tessin et les affluents de l'Adda.

Le Saint-Gothard de l'Europe orientale est l'humble plateau de *Valdaï*, qui voit sortir de ses marécages trois fleuves, le Volga, le Dniéper et la Duna, dont le débit réuni égale celui de tous les cours d'eau alimentés par les neiges et les glaces des Alpes centrales, et dépasse de beaucoup celui des torrents du Caucase.

Régime des fleuves. Estuaires et deltas. — Quel que soit leur régime, les fleuves exercent une puissante influence sur les régions qu'ils traversent. Rapides et torrentiels, comme le sont les fleuves de montagnes, ils creusent les vallées, minent peu à peu les rochers, les emportent, les désagrègent et vont en déposer les débris dans la partie inférieure de leur cours ou les accumuler à leur embouchure. Plus lents, plus disciplinés et plus facilement navigables, les fleuves de plaines fertilisent au lieu de dévaster, et tracent au commerce ses voies les moins coûteuses et les plus sûres : mais, moins encaissés que les torrents, ils étendent plus loin les ravages de leurs inondations. Tous les fleuves roulent, en quantité plus ou moins considérable, du limon, du sable ou des cailloux, suivant la nature de leur lit. Une partie de ces débris se dépose soit sur leurs rives, soit dans le canal qu'ils ont creusé et dont le fond s'exhausse ainsi par une action lente et continue; mais les parties les moins denses sont emportées jusqu'à la mer. Quand le fleuve se jette dans une mer ouverte, et quand il conserve une pente assez forte, son embouchure forme d'ordinaire un golfe, appelé *estuaire*, où la marée s'engouffre avec violence et renverse la digue élevée par les atterrissements, à mesure que le fleuve la construit. Cette digue n'est alors qu'une *barre*, sorte de talus sous-marin dont la crête est sans cesse balayée et démolie par les vagues. Telle est la conformation des embouchures du Tage, de la Gironde, de la Loire, de la Seine, de l'Elbe, etc... Mais quand le fleuve débouche dans une mer fermée, à marées à peine sensibles, comme la Méditerranée ou la mer Noire, quand il trouve dans son cours inférieur des terres basses où son courant se ralentit et n'a plus la force d'entraîner les matériaux arrachés à ses rives, les dépôts qu'il abandonne finissent par le chasser de son lit, il se répand en marécages qu'il comble peu à peu, se déplace, se divise, comme le Rhin, le Pô ou le Nil; la barre de l'embouchure sans cesse accrue, et que les vagues repoussent sans la détruire, s'élève au-dessus des flots, elle marche à la conquête de la mer, et finit par former un *delta* qui grandit plus ou moins rapidement suivant le débit du fleuve et la masse de débris qu'il emporte. Celui du Rhône avance de 4 kilomètres en un siècle, et la Camargue s'accroît aux dépens des Alpes, comme le gigantesque delta du Gange aux dépens de l'Himalaya.

Fleuves du versant nord-ouest.

II

Bassin de l'océan Glacial et de la mer Blanche. — Le bassin européen de l'océan Glacial, délimité en Russie par les monts *Ourals*, les plateaux d'*Uvalli*, de *Finlande* et de *Laponie*, en Norvège par les ramifications septentrionales des monts *Kiœlen*, est arrosé par quatre grands cours d'eau : la **Petchora** (1 625 kilomètres), qui naît dans les monts Ourals et se jette dans un golfe de l'océan Glacial proprement dit ; le *Mézen* (800 kilomètres) ; la *Dwina* (1 230 kilomètres), sortie d'un lac du gouvernement de Vologda, et grossie à droite de la *Vytchegda* (1 100 kilomètres) ; et la rivière marécageuse de l'*Onéga*, qui se jettent dans la mer Blanche. Gelés pendant huit ou neuf mois de l'année, traversant une région de tourbières, de marais, de forêts sauvages et de plaines désertes, ces fleuves n'ont aucune importance stratégique ou commerciale. Seule, la Dwina, qui, sous le nom de *Soukhona*, commence près de *Vologda* et finit à *Arkhangel*, doit une certaine activité aux canaux qui la réunissent à la grande artère fluviale de la Russie, le Volga. Les côtes de Laponie et de Norvège n'ont que des torrents dont le plus important, la *Tana*, sert de limite entre la Norvège et la Russie.

III

Bassin de la Baltique. — Le bassin de la Baltique et des détroits qui l'unissent à la mer du Nord est franchement dessiné dans la péninsule scandinave, par les monts *Kiœlen* et les *Dofrines*, jusqu'au cap Lindesnæss. En Danemark et dans l'Allemagne du Nord, il n'a pour ceinture que des dunes sablonneuses ou des plateaux marécageux ; sa limite est tracée au sud par une chaîne de hautes montagnes, les *monts des Géants*, les *Sudètes* et les *Carpathes*, mais, à l'est, elle flotte indécise dans les marécages de la Pologne jusqu'au plateau de Valdaï, et au nord-est dans ceux de la Finlande et de la Laponie.

Les rivières torrentielles (*elf*) qui descendent des Alpes Scandinaves et qui arrosent la Suède et le sud de la Norvège, la *Tornéa*, la *Luléa*, la *Piléa*, le *Dal* (460 kilomètres), la *Motala*, déversoir du lac *Vettern*, la *Gota*, déversoir du lac *Venern*, le *Glommen* (530 kilomètres), qui se jette dans le Skager-Rak, ne sont pas navigables. Tantôt roulant à travers les forêts de sapins, tantôt s'allongeant en lacs limpides qui s'étagent de terrasses en terrasses et ne communiquent que par une série de rapides et de cascades, elles ne quittent leur allure capricieuse que dans les plaines du littoral ; c'est là qu'elles commencent à porter les trains de bois formés des arbres abattus dans la montagne et lancés à l'aventure dans leurs eaux tumultueuses. En Allemagne, au contraire, et en Russie, les fleuves se déroulent lentement dans la plaine sans limites, et se traînent à peine jusqu'à la mer à travers les dunes et les marécages.

La *Trave* n'a d'importance que parce qu'elle arrose *Lubeck*.

L'**Oder** (950 kilomètres), qui se déversait autrefois dans l'Elbe par le lit actuel de la Sprée, est un des grands cours d'eau de l'Allemagne. Il naît en Moravie, à une altitude de 630 mètres, dans la dépression qui sépare les Sudètes des Carpathes occidentales : sa vallée, étroite et profonde, ne tarde pas à s'élargir : à 100 kilomètres environ de sa source, un peu au-dessus de *Ratibor* (Silésie prussienne), où il devient navigable, il entre dans la plaine de Silésie et prend la direction du nord-ouest qu'il gardera jusqu'à la mer. Son lit marécageux, embarrassé d'îles et de bancs de sable, n'est plus tracé que par les digues que ses crues subites ont renversées plus d'une fois. Entre *Breslau* (Silésie) et *Francfort* (Brandebourg), il reçoit ses deux principaux affluents de gauche : la *Bober* et la *Neisse*, qui lui apportent les eaux des monts des Géants et des monts de Lusace : à *Kustrin* (Brandebourg), il se grossit de la *Wartha* (712 kilomètres), grossie elle-même de la *Netze*, deux rivières marécageuses qui promènent lentement leurs eaux dans les plaines de Pologne (Pologne russe et Posnanie). A Stettin, ce n'est déjà plus un fleuve, c'est un lac qui s'élargit encore et forme une petite mer intérieure (*haff*), séparée de la Baltique par les îles basses d'*Usedom* et de *Wollin*. Le haff se déverse dans la Baltique par trois canaux dont le principal, le *Swine*, sépare les deux îles. L'Oder est plus important comme ligne stratégique que comme voie navigable : au-dessus de Francfort, le chenal obstrué par les sables n'est guère praticable qu'au printemps et à l'automne.

La **Vistule** (1) (1020 kilomètres) est le plus grand tributaire de la Baltique. Elle naît dans la Silésie autrichienne, sur le revers septentrional des *Beskides* (Carpathes occidentales). A *Cracovie*, où elle devient navigable, elle est déjà large de 90 mètres ; elle garde la direction du nord-est jusqu'à son confluent avec le *San* (rive droite), puis se détourne vers le nord jusqu'à son confluent avec le *Wieprz* (id.) ; à partir de ce point, elle incline de plus en plus vers le nord ouest, reçoit sur sa rive gauche la *Pilitza*, sur sa rive droite le *Boug*, le plus long de ses affluents (700 kilomètres), qui la rejoint au-dessous de *Varsovie* et qui la repousse vers l'ouest : au-dessous de *Thorn* où elle quitte la Pologne russe pour la Pologne prussienne, elle reprend la direction du nord, son lit s'élargit, elle coule entre des digues qui ne réussissent pas toujours à contenir ses inondations ; à 40 kilomètres de la mer, elle se bifurque : le bras oriental se jette dans le *Frisches Haff*, sous le nom de *Nogat;* le bras occidental, qui garde le nom de *Vistule*, se divise lui-même en deux branches principales, dont l'une aboutit au Frisches Haff, tandis que l'autre arrose *Danzig*, et se jette dans la Baltique, à *Weichselmünde*. La Vistule a joué, comme l'Oder, un grand rôle dans toutes les guerres dont l'Europe orientale a été le théâtre, et, malgré les glaces qui suspendent la navigation du mois de novembre au mois d'avril, elle est supérieure à l'Oder comme voie commerciale.

Les lagunes du Frisches Haff reçoivent également la **Passarge** et la rivière de *Kœnisberg*, la **Pregel** grossie de l'*Alle* (bataille de Friedland en 1807), cours d'eau qui

---

1. En allemand *Weichsel*, en polonais *Visla*.

LES FLEUVES ET LES RIVIÈRES.   103

drainent les plateaux boisés et marécageux de la Prusse orientale.

Fig. 13. — Vue de la Néva à Saint-Pétersbourg.

Le **Niémen** (en allemand *Memel*), russe dans presque tout son parcours, allemand à son embouchure, est un

5.

fleuve de plaines qui prend sa source à une altitude de 250 mètres dans les plateaux de la Lithuanie. Son lit, d'abord encaissé et tortueux, et parfois encombré de rochers, surtout entre *Grodno* et *Kowno*, s'élargit à partir de son confluent avec la *Wilia* (rive droite); il se détourne vers l'ouest, franchit la frontière prussienne et se divise, non loin de *Tilsit*, en plusieurs bras dont le principal vient, sous le nom de *Russ*, finir dans le *Kurisches Haff*, après un cours de 850 kilomètres, presque tout entier navigable.

La **Duna**, plus longue que le Niémen (930 kilomètres), descend du plateau de *Valdai* et coule d'abord vers le sud jusqu'à *Vitepsk*, puis vers le nord-ouest jusqu'à *Riga*, où elle se jette dans le *golfe de Livonie*. C'est un fleuve navigable, mais sans lit bien tracé et souvent obstrué par les bancs de sable.

La *Narova*, la **Néva**, le fleuve de *Saint-Pétersbourg*, et la *Saïma*, qui se jettent toutes trois dans le golfe de Finlande, ne sont que les canaux d'écoulement des trois grands lacs *Peïpous*, *Ladoga* et *Saïma*.

La Néva, qui n'a que 66 kilomètres du lac Ladoga à la mer, a cependant 600 mètres de largeur à Saint-Pétersbourg, et ce sont ses atterrissements qui ont formé les îles sur lesquelles s'élève la capitale de la Russie.

IV

Bassin de la mer du Nord, l'Elbe et le Wéser.
— Le bassin de la mer du Nord, dont la limite orientale est à peine indiquée par des hauteurs insignifiantes, a pour limite méridionale la ligne générale de partage des eaux depuis les plateaux de Moravie jusqu'au plateau de Langres; à l'ouest, sa ceinture est dessinée par l'*Argonne* et les collines de l'*Artois* sur le continent, par les collines de l'*Angleterre*, la chaîne *Pennine* et les montagnes de l'*Écosse* dans la Grande-Bretagne.

En Danemark, le seul de ses tributaires qui mérite une mention, est l'*Eider*, dont le cours canalisé fait communiquer le golfe de Kiel et celui de l'Elbe : c'est à l'Allemagne qu'appartiennent ses plus grands fleuves, ceux qui depuis deux mille ans ont joué l'un des premiers rôles dans l'histoire politique et économique de l'Europe.

L'**Elbe**, la grande ligne de défense de l'Allemagne centrale et l'une de ses plus importantes voies commerciales, est autrichien par sa source, mais allemand dans presque tout son cours (1 090 kilomètres). Il naît en Bohême, sur le versant méridional des *monts des Géants*, dans un plateau marécageux, dont il descend les pentes en décrivant de nombreux détours au milieu des forêts de sapins. A *Kœniggrætz* (bataille de *Sadowa* en 1866), il n'est plus qu'à 200 mètres d'altitude, et ne tarde pas à quitter la direction du sud pour prendre celle de l'ouest, puis du nord-ouest qu'il garde jusqu'à son confluent avec la *Vlatva* ou *Moldau*. La Moldau, sortie du *Bœhmerwald* et qui traverse presque toute la Bohême du sud au nord en arrosant *Prague*, la capitale, devrait être regardée comme la branche maîtresse du fleuve.

Elle rejette vers le nord l'Elbe devenu navigable. Le fleuve, grossi encore du tribut de l'*Eger*, franchit, par le long défilé de *Schandau* (royaume de *Saxe*), la ceinture de montagnes dont s'entoure la Bohême, et qui dessinent le rivage de l'ancien lac formé par l'Elbe et ses affluents avant qu'ils eussent creusé la brèche par où ils s'écoulent aujourd'hui. A *Dresde*, il entre dans la plaine pour n'en plus sortir : l'*Elster* noir à droite, la *Mulde* et la *Saale* à gauche (bataille d'*Iéna*, 1806) lui apportent les eaux du versant septentrional des monts de Lusace, de l'Erzgebirge, du Fichtelgebirg, des forêts de Franconie, de Thuringe et du massif du Harz.

A *Magdebourg*, il reprend la direction du nord, qu'il avait quittée à Dresde pour celle du nord-ouest ; son cours se ralentit et s'élargit : il coule à pleins bords entre les digues qui le resserrent, et reçoit sur sa rive droite, par le *Havel*, chapelet de lacs plutôt que rivière, les eaux des plateaux mecklembourgeois, ainsi que celles des monts de Lusace recueillies par la *Sprée*, la rivière de *Berlin*, et le principal affluent du Havel (rive gauche). Le Havel rejette encore une fois l'Elbe vers le nord-ouest : il se divise en deux bras avant d'arroser *Hambourg* et *Altona*, puis se concentre de nouveau dans un seul canal profond de 2 à 7 mètres, large de 1 à 4 kilomètres, et qui devient peu à peu un immense estuaire à demi ensablé par les alluvions du fleuve.

Le **Weser** est formé de deux rivières : la *Fulda* qui descend de la *Rhœn*, et la *Werra*, de la *forêt de Franconie*. Le Wéser, devenu navigable après avoir franchi les défilés connus sous le nom de *Porte de Westphalie*, coule vers le nord jusqu'à son confluent avec l'*Aller* (rive droite). L'Aller le rejette au nord-ouest, et ce n'est qu'au-dessous de *Brême* que le fleuve, de plus en plus large, reprend la direction du nord jusqu'à son embouchure près de *Bremerhafen*.

L'**Ems**, qui sort de la forêt de *Teutberg*, tantôt marécageux, tantôt ensablé, est à peine navigable même dans son cours inférieur et sert, à son embouchure, de limite entre les Pays-Bas et l'Allemagne.

Le Rhin supérieur. — Le **Rhin** (en allemand *Rhein*), le roi des fleuves de l'Europe occidentale (1 350 kilomètres de cours, 2000 mètres cubes de débit par seconde à Lauterbourg), commence en Suisse et finit en Hollande, mais la plus grande partie de son cours appartient à l'Allemagne. Le Rhin est formé par des torrents (*Vorder Rhein, Mittel Rhein, Hinter Rhein* et *Albula*, etc.) qui sortent à une altitude de 2600 à 2900 mètres des glaciers du *Saint-Gothard*, de l'*Adula* et de la chaîne de l'*Albula*. A *Reichenau*, à 586 mètres d'altitude, tous ces ruisseaux fougueux sont déjà réunis dans un seul lit profond et encaissé que dominent d'un côté la chaîne du *Tœdi*, de l'autre les *Alpes des Grisons*.

A la hauteur de *Coire*, le fleuve prend la direction du nord : sa vallée plus ouverte et bordée de vignobles se resserre encore une fois pour franchir la chaîne transversale du *Rhætikon*. A l'entrée de ce défilé, non loin de

Sargans, s'ouvre sur la rive gauche du Rhin une vallée marécageuse, élevée à peine de deux mètres au-dessus du fleuve : c'était à une époque géologique récente, le lit du Rhin qui traversait les lacs de *Wallenstadt* et de *Zurich*, au lieu de se jeter dans le lac de Constance, et qui dans les grandes crues a failli plus d'une fois reprendre son ancienne route, malgré les digues qui le contiennent. A la sortie des gorges du *Rhætikon*, le Rhin coule à travers les prairies, les vignobles et les vergers, dans une riche vallée (*Rheinthal*) dominée par des hauteurs boisées où se dressent çà et là des donjons en ruines. A *Rheineck* il entre dans le lac de **Constance**, vaste bassin qui s'allonge de l'ouest à l'est, se bifurque près de *Constance* et se divise en deux bras, le lac d'*Ueberlingen* au nord, et le lac *Inférieur* au sud (*Untersée*). Le Rhin, qui sortait autrefois du lac par le bras septentrional, s'écoule aujourd'hui par un large canal au sud de l'*Untersée* : il se dirige de l'est à l'ouest jusqu'à *Schaffhouse*, mais là, arrêté tout à coup par une barrière de rochers, prolongement des Alpes de Saint-Gall, il se détourne vers le sud ; ses eaux bleues et tranquilles se troublent et bondissent en écumant à travers les écueils jusqu'à ce qu'il se précipite d'une hauteur de 16 à 20 mètres, et sur une largeur de plus de 100 mètres du haut des rochers de *Lauffen*. A quelque distance de la chute, il reprend la direction de l'ouest, mais le Jura septentrional et la Forêt-Noire, à travers lesquels il s'est ouvert un passage, le forcent à décrire de nombreux détours et à franchir par des rapides les écueils qui encombrent son lit.

A *Bâle*, où il sort de Suisse pour entrer en Allemagne, il se détourne brusquement vers le nord en longeant la base de la Forêt-Noire et du plateau de l'Alsace méridionale. C'était la direction de la branche principale du fleuve, quand il recevait par un puissant affluent qui a creusé la vallée actuelle de la Saône les eaux des lacs de la Bresse et du Dauphiné septentrional, et quand le Rhin helvétique arrêté par les plateaux du Jura n'apportait encore à ce Rhin gaulois qu'un tribut intermittent.

Fig. 14. — Vue de Rheinfels.

Si l'on en excepte la *Thur* dont la vallée est presque parallèle à celle du Rhin et qui vient le rejoindre au sud de la chute de Lauffen, le seul grand affluent du Rhin supérieur, celui qui lui apporte toutes les eaux des montagnes et des lacs helvétiques est l'*Aar* (400 kilomètres) qui prend sa source dans les glaciers du Finsteraarhorn, à près de 3000 mètres d'altitude. Elle roule dans une vallée sauvage, au pied du col de Grimsel, se précipite à la chute de la *Handeck*, d'une hauteur de 32 mètres, et garde des allures de torrent jusqu'à ce qu'elle entre dans le lac de *Brienz*. Dans ce grand bassin ses eaux se calment et s'épurent ; elles en sortent tranquilles et limpides pour rentrer bientôt dans le lac de *Thun* et prendre à la sortie du lac la direction du nord qu'elles gardent jusqu'à *Berne*. A Berne, l'Aar s'infléchit vers l'ouest, mais un de ses affluents, la *Sarine* (en allemand *Saane*, rive gauche), qui vient des Alpes Bernoises, la rejette au nord jusqu'à son confluent avec la *Thièle* (*Zihl*), déversoir des lacs de *Bienne* et de *Neuchâtel*, qui descend, sous le nom d'*Orbe*, du Jura français. Depuis son confluent avec la Thièle, l'Aar qui longe le pied du Jura septentrional coule au nord-est en arrosant *Soleure* et *Aarau*. Elle reçoit un peu avant de se confondre avec le Rhin ses deux plus grands affluents. L'un est la *Reuss*, le torrent sorti des glaciers du Saint-Gothard et de la Furca, qui creuse la sauvage vallée d'*Urseren* et forme le lac des *Quatre-Cantons*, une des merveilles de la Suisse ; l'autre, qui naît dans le Tœdi, sous le nom de *Linth*, se perd dans le lac de *Zurich* (1) et en ressort à Zurich, sous le nom de *Limmat* (bataille de Zurich, en 1800).

Le Rhin moyen. — De Bâle à Mayence, le Rhin coule presque directement vers le nord dans une large plaine d'alluvions, dominée à l'ouest par les Vosges et le

---

1. La Linth recevait autrefois par un affluent les eaux du lac de Wallenstadt : aujourd'hui elle a été détournée de son ancien lit et dirigée vers le lac de Wallenstadt, qu'elle déverse directement dans celui de Zurich.

Hardt, à l'est par la Forêt Noire et l'Odenwald, lit d'un ancien lac qui s'est écoulé par la brèche de *Bingen*.

Malgré la largeur de son lit bordé de marécages, les îles sablonneuses qui l'encombrent et les méandres qu'il décrit, le Rhin roule encore des eaux impétueuses et emporte une masse considérable de gravier et de limon. La navigation qui a commencé à Bâle devient de plus en plus active : à *Mannheim*, où le fleuve a 400 mètres de large, il est déjà sillonné par des bateaux à vapeur, et peut porter des navires de 250 tonneaux.

Grossi par le *Main* qu'il reçoit à *Mayence* et détourné vers l'ouest par les pentes du *Taunus*, il coule à pleins bords dans une riante et fertile vallée (le *Rheingau*). A gauche s'étagent les coteaux boisés du *Bingerwald*, à droite les vignobles du *Johannisberg* et de *Rudesheim*, semés de châteaux et de maisons de campagne ; au-dessous de Mayence, le fleuve atteint une largeur de 600 mètres, mais il se resserre peu à peu, et, non loin de *Bingen*, il entre jusqu'à *Coblentz* dans une sorte de tranchée large de 350 à 380 mètres, dominée sur les deux rives par des montagnes escarpées où se dressent les ruines des vieux burgs (*Ehrenfels, Falkenburg*, la *Pfalz, Rheinfels*, la *Marksburg, Stolzenfels*) : quelques-unes ont été restaurées, et font revivre dans sa rudesse imposante le moyen âge allemand. Le fleuve écume au milieu des rochers (rocher de la *Lorelei*, 130 mètres au-dessus du niveau du Rhin) et débouche enfin dans la plaine de Coblentz, où il s'élargit et se déroule au milieu des vignobles et des prairies.

Au-dessous d'*Andernach*, les collines se rapprochent de nouveau : à droite se dressent les *Sept Montagnes*, dominées par le pic de *Drachenfels*, à gauche les rochers boisés qui portent les ruines de *Rolandseck*. A partir de *Bonn*, le Rhin entre définitivement dans la plaine ; il arrose *Cologne, Dusseldorf, Wesel*, et franchit la frontière hollandaise près d'*Emmerich*. C'est dans la partie moyenne de son cours que le Rhin reçoit le plus d'affluents : à gauche, l'*Ill,* la rivière alsacienne sortie du

Fig. 15. — Vue d'Andernach sur le Rhin.

Jura, qui passe à *Mulhouse*, à *Colmar* et à *Strasbourg*, et reçoit une partie des eaux des Vosges ; la *Lauter*, qui passe à *Wissembourg*, et traçait avant 1870 la frontière française ; la *Nahe*, qui descend des plateaux situés au sud du Hunsrück ; la **Moselle** (500 kilomètres), qui naît en France au pied du ballon d'Alsace, arrose *Épinal*, *Toul*, *Metz* et *Trèves*, traverse dans une gorge sinueuse et profonde les plateaux de l'*Eifel* et vient finir à *Coblentz*. La Moselle se grossit elle-même de la *Meurthe* en France (*Nancy*) et de la *Sarre* en Allemagne, sorties comme elle des Vosges.

Les affluents de droite sont plus nombreux et plus importants. L'*Elz*, la *Kinzig*, la *Murg* apportent au fleuve les eaux de la *Forêt-Noire*, que les deux dernières coupent dans toute sa largeur : le *Neckar*, qui prend sa source dans le *Jura de Souabe*, serpente sur les plateaux du Wurtemberg et du grand-duché de Bade, longe les pentes méridionales de l'Odenwald et vient se jeter près de *Mannheim*.

Le **Main** (600 kilomètres) sort des forêts du *Fichtel-Gebirg*, à près de 900 mètres d'altitude, et creuse à travers les plateaux de l'Allemagne centrale une vallée sinueuse, bordée tour à tour de vignobles et de forêts. Il passe à *Wurzbourg* et à *Francfort*, et finit à *Mayence*. Son affluent le plus important, la *Regnitz*, dont une branche, la *Rezat*, prend sa source dans le Jura franconien à quelques kilomètres de l'*Altmühl*, affluent du Danube, a été canalisé pour faire communiquer les deux bassins.

Au-dessous de Mayence, le Rhin reçoit sur sa rive droite la *Lahn*, la rivière de *Nassau* ; la *Wied*, sortie du Westerwald ; la *Sieg*, qui descend du Rothaar-Gebirge comme la Lahn ; la *Wupper*, qui arrose *Barmen* et *Elberfeld* ; la *Ruhr*, bordée de mines de houille et d'usines métallurgiques (*Essen*), et la *Lippe*, qui naît dans la forêt de Teutberg et finit à *Wesel*.

Le Rhin inférieur. La Meuse. — Dans son cours inférieur qui appartient à la Hollande, le Rhin perd son caractère grandiose, son unité et jusqu'à son nom. A 3 kilomètres du point où Louis XIV le franchit en 1672, il se divise en deux bras. La branche septentrionale, qui conserve le nom de **Rhin,** se bifurque au-dessus d'*Arnheim* et envoie au Zuiderzée par l'*Yssel* plus du quart de ses eaux. Au-dessous de *Vijk,* une nouvelle branche s'en détache sous le nom de *Vieux Rhin,* passe à *Utrecht,* et se divise de nouveau pour aller déboucher sous le nom de *Vecht* dans le Zuiderzée (*Muyden*), et sous le nom de *Rhin* dans la mer du Nord (*Katwijk*), par des écluses ouvertes à travers les dunes. La masse des eaux, sous le nom de **Lek,** continue à se diriger vers l'ouest, passe à *Rotterdam* et se confond avec les bouches du Waal et de la Meuse.

La branche méridionale, le **Waal,** qui emporte les deux tiers des eaux du Rhin, court parallèlement au *Lek*, passe à *Nimègue*, reçoit la Meuse à *Gorkum*, se répand en vastes marécages couverts de roseaux (le *Biesboch*) et débouche dans la mer du Nord par deux larges estuaires embarrassés d'îles sablonneuses, le *Haringvliet* au nord, le *Krammer* au sud, et par un troisième bras septentrional et plus étroit qui passe à *Dordrecht* et se jette près de *Brielle* sous le nom de *Meuse*. Du reste, dans cet étrange pays où la terre et l'eau se confondent, où le niveau de la mer est plus élevé que celui du continent, où les canaux naturels et artificiels s'enchevêtrent, il est impossible de distinguer l'œuvre de l'homme de celle de la nature. Depuis les Romains jusqu'à nos jours, le système fluvial de la Hollande a été remanié cent fois : c'est le Hollandais qui a créé son sol ; c'est lui qui a aussi créé ses fleuves : le Rhin a dû se soumettre comme l'Océan.

Le Rhin inférieur n'a qu'un grand affluent, la **Meuse** (*Maas* en hollandais), qui prend sa source au plateau de Langres, et coule vers le nord, dans une vallée encaissée entre les plateaux de l'Argonne et ceux de la Lorraine, où elle arrose *Commercy*, *Verdun* et *Stenay*. Un peu au-dessus de **Sedan** jusqu'à *Mézières*, la vallée s'élargit, mais pour se resserrer bientôt, quand le fleuve s'engage dans les schistes des Ardennes où il creuse jusqu'à *Givet* un étroit sillon. Cette faille se prolonge en Belgique, de *Dinant* à *Namur*, et de *Namur* à *Liège*, en s'élargissant peu à peu. A *Maestricht*, dans le Limbourg hollandais, les collines s'affaissent et la Meuse traverse lentement une plaine argileuse, avant de se confondre avec le Waal (880 kilom.). Le *Chiers*, la *Semoy*, l'*Ourthe* et la *Roer*, ses affluents de droite, lui viennent des Ardennes où elles tracent de profondes et pittoresques vallées : la *Sambre*, son principal affluent de gauche, dont le cours sinueux finit à Namur, naît sur les plateaux de la *Thiérache* et arrose, en France, *Maubeuge*, en Belgique, *Charleroi*.

L'Escaut. — L'Escaut (400 kilomètres) est un fleuve de plaines. Il sort du plateau de Saint-Quentin et, après avoir arrosé en France *Cambrai* et *Valenciennes*, entre en Belgique où il passe à *Tournai* et à *Gand*. De Gand à *Anvers*, son cours tortueux incline vers le nord-ouest. A Anvers, c'est déjà un grand fleuve, large de 600 mètres et capable de porter les plus gros navires. A son entrée en Hollande, il se divise en deux bras qui entourent les îles de Nord et Sud-Beverland et de Walcheren, l'*Escaut occidental* et l'*Escaut oriental ;* ce dernier communique avec les bouches du Waal.

Les nombreux affluents de l'Escaut, à droite la *Dender*, le *Ruppel*, les deux *Nèthes* (Belgique), à gauche la *Scarpe*, qui appartient tout entière à la France, et la *Lys*, qui naît en France pour finir à *Gand*, sont tous canalisés comme l'Escaut lui-même.

Les cours d'eau de la Grande-Bretagne. — Les tributaires de la mer du Nord, dans la Grande-Bretagne, présentent des caractères très distincts : les uns, ceux de l'Angleterre, coulent en plaine ; ce sont de larges et belles rivières, navigables dans presque tout leur cours ; les autres, ceux de l'Ecosse, ne sont que des torrents débouchant pour la plupart dans la mer par de vastes estuaires qui ont reçu le nom de *Firth*. Tel est le régime de la *Nees* qui forme le Firth de Moray, de la *Dee* (*Aber-*

deen), du *Tay* (*Dundee*) et du **Forth** (*Edimbourg*). La *Tweed*, dont la belle vallée sert de limite entre l'Écosse et l'Angleterre, a une embouchure plus étroite, ainsi que le *Spey* qui descend des Grampians et se jette dans le golfe de Moray.

Les deux principaux cours d'eau de l'Angleterre qui se déversent dans la mer du Nord sont l'**Humber**, formé de l'*Ouse* et du *Trent* et sur lequel est situé le port de *Hull*, et la **Tamise** (en anglais *Thames*), le plus long des fleuves anglais (380 kilom.), qui arrose *Oxford* et qui, à partir de *Londres*, est navigable pour les bâtiments de tout tonnage. La Tamise, qui n'est qu'un ruisseau, si on la compare au Rhin, au Danube ou au Volga, a cependant un mouvement de navigation qui dépasse de beaucoup celui de ces trois fleuves réunis. Les Anglais l'appellent le fleuve-roi : ils en ont le droit : c'est la Tamise qui a fait Londres, et Londres est encore la reine du commerce du monde.

V

Bassin de l'océan Atlantique, de la mer d'Irlande et de la Manche. — 1° La partie de l'Atlantique qui baigne les côtes de Norvège ne reçoit que des torrents qui roulent du haut des Alpes Scandinaves.

2° Dans la Grande-Bretagne et en Irlande, les montagnes serrent de moins près la côte et jettent dans l'**Atlantique** ou dans la mer d'**Irlande** quelques cours d'eau qui méritent une mention : en Ecosse, la **Clyde**, la rivière de *Glasgow*, dont l'estuaire égale celui du Forth ; en Angleterre, la **Mersey**, le fleuve de *Liverpool*, qui se jette dans la mer d'Irlande, et la **Severn**, la rivale de la Tamise, qui forme le magnifique golfe de *Bristol ;* en Irlande, la *Boyne* et la *Liffey*, la rivière de *Dublin*, tributaire de la mer d'Irlande, et le **Shannon**, long chapelet de lacs et de marécages, qui débouche dans l'Atlantique par le large estuaire de *Limerik*.

3° Le bassin de la **Manche**, circonscrit en Angleterre par des collines dont les plus élevées ne dépassent guère 600 mètres, en France par les collines de l'Artois, l'Argonne, le plateau de Langres, la Côte d'Or, les monts du Morvan, point culminant de la ligne de partage (800 m.), les collines du Nivernais, les plateaux de l'Orléanais, les collines du Perche et de Normandie et les collines de Bretagne jusqu'au cap Saint-Mathieu, n'est sillonné en Angleterre que par des rivières insignifiantes ; mais, en France, la *Somme* (Amiens), l'*Orne* (Caen), la *Vire* (Saint-Lô), la *Rance* (Saint-Malo), et surtout la **Seine**, avec son cours de 770 kilomètres dont plus de 550 navigables, la régime régulier de ses eaux, l'importance de ses affluents et de ses sous-affluents navigables (*Yonne, Eure*, à gauche, *Aube, Marne, Oise*, grossie de l'*Aisne*, à droite), le nombre et la richesse des villes assises sur ses bords depuis *Troyes* jusqu'à *Paris* et depuis *Paris* jusqu'à *Rouen* et au *Havre*, apportent à la Manche les eaux d'une des régions les plus favorisées par la nature et les mieux exploitées par le travail.

4° Le bassin de l'**Atlantique français** (*mer de France* et *golfe de Gascogne,* du *cap Saint-Mathieu* en France au *cap Finisterre* en Espagne), qui, sauf au nord, a pour ceinture de grandes montagnes : les Cévennes et les Pyrénées, est arrosé par deux rivières de plaines, navigables sur une assez longue étendue : la **Vilaine** (145 kilomètres navigables), la **Charente** (192 kilomètres navigables), qui baigne un de nos ports militaires, *Rochefort*, et par trois fleuves de montagnes : la **Loire**, qui naît dans les Cévennes ; la **Garonne** et l'**Adour**, dans les Pyrénées.

La **Loire** (980 kilomètres de cours, dont 800 navigables), jusqu'à la plaine du Forez, et son grand affluent de gauche l'*Allier* (370 kilomètres, dont 240 navigables), jusqu'à celle de la Limagne, sont des torrents, roulant leurs eaux impétueuses dans des gorges étroites, sur des terrains imperméables, et sujets à des crues subites qui, plus d'une fois, en quelques heures, ont porté le débit du fleuve de 300 à 10000 mètres cubes. Sortis de la montagne, ils n'ont plus de lit et souvent plus d'eau : en été, ce ne sont plus des fleuves, ce sont des bancs de sables mouvants au milieu desquels se traînent lentement quelques ruisseaux capricieux : en automne et au printemps, ce sont des courants torrentiels qui remplissent la vallée et qu'il a fallu contenir par des levées souvent impuissantes contre leurs inondations.

La Loire, qui de *Roanne* à *Nevers* inclinait vers le nord-ouest, est rejetée vers le nord par l'Allier, puis, à partir de *Briare*, les plateaux de l'Orléanais la forcent à décrire un arc dont *Orléans* occupe le sommet. Les affluents de gauche, le *Cher* (320 kilomètres), l'*Indre* (245 kilomètres), n'exercent sur sa direction qu'une médiocre influence; mais la *Vienne* (375 kilomètres), qui draine une partie du massif central, la rejette brusquement du sud-ouest au nord-ouest, jusqu'au confluent de la *Maine* (rive droite), qui lui apporte le tribut du *Loir*, de la *Sarthe* et de la *Mayenne*. Elle reprend alors jusqu'à *Nantes* la direction générale du sud-ouest, puis celle de l'ouest, dans sa partie maritime entre Nantes et *Saint-Nazaire*.

La **Garonne**, qui naît en Espagne (val d'*Aran*), dans les glaciers du Néthou (640 kilomètres, dont 468 navigables), reçoit à la fois les eaux des Pyrénées, par la branche maîtresse, par ses affluents de gauche et par l'*Ariège* (rive droite), et celles du massif central par ses affluents de droite :

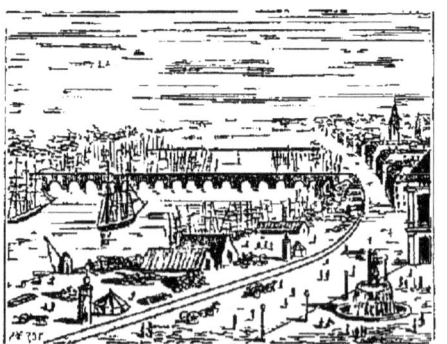

Fig. 16 — Pont sur la Garonne à Bordeaux.

le *Tarn*, le *Lot* et la *Dordogne*. Torrent en Espagne et en

France jusqu'à *Saint-Gaudens*, elle coule en plaine à partir de *Toulouse*, dans la direction du nord-ouest. Malgré ses crues parfois désastreuses, elle n'a pas les caprices de la Loire : son lit est plus encaissé, son débit plus régulier. A *Bordeaux*, elle a déjà 11 mètres de profondeur et 600 mètres de large; à partir de son confluent avec la *Dordogne*, elle change de nom : ce n'est plus un fleuve, c'est un bras de mer, la *Gironde*, large de 3 à 12 kilomètres, et accessible aux plus grands navires.

L'**Adour** (335 kilomètres), qui décrit un demi-cercle de sa source à son embouchure (*Bayonne*), n'est qu'un gave pyrénéen un peu plus long et un peu moins torrentiel que le *gave de Pau*, son principal affluent. Ses bouches se sont déplacées plusieurs fois et s'ensablent de plus en plus.

La côte espagnole ne verse au golfe de Gascogne que des torrents, dont quelques-uns ont d'assez larges estuaires pour former des ports.

5° Le bassin de l'**Atlantique espagnol**, du cap *Finisterre* à la pointe de *Tarifa*, a pour ceinture les *Pyrénées cantabriques*, les *monts Ibériques* et la *Sierra Nevada*. Ses fleuves sont des torrents. Le **Minho** roule dans les gorges sauvages de la Galice ses eaux qui ne tarissent pas en été. Le **Duero** (680 kilomètres), sorti de la *Sierra d'Urbion*, creuse dans les plateaux de Castille une profonde vallée, qui se resserre encore en Portugal et ne s'élargit qu'un peu au-dessus de *Porto*.

Le **Tage** (760 kilomètres) naît dans la *Sierra d'Albarracin*, roule ses eaux bourbeuses dans un lit étroit, entre des berges à pic, sur des plateaux sans verdure, tour à tour glacés et brûlants. *Tolède* est la plus grande ville qu'il arrose en Espagne. Sur le territoire portugais, sa vallée est plus sauvage encore jusqu'à *Abrantès*, où il devient navigable. Entre *Santarem* et *Lisbonne*, elle s'élargit; le fleuve, bordé de collines verdoyantes, s'étale, au pied de l'amphithéâtre sur lequel s'élève Lisbonne, en un large bassin semé de petites îles et qui a reçu le nom de *mer de paille;* mais l'entrée de l'estuaire est difficile et la barre du Tage est une des plus dangereuses du littoral européen.

La **Guadiana** (660 kilomètres) sort de terre dans un marécage de la Manche pour y rentrer bientôt et couler dans un canal souterrain. L'endroit où elle reparaît, au milieu de petits étangs couverts de roseaux, s'appelle les *yeux de la Guadiana*. Jusqu'à *Mérida*, sa vallée est triste et sauvage ; elle se couvre de vignobles, de vergers et de moissons entre Mérida et *Badajoz ;* mais, à partir du brusque détour qu'elle décrit vers le sud, en longeant la frontière portugaise, la vie et la végétation disparaissent, le fleuve s'enfonce dans des gorges dénudées, et c'est seulement près de son embouchure qu'il retrouve un pays plus vert et moins désolé.

Le **Guadalquivir** (480 kilomètres), qui naît, à 1300 mètres, dans la *Sierra del Pozo*, arrose la plus belle région de l'Espagne, la riche plaine de l'Andalousie. Navigable depuis *Cordoue*, il peut porter à *Séville* les navires de mer. Au-dessous de Séville, dans la plaine marécageuse qui porte le nom de *Marismas*, le fleuve se partage en trois bras qui se réunissent un peu avant de se jeter dans l'Atlantique, au nord de Cadix.

Tous ces fleuves espagnols, à l'exception du Minho, coulent de l'est à l'ouest, en inclinant plus ou moins vers le sud dans la partie inférieure de leur cours.

Fleuves du versant sud-est.

VI

Bassin de la Méditerranée occidentale (mer Ibérique et mer des Baléares). — Le versant oriental de la péninsule Ibérique, depuis la pointe de *Tarifa* jusqu'au cap *Creus*, est limité par la Sierra Nevada, les monts Ibériques et les Pyrénées franco espagnoles. Les fleuves qui l'arrosent : la *Segura* (*Murcie*), le *Xucar*, le *Guadalaviar* (*Valence*), le *Llobregat*, le *Ter* (*Catalogne*), sont des torrents à peu près desséchés en été, à l'exception d'un seul, l'**Ebre** (ancien *Iberus*, 610 kilomètres), qui recueille une partie des eaux des Pyrénées. Sorti de la *Sierra de Reinosa*, dans les Pyrénées espagnoles (Vieille Castille), il coule au sud-est, dans une étroite vallée, qui ne s'élargit qu'un peu au-dessus de *Saragosse*. Les montagnes qui bordent le littoral espagnol le rejettent vers l'est et le forcent à décrire d'innombrables détours, jusqu'à ce qu'il ait réussi à s'ouvrir un passage. Il se termine par un delta qui commence à *Tortose*, et qui empiète lentement sur la mer. Ses affluents de gauche : l'*Aragon*, le *Gallego*, la *Ségra*, lui apportent toutes les eaux du versant méridional des Pyrénées, depuis le col de Maya jusqu'au col de la Perche.

Golfes du Lion et de Gênes. — Ce bassin, qui s'étend du cap Creus à la Spezia, est limité par les Pyrénées orientales et les Cévennes méridionales et septentrionales, la côte d'Or, le plateau de Langres, les monts Faucilles, le Jura, le Jorat, les Alpes Bernoises, le massif du Saint-Gothard, les Alpes Pennines, les Alpes Occidentales, du mont Blanc, au col de Cadibone, et l'Apennin septentrional. Il n'a que des fleuves côtiers comme l'*Aude*, l'*Hérault*, l'*Argens* et le *Var*, et un grand fleuve, le **Rhône,** qui entraîne à lui seul dans le golfe du Lion presque toutes les eaux du versant occidental des Alpes, depuis le mont *Viso* jusqu'au *Saint-Gothard* (815 kilomètres, dont 498 navigables).

Sorti à 1710 mètres d'altitude d'un des glaciers du massif du Saint-Gothard que dominent le *Galenstock* et les pics de la *Furca*, le Rhône coule d'abord au sud-ouest entre les Alpes Bernoises et les Alpes Pennines, dans une vallée profonde (le Valais), où il arrose *Sion* et *Martigny*, et reçoit les torrents qui descendent des glaciers d'Aletsch et de ceux du mont Rose.

A Martigny, il se heurte contre le massif des Alpes du Chablais qui le rejette au nord-ouest, et vient se perdre dans le lac de *Genève* (Léman), entre *Villeneuve* et *le Bouveret*. Quand il y entre, c'est un torrent jaunâtre, aux flots impétueux ; quand il en sort, à Genève, c'est un

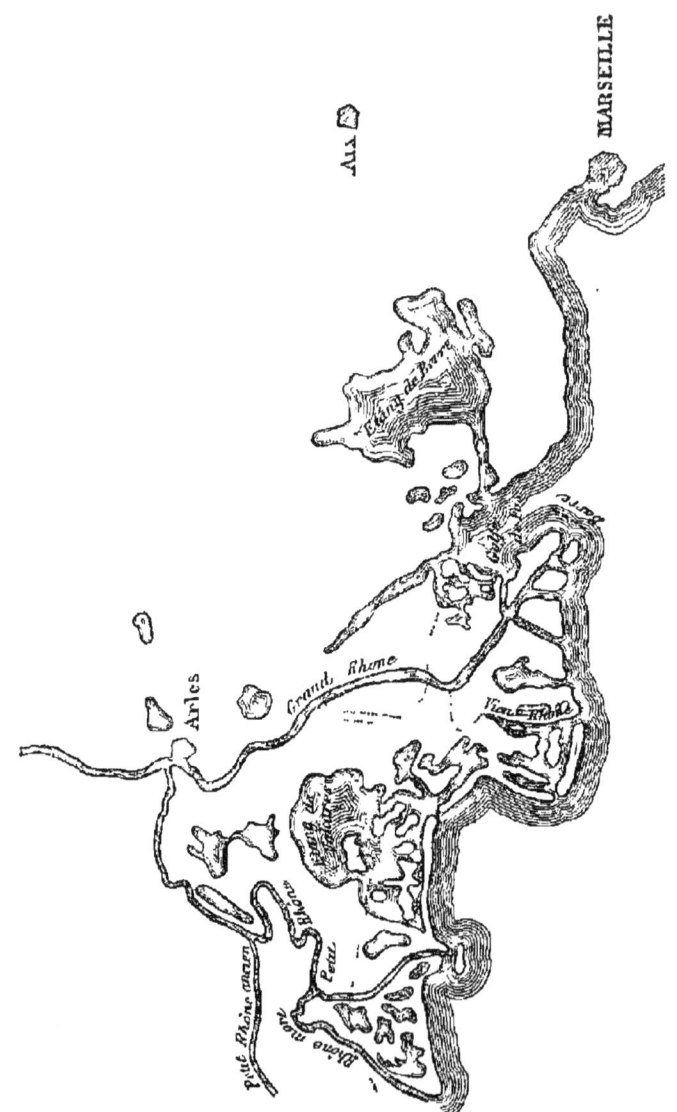

Carte VIII. — Le Delta du Rhône.

beau fleuve, aux eaux azurées et presque paisibles, mais que trouble bientôt le torrent de l'*Arve*. Le Léman est à la fois un régulateur pour le haut fleuve et un réservoir pour le fleuve inférieur.

En entrant sur le territoire français, le Rhône rencontre la barrière du Jura qui l'arrêtait autrefois, quand ses eaux couvraient toute la Suisse orientale et venaient se confondre avec celles du Danube et du Rhin. Il la franchit par le défilé de l'*Ecluse* en se détournant brusquement vers le sud, reprend des allures de torrent, s'engouffre sous une voûte de rochers (*perte du Rhône*) qu'on a fait sauter pour laisser passer les trains de bois, et reçoit les déversoirs des lacs d'*Annecy* et du *Bourget* dont son ancien cours suivait le lit pour aller rejoindre la vallée où coule aujourd'hui l'Isère. C'est en creusant la brèche de *Pierre-Châtel* qu'il s'est ouvert son lit actuel, vallée sinueuse, enfermée entre les terrasses du Dauphiné et les escarpements du Jura méridional.

Après avoir reçu l'*Ain* sur sa rive droite, il prend la direction de l'ouest et la garde jusqu'à Lyon. De Genève à Lyon, il a descendu 212 mètres (375 mètres à Genève, 163 à Lyon); il y rencontre son grand affluent la **Saône** (455 kilomètres), grossie du *Doubs* (620 kilomètres), le torrent sinueux du Jura, et qui des monts Faucilles à Lyon court presque directement du nord au sud. Bien qu'elle ne débite que 250 mètres cubes par seconde aux eaux moyennes, environ sept fois moins que le Rhône (à Lyon), c'est elle qui impose sa direction à la masse du fleuve, arrêté du reste par les Cévennes, et qui le rejette vers le sud.

Le Rhône, toujours rapide et dont les crues terribles ne sont modérées que par la hauteur de ses berges, recueille en passant les eaux des Cévennes par des torrents dont les plus importants sont l'*Ardèche* et le *Gard*, et celles des Alpes par l'*Isère*, la *Drôme* et la capricieuse *Durance*, le plus dévastateur des torrents alpestres. A *Avignon*, il commence à se ralentir; à *Arles*, il se bifurque. La branche occidentale, le *Petit-Rhône*, emporte à peine le septième de ses eaux; la branche orientale, le *Grand-Rhône*, qui a plusieurs fois changé de lit, et qui se jette à la mer par des *graus* souvent ensablés, est la seule navigable. Encore a-t-on dû creuser, pour suppléer à l'insuffisance de cette navigation, le canal d'*Arles à Bouc*, et, à l'embouchure même, le canal *Saint-Louis* qui aboutit directement au golfe de Fos.

Le delta que forment les deux branches du Rhône, marécageux, couvert d'étangs, de prairies à demi inondées et bordé d'une lisière sablonneuse, a reçu le nom de *Camargue*. Ce delta n'a que 1100 kilomètres carrés : c'est peu auprès de celui du Nil qui en a 22000, et de celui du Gange qui en couvre 82000; chaque année cependant le Rhône jette à la mer 21 millions de mètres cubes de limon; mais les courants dispersent une partie de ses alluvions qui vont ensabler le golfe de Fos et le littoral du golfe du Lion.

VII

Bassin de la mer Tyrrhénienne. — Le bassin de la mer Tyrrhénienne, circonscrit par la chaîne principale de l'Apennin et les montagnes de la Corse, de la Sardaigne, de la Sicile, ne reçoit que des cours d'eau d'une médiocre étendue : un grand fleuve ne pourrait se développer dans le versant long et étroit de l'Italie péninsulaire. L'**Arno** (250 kilomètres), le fleuve toscan qui arrose *Florence* et *Pise*, et dont les bouches sont ensablées depuis le quatorzième siècle, n'est navigable que grâce à des travaux de canalisation. Le **Tibre** (300 kilomètres), le fleuve romain, n'est qu'un torrent aux eaux bourbeuses, difficilement navigable et terrible par ses inondations; le *Garigliano* (ancien Liris), le *Voltorno* (Vulturne), et les torrents de la Corse et de la Sardaigne se dessèchent en été.

VIII

Bassin de la mer Adriatique. — Le Pô. Le bassin de l'Adriatique, enveloppé par l'Apennin, les Grandes Alpes, les Alpes Dinariques, les montagnes du Monténégro et de l'Albanie, ne reçoit dans l'Italie péninsulaire que des cours d'eau insignifiants, l'*Ofanto* (*Aufidus*), qui arrose le champ de bataille de Cannes, la *Pescara*, qui descend des Abruzzes par des gorges pittoresques, le *Métaure*, qui a conservé son nom antique; mais dans la plaine de Lombardie, créée par les alluvions de l'Apennin et des Alpes, se déroule un des plus grands fleuves de l'Europe méridionale, le **Pô**, l'*Éridan* ou le *Padus* des anciens (590 kilomètres). Le Pô prend sa source au mont Viso, à 2000 mètres d'altitude. Jusqu'à *Turin*, il garde l'impétuosité d'un torrent, mais la plaine ne tarde pas à amortir sa fougue; il prend à *Chivasso* la direction de l'est, qu'il conserve jusqu'à son embouchure en décrivant toutefois de nombreuses sinuosités; avant son confluent avec le Tessin, il a reçu des Alpes les *Deux Doires* et la *Sésia;* de l'Apennin, le *Tanaro* et son faisceau d'affluents; mais le *Tessin*, qui descend du Saint-Gothard et forme le lac *Majeur* et qui devrait être considéré comme la branche maîtresse, double tout à coup son volume. Au-dessus de *Plaisance*, il a déjà 500 mètres de large; à *Crémone*, après avoir reçu à droite la *Trébie*, à gauche l'*Adda* qui descend du Stelvio et forme le lac de *Côme*, il en a plus de 900; mais, à partir de *Casalmaggiore*, bien qu'il reçoive à droite le *Taro* et la *Secchia*, à gauche l'*Oglio*, sorti de l'Ortler, et le *Mincio*, déversoir du lac de *Garde*, son lit se rétrécit, il n'a plus que 300 mètres au-dessous du confluent de l'Oglio. Ces étranglements rendent au courant quelque vitesse; mais dans les inondations, quand le fleuve s'élève de 9 ou 10 mètres au-dessus de l'étiage, ce sont les points les plus exposés : il a fallu les défendre par une double ou triple rangée de digues parallèles à la levée qui depuis Crémone trace le lit du fleuve. Au-dessus de *Ferrare*, le Pô se bifurque : la branche septentrionale (*Pô della maestra*), est la plus puissante et se divise elle-même pour former un delta qui avance plus rapidement encore que celui du Rhône. La branche méridionale passe à Ferrare et se bifurque également après avoir reçu le *Panaro* descendu de l'Apennin. Les deux bras (*Pô di Volano* au nord, *Pô di primaro* au sud, grossi du *Reno* qui passe près de *Bologne*) embrassent les lagunes de *Comacchio*, célèbres par leurs marais salants et leurs pêcheries. Les dépôts du fleuve ont tellement exhaussé son lit dans la partie inférieure, qu'il domine la plaine et qu'il coule à deux mètres au-dessus des rues de Ferrare.

Le Pô n'est pas le seul déversoir des glaciers et des neiges des Alpes. L'**Adige** (en allemand *Etsch*), dont les bouches se confondent avec les siennes, descend des Alpes Rhétiques (massif de l'Œtzthal), reçoit à gauche l'*Eisack* qui vient du col du *Brenner*, et après avoir arrosé le Tyrol (*Trente* et *Roveredo*), et traversé le défilé que ferme la position de *Rivoli*, débouche dans la plaine à *Vérone* et forme une des principales lignes de défense de l'Italie du côté de l'est. La *Brenta*, la *Piave*, le *Tagliamento*, l'*Isonzo*, ensablent peu à peu le golfe de Venise en y jetant les alluvions des Alpes Orientales.

Les Alpes Dinariques et la montagne Noire n'envoient à l'Adriatique que des torrents : la *Kerka*, la *Narenta* (280 kilomètres), qui passe à *Mostar*, en Herzégovine. Le massif de l'Albanie donne naissance à deux cours d'eau plus connus, sinon plus considérables. Le **Drin** (150 kilomètres depuis le confluent des deux rivières), formé par la réunion du *Drin Blanc*, qui descend de la frontière monténégrine, et du *Drin Noir*, qui sort du lac d'*Ochrida*, au nord du Grammos, reçoit à son embouchure la *Boïana*, déversoir du lac de *Scutari*. Le *Voïoutza* (ancien *Aoüs*, 210 kilomètres), qui descend du plateau de *Metzovo*, au nord de la chaîne du Pinde, traverse par des gorges sauvages (*Klissoura*) les montagnes de l'Epire, et vient finir dans une plaine d'alluvions, presque en face de Brindisi, à l'entrée du canal d'Otrante.

IX

Bassin de la mer Ionienne. — Le bassin de la mer Ionienne, enveloppé et sillonné en tous sens par les rameaux des chaînes helléniques, n'a pas de fleuves, pas même de véritables rivières, seulement des torrents qui roulent plus de pierres que d'eau, ou des ruisseaux qui se traînent lentement entre deux haies de lauriers-roses, et dont le lit n'est en été qu'une bande de sable ou une traînée de cailloux. On ne les citerait même pas si l'*Aspro-Potamo* n'était l'ancien *Acheloüs*, si l'*Alphée* ne se cachait sous le nom de *Roufia*, et l'*Eurotas*, le fleuve de Sparte, sous celui d'*Iri*.

X

Bassin de l'Archipel. — Le bassin de l'Archipel, dessiné par les chaînes helléniques, les massifs du Pinde, du Grammos et du Tchar-Dagh, les Balkans et les monts Istrandja, ne reçoit en Grèce que des cours d'eau marécageux comme le *Hellada*, l'ancien *Sperchios*, et le *Céphise* béotien, qui se perd dans le lac *Copaïs* (*Topolias*), et ne communique avec la mer que par des canaux souterrains; ou des rivières torrentielles comme le *Salemvria* (ancien *Pénée*, 160 kilomètres), qui creuse le défilé de Tempé ; mais en Macédoine il a pour tributaires des cours d'eau plus puissants : la *Vistritza* (320 kilomètres), déversoir du lac de *Castoria;* le *Vardar* (ancien *Axius*, 340 kilomètres), qui descend du Tchar-Dagh, et dont la vallée trace la grande voie stratégique et commerciale du bassin du Danube au golfe de Salonique; le *Strouma* (ancien *Strymon*), qui descend par plusieurs branches du *Vitosch* et du *Rilo-Dagh* où il creuse le défilé de *Doubnitza*, et se perd en partie dans des marécages, avant d'arriver à la mer.

Le grand fleuve de l'Archipel, le principal déversoir

des eaux du Balkan, du Rhodope et des monts Istrandja, est la *Maritza* (l'ancien *Hèbre*, 450 kilom.), qui naît dans le Balkan occidental, arrose, en coulant de l'ouest à l'est, *Philippopoli* et *Andrinople*, où un affluent de gauche, la *Toundja*, la rejette vers le sud, traverse les fertiles plaines de Thrace, et se jette à *Enos* dans des lagunes envasées.

XI

Bassin de la mer Noire. Le Danube supérieur. — Le bassin de la mer Noire est dessiné au sud par les monts Istrandja, les Balkans, le Tchar-Dagh, les Alpes Dinariques, les Alpes Orientales et Centrales, jusqu'au col de Maloggia, la ligne de partage des eaux de l'Europe, jusqu'au plateau de Valdaï; en Russie, les plateaux de *Koursk*, et les ondulations qui se prolongent jusqu'au Caucase, le séparent par une limite assez indécise du bassin de la Caspienne.

Son principal tributaire, la grande artère de l'Europe centrale, est le **Danube** (ancien *Ister* ou *Danubius*, en allemand *Donau*, 2836 kilom.), qui par sa longueur ne le cède qu'au Volga, et qui, par son importance stratégique et commerciale, ne le cède même pas au Rhin. Le Danube est formé de deux ruisseaux : la *Brigach* et la *Breg*, qui naissent à 800 mètres d'altitude sur le versant oriental de la Forêt-Noire, et se réunissent à *Donaueschingen* (grand-duché de Bade). Le fleuve roule dans la direction du nord-est, dominé sur sa rive gauche par les pentes escarpées du *Jura Souabe*, sur sa rive droite par les terrasses moins abruptes des plateaux souabes et bavarois. A *Ulm*, la grande forteresse wurtembergeoise, sur la frontière du Wurtemberg et de la Bavière, il reçoit l'*Iller* et devient navigable : un nouvel affluent, le *Lech*, descendu comme l'Iller des Alpes Bavaroises et qui arrose *Augsbourg*, vient le grossir sur la rive droite, entre *Hochstedt* et *Ingolstadt* (Bavière) : sur la rive gauche, le Jura Franconien lui envoie l'*Altmühl*, joint à la Regnitz, affluent du Main, par le canal *Louis;* deux autres rivières : la *Naab*, sortie du massif du Fichtelgebirg, et la *Regen*, qui vient des monts de Bohême, le rejoignent près de *Ratisbonne*, où il incline vers le sud-est en longeant le pied d'une sorte d'avant-terrasse de la forêt de Bohême connue sous le nom de forêt de Bavière (*Bayrischer Wald*). Tandis que sur la rive gauche les montagnes le serrent de près, sur la rive droite s'ouvre la plaine bavaroise arrosée par deux grands affluents du Danube : l'*Isar*, qui passe à *Munich*, et l'**Inn** (450 kilomètres), qui devrait être considérée comme la véritable source du fleuve. L'Inn commence en Suisse, presque au même point qu'un affluent de l'Adda et un sous-affluent du Rhin. Des torrents, descendus des glaciers du Bernina et des flancs du Septimer, se perdent dans le lac de *Sils*, qui se déverse lui-même dans deux autres moins élevés. Telle est l'origine de la branche maîtresse du Danube. L'Inn, en sortant du lac de Saint-Moritz, serpente au milieu des prairies dans l'étroite vallée, presque déboisée, si connue sous le nom d'*Engadine*, pénètre dans le Tyrol par la gorge sauvage de *Finstermünz*, creuse entre les Alpes Bavaroises et les Alpes Rhétiques une pittoresque vallée (l'*Innthal*), où elle arrose *Innsbrück*, la capitale du Tyrol, et entre dans la plaine à son confluent avec le *Mangfall* (rive gauche), écoulement du beau lac de *Tegernsee* (Bavière). Deux autres affluents : l'*Alz*, déversoir du lac de *Chiem*, le plus grand des lacs bavarois, et la *Salzach* (*Salzbourg*), qui descend des Hohe-Tauern, se jettent sur sa rive droite. Son lit, déjà large de plus de 200 mètres, est semé de petites îles boisées qu'elle inonde au moment des crues; elle forme, depuis le confluent de la Salzach, la frontière entre la Bavière et l'Autriche, et se jette dans le Danube à *Passau*, la première ville autrichienne. C'est à Passau que finit le premier bassin du Danube, le plus élevé de ces étages de lacs qui se sont écoulés peu à peu par les brèches que le fleuve a ouvertes.

Le Danube moyen.—De *Passau* à *Linz* (haute Autriche), le Danube a dû se creuser un passage à travers

Fig. 17. — Le lac de Tegernsee.

les contreforts des monts de Bohême. Dominé, comme le Rhin, par des collines rocheuses que surmontent des tours féodales ou de vieux monastères, il roule ses eaux écumantes dans un lit hérissé d'écueils qu'on a dû faire sauter pour ouvrir un chenal aux vapeurs. Un moment élargi à Linz et divisé en plusieurs bras marécageux, il se resserre de nouveau dans le long et dangereux défilé qui s'étend de *Grein* à *Krems*, et que commandait autrefois le château de *Dürnstein*, célèbre par la captivité de Richard Cœur de Lion. A *Krems*, en entrant dans la plaine, il se divise encore une fois, se rétrécit un instant au pied du *Kahlenberg*, puis longe sur sa rive droite les faubourgs de *Vienne*, tandis que sur sa rive gauche s'étend une vaste plaine (*Marchfeld*), s'avançant comme un coin entre le *Danube* et la *March* ou *Morawa*, et témoin des combats d'*Essling* et de *Wagram*, en 1809. Le fleuve s'y promène lentement, partagé en plusieurs bras dont quelques-uns ont été desséchés et semé d'îles boisées ou cultivées (îles *Lobau*, etc.). Un peu après son confluent avec la Morawa, il franchit, au moment d'entrer en Hongrie, un premier défilé, les Portes hongroises, défendu par la ville de *Presbourg*, puis se divise en trois bras qui entourent les deux grandes îles de *Schütt*, et se réunissent avant d'arriver à *Komorn*, où finit le second bassin danubien. Les affluents du deuxième bassin descendent à droite des Alpes Autrichiennes (*Traun*, déversoir des lacs pittoresques de la haute Autriche, qui naît dans le massif du *Salzkammergut*); des Alpes Rhétiques (*Enns* qui passe à *Steyr*), et des Alpes Styriennes (*Leitha*, qui sert de limite entre l'Autriche et la Hongrie, *Raab*, qui reçoit par un de ses affluents les eaux du marais de Neusiedel) : à gauche, ils viennent des monts de Bohême (*Kamp*), des Sudètes (*March* ou *Morawa*, grande rivière qui coule du nord au sud, arrose *Olmütz* et *Kremsier*, et reçoit à droite la *Thaya* dont un affluent passe à *Brünn*, capitale de la Moravie), et des Carpathes (*Waag*, qui reçoit la *Neutra* et se jette à Komorn).

Le Danube pénètre dans son troisième bassin par un

défilé qui commence à *Komorn* pour finir au-dessus de *Buda-Pesth*, la double capitale de la Hongrie, et que dominent au sud les prolongements du *Bakony-Wald* élevé de plus de 700 mètres, au nord les contreforts des Carpathes qui dépassent 880 mètres.

Presque au sortir du défilé, un peu après son confluent avec le *Gran* (rive gauche), le fleuve qui, depuis Vienne, coulait dans la direction du sud-est, un moment infléchie vers l'est ou le nord-est entre Linz et Vienne, se détourne tout à coup vers le sud et garde cette direction nouvelle jusqu'à son confluent avec la Drave, en traversant des plaines marécageuses et en arrosant de longues îles couvertes de prairies ou de roseaux. La Drave le rejette vers l'est ; il longe sur sa rive droite le pied de la *Fruska Gora* qui le sépare de la Save ; il enveloppe la presqu'île où s'élève *Peterwardein*, et, un instant repoussé vers le sud par la Theiss, son plus grand affluent, il se dirige de nouveau vers l'est, entre *Semlin*, en Hongrie, et *Belgrade*, en Serbie, où le courant de la *Save* triomphe de l'influence de la Theiss. La rive gauche est toujours plate et marécageuse, mais la rive droite se relève de plus en plus, le fleuve se resserre et à *Bazias* commence le long défilé qui donne entrée dans son quatrième bassin.

Le bassin hongrois a été, à une époque plus récente encore que le bassin bavarois ou autrichien, une véritable mer intérieure, enveloppée par les Carpathes, les Alpes et les montagnes de la Bosnie et de la Serbie. Cette immense plaine n'est drainée que par une seule grande rivière, la **Theiss** (*Tisza* en hongrois, 1400 kilomètres) qui recueille presque toutes les eaux du versant méridional et occidental des Carpathes. Sortie du massif du *Koverla* (2058 mètres), elle coule d'abord vers l'ouest en longeant la base des Carpathes, puis se heurte contre des massifs qui la rejettent vers le sud. Son cours sinueux dans la plaine aussi bien que dans la montagne, ici dormant comme un marécage, là rapide comme un torrent, a été régularisé à force de travaux ; mais l'art n'a pu triompher de tous ses caprices : ses inondations redoutables dont **Szegedin**, la seule grande ville qu'elle arrose, a été plus d'une fois victime, renversent périodiquement les digues qui la contiennent. Ses affluents de gauche, le *Szamos*, le *Kœrœs*, le *Maros* (600 kilomètres) et la *Béga* (Temeswar), qui coulent vers l'ouest, le nord-ouest, ou le sud-ouest, lui apportent beaucoup plus d'eau que ses affluents de droite (*Bodrog*, *Sajo*, *Zagyva*). Dans toute la partie de son cours où elle se dirige du nord au sud parallèlement au Danube, la Theiss ne reçoit aucun affluent sur la rive droite, non plus que le Danube sur la rive gauche : la plaine qui les sépare (la *Puzta*), steppe sans eau, si ce n'est quelques étangs marécageux, lac de boue en hiver, sahara desséché en été, a cependant de grandes villes presque improvisées comme celles du Far-West américain, *Czegled* (25 000 habitants), *Kecskemet* (45 000 habitants), *Maria Theresiopol* (62 000 habitants), marchés du bétail et des céréales qui commencent à empiéter sur les pâturages, et que les chemins de fer emportent vers l'Allemagne ou l'Autriche occidentale.

Le *Temes*, le seul affluent de gauche qui mérite d'être cité à côté de la Theiss, décrit un demi-cercle et rejoint le Danube au-dessous de Belgrade.

Les affluents de droite viennent des Alpes. La **Drave** (700 kilomètres, en allemand *Drau*), qui prend sa source dans les Alpes Rhétiques, où elle arrose le *Puster-Thal*, passe à *Villach*, au pied du col de *Tarvis*, entre dans la plaine à peu de distance de la frontière de Croatie, reçoit la *Mur*, la rivière styrienne qui passe à *Gratz*, et se jette dans le Danube après avoir arrosé *Eszek*, capitale de l'Esclavonie.

La **Save** (710 kilomètres, en allemand *Sau*), à peu près parallèle à la Drave, descend du mont Terglou, coule au sud-est, dans une vallée plus ouverte que celle de la Drave, reçoit à droite la *Laybach*, à gauche le *Sann* sorti des monts Karavankas, devient navigable à *Agram*, et recueille sur sa rive droite, avant de finir à Belgrade, presque toutes les eaux de la Croatie et de la Bosnie, par la *Kulpa*, l'*Una*, la *Bosna* (rivière de *Sera-*

jevo), et la *Drina* qui descend du massif du Monténégro et sépare la Bosnie de la Serbie. Le dernier affluent de droite du Danube, avant les portes roumaines, est la **Morawa**, qui descend par une double branche, la Morawa serbe à l'ouest et la Morawa bulgare à l'est des montagnes de Serbie, où elle trace deux profondes vallées, moins importantes cependant que celle de l'*Ibar*, affluent de la Morawa serbe, qui ouvre la route de Salonique. Depuis le confluent des deux Morawa, la rivière coule vers le nord et vient se jeter dans le Danube à l'est de *Semendria*.

Le Danube inférieur. — Le troisième des grands défilés du Danube commence à *Bazias*, en Hongrie, et finit à *Turn-Severin*, en Roumanie. Il a près de 120 kilomètres de long et moins de 120 mètres de large dans les endroits les plus resserrés. Arrêté par la barrière des Carpathes, le fleuve a dû se creuser un lit entre deux murailles de rochers : le chenal, profond de 30 à 60 m., large de 4 à 6 mètres dans les passages les plus étroits, serpente au milieu des écueils, des tourbillons et des roches éboulées ; à la passe de *Kazan*, le Danube n'a que 112 mètres ; aux *Portes de fer*, au-dessous d'*Orsova*, la dernière ville de Hongrie, il remplit toute sa vallée, large de 190 mètres, et se brise en tourbillons d'écume contre les falaises à pic. Le nom de Trajan est resté vivant dans toute cette région. C'était lui qui, à Turn-Severin, avait jeté un pont entre les deux rives, construit dans le défilé une route taillée dans la falaise ou suspendue sur des madriers au-dessus du Danube, et essayé de tourner les Portes de fer, en creusant un canal latéral au fleuve. Il ne reste de ces gigantesques travaux qu'une inscription gravée dans le roc et qui en consacre le souvenir.

En entrant dans la plaine de Roumanie qu'il sépare de celle de Bulgarie, le Danube descend d'abord vers le sud ; il ne reprend qu'à partir de *Widdin* la direction de l'est. Sur sa rive droite, dessinée par des berges escarpées, s'échelonnent des villes presque toutes fortifiées : *Widdin*, *Nicopolis*, *Schistova*, *Roustchouk*, *Silistrie*, *Rassova*.

Sa rive gauche, plate et inondée, n'a guère, à l'exception de *Giurgevo*, le port de Bukharest, que des villages perdus au milieu des marais et des roseaux. A Rassova, le Danube rencontre les plateaux de la *Dobroutscha* qui le forcent à se détourner vers le nord : son lit de plus en plus marécageux ne se resserre qu'à *Braila*, où commence la navigation maritime. A *Galatz*, le fleuve, refoulé par les eaux du *Pruth*, reprend la direction de l'est, mais pour se diviser bientôt et former un delta de 2500 kilomètres carrés, véritable lac de boue, semé d'étangs plus limpides, et à peu près désert.

La branche septentrionale, celle de *Kilia*, qui baigne l'ancienne forteresse d'*Ismail*, sert de limite entre la Russie et la Roumanie ; elle est difficilement navigable et bordée d'une vaste lagune ; la branche méridionale, celle de *Saint-Georges*, est profonde, mais sinueuse et envasée à son embouchure ; une branche intermédiaire, celle de *Soulina*, est devenue la route la plus fréquentée, grâce aux travaux exécutés par la Commission européenne du Danube, créée en 1856 et confirmée en 1878 et en 1883 (1).

Les affluents de droite du bas Danube : le *Timok*, qui sépare la Bulgarie de la Serbie ; l'*Isker*, qui passe près de *Sofia*, capitale de la Bulgarie ; la *Wid*, qui arrose la plaine de *Plevna;* la *Jantra*, qui baigne *Tirnovo;* le *Lom*, qui se jette à *Roustchouk*, descendent des Balkans. Les affluents de gauche viennent des Carpathes. L'*Aluta* (*Oltul*, 455 kilomètres) prend sa source en Transylvanie, traverse le massif des Carpathes par le défilé de la Tour-Rouge et vient finir en face de Nicopolis. Le *Séreth* (550 kilomètres) naît dans la Bukowine et coule du nord au sud jusqu'à Galatz ; le *Pruth* (795 kilomètres) descend des Carpathes, au nord du Séreth, et forme jusqu'à son embouchure la frontière entre la Russie et la Roumanie.

1. Cette commission comprend les représentants de l'Angleterre, de l'Allemagne, de l'Autriche-Hongrie, de la France, de la Russie, de la Turquie, de l'Italie et de la Roumanie : elle est chargée de la police de la navigation sur le bas Danube et de l'entretien du fleuve.

Un de ses affluents passe à *Iassy*. Quelques rivières marécageuses viennent se déverser dans les lagunes auxquelles sert d'écoulement la branche de *Kilia*. Après avoir été la route des invasions asiatiques en Europe, le Danube est devenu celle de la civilisation européenne qui reflue vers l'Orient. Son rôle n'est pas fini, et c'est peut-être sur ses bords que s'accompliront les plus grands événements de la fin du dix-neuvième siècle et du commencement du vingtième.

Le Dniester, le Dniéper, le Don. — Les autres tributaires de la mer Noire sont loin d'avoir la même importance.

Le **Dniester** (1500 kilomètres), qui descend, en Galicie, du revers septentrional des Carpathes, est trop sinueux et trop peu profond, et finit à *Akermann* dans des lagunes ensablées.

Le *Boug* (ancien *Hypanis*), bien qu'il coule en plaine, est un torrent qui ne devient navigable que dans son cours inférieur, et se jette dans le golfe de *Nicolaïeff* (755 kilomètres).

Le **Dniéper** (l'ancien *Borysthènes*, 2400 kilomètres) prend sa source au sud du plateau de Valdaï, devient navigable à *Smolensk*, arrose *Mohilew* et *Kiew*, où il quitte la direction du sud pour celle du sud-est. A *Iekaterinoslaw*, un brusque ressaut de la plaine, qu'il descend par une série de rapides, interrompt la navigation qui ne reprend qu'au-dessous d'*Alexandrowsk*. La navigation maritime commence à *Kherson*. Malgré la longueur de son cours, le Dniéper n'est qu'une voie commerciale de second ordre. Les rapides et les glaces qui le couvrent, du mois de novembre au mois d'avril, opposent trop d'obstacles au progrès de la batellerie. Ses deux grands affluents de droite : la *Bérézina*, de sanglante mémoire, et la *Pripet*, traversent une des régions les plus marécageuses de l'Europe; son principal affluent, la *Desna* (rive gauche), est la plus sinueuse des rivières russes.

La mer d'Azof a deux grands tributaires : 1° le *Kouban* (810 kilomètres), qui descend de l'Elbrouz, la plus haute cime du Caucase, mais qui se perd dans de vastes marécages, et qui arrive affaibli à la presqu'île de *Taman*, où il se divise et partage ses eaux entre la mer Noire, qui reçoit le bras principal, et la mer d'Azof; 2° le **Don**, l'un des fleuves les plus longs de l'Europe (1780 kilomètres), mais l'un des plus capricieux et des plus difficilement navigables. Le Don (ancien *Tanaïs*) prend sa source au sud de *Toula*, coule d'abord du nord au sud, puis incline au sud-est et se rapproche de plus en plus du Volga, dont il n'est plus séparé, à la hauteur de *Tzaritzin*, que par une soixantaine de kilomètres; mais il ne tarde pas à s'infléchir vers le sud-ouest : son lit s'élargit, il arrose *Rostoff* et *Azof* et se jette dans la mer d'Azof, qu'il comble peu à peu de ses alluvions, par une large embouchure sur laquelle s'élèvent (rive droite) les ports de *Taganrog*, de *Marioupol* et de *Berdiansk*. Son plus grand affluent de droite est le *Donetz* (970 kilomètres), seulement flottable, et qui traverse un bassin houiller chaque jour plus exploité.

XII

Bassin de la mer Caspienne. Le Volga. — Le bassin européen de la mer Caspienne n'a pas de ceinture bien arrêtée : le Caucase même et l'Oural ne sont pas une limite, puisque les deux versants de la chaîne envoient leurs eaux au même bassin.

La Caspienne, qui n'est plus qu'un lac, reçoit cependant le plus grand fleuve de l'Europe, le **Volga** (ancien *Rha*, 3360 kilomètres).

Le Volga prend sa source à 260 mètres d'altitude, dans un des lacs du plateau de Valdaï. Alimenté par les innombrables étangs du plateau, il devient presque aussitôt navigable et se dirige d'abord vers le sud-est, mais il ne tarde pas à prendre la direction générale du nord-est en décrivant de nombreuses courbes; il arrose *Tver* et *Mologa*, où il atteint le point le plus septentrional de sa course. A partir de Mologa, il redescend vers le sud-est par *Ribinsk*, *Iaroslaw*, *Kostroma* et *Nijni-Novogorod*, célèbre par ses foires. De Nijni-Novogorod à *Kazan*, il court directement à l'est : sa vallée commence à être plus encaissée, au moins sur la rive droite, sa largeur augmente : il n'a que 200 mètres à Nijni-Novogorod, il en a le double à Kazan, et dans les grandes crues ses eaux montent jusqu'à onze mètres au-dessus de l'étiage. De Kazan à *Sarepta*, il se détourne vers le sud ; le tribut de la *Kama* (rive droite) double le débit du fleuve ; à *Simbirsk*, il a déjà plus d'un kilomètre ; à *Sarepta*, il en a quatre : ses eaux tranquilles et jaunâtres s'étalent en nappes profondes où toute une flotte pourrait manœuvrer à l'aise. A partir de Simbirsk, sa rive droite est dominée par de hautes collines dont les points culminants atteignent 350 mètres ; un promontoire de cette petite chaîne de montagnes le force à décrire un coude dont la ville de *Samara* (rive gauche) occupe le sommet : c'est le point le plus oriental de son cours ; il reprend bientôt la direction du sud, passe à *Saratow*, à *Tzaritzin*, où il est à 14 mètres au-dessous du niveau de la mer, et à *Sarepta*, où il se dirige vers le sud-est. Il entre alors dans une plaine sablonneuse, se divise en plusieurs bras qui baignent des îles arides, sans arbres et pour la plupart inhabitées. C'est le commencement du delta qui, à partir d'*Astrakan*, s'élargit de plus en plus. C'est un immense marais couvert de roseaux qui atteignent 3 ou 4 mètres, sillonné d'innombrables ruisseaux et peuplé de troupes de pélicans, de hérons, de cygnes et de canards sauvages. Le fleuve se jette dans la Caspienne par 72 bouches qui emportent à la mer, en 24 heures, plus de 100000 mètres cubes de limon. Aussi, la barre s'accroît-elle sans cesse, et le chenal le plus fréquenté n'a-t-il pas plus de 2 mètres de profondeur.

Le Volga reçoit les eaux d'un bassin trois fois plus grand que la France ; les plus importants de ses nombreux affluents sont, à droite : 1° l'**Oka** (1400 kilomètres), qui arrose *Orel*, *Kalouga*, *Kolomna*, où elle reçoit la *Moscova*, la rivière de *Moscou ;* 2° la *Soura*, qui passe à *Penza* (810 kilomètres); 3° le *Sysran*, qui finit près de la ville du même nom, au pied de la montagne Blanche, la plus haute des collines du Volga.

Les affluents de gauche sont : 1° la *Mologa*, qu'un canal réunit au lac Ladoga; 2° la **Kama** (2 680 kilomètres), qui descend de l'Oural, arrose *Perm*, et reçoit à gauche la *Bielaia* (1 260 kilomètres), grossie de l'*Oufa* (820 kilomètres); à droite, la *Viatka* (1 080 kilomètres), alimentée par les eaux de l'Uvalli; 3° la *Samara* (540 kilomètres), qui finit à Samara. Le Volga, avec son cours immense, presque tout entier navigable, son vaste réseau d'affluents, ses riches pêcheries (saumons, sterlets, esturgeons, etc.), serait le premier fleuve de l'Europe, s'il arrosait, au lieu des solitudes de la Russie, un pays peuplé et cultivé, et s'il débouchait dans une mer ouverte, au lieu de finir dans un lac.

L'**Oural** (2 300 kilomètres), qui prend sa source sur le versant oriental des monts Ourals, longe d'abord la chaîne du nord au sud, puis coupe de l'est à l'ouest les dernières pentes et redescend vers le sud, à partir d'*Ouralsk*, où il devient navigable. Il arrose, à la sortie du défilé par lequel il franchit les plateaux, la ville d'*Orenbourg*, tête de ligne des chemins de fer russes du côté de l'Asie centrale. Son delta s'agrandit aux dépens de la Caspienne.

Le *Térek*, qui descend du Kazbeck, la seconde cime du Caucase, finit par un long delta dans une plaine marécageuse formée par ses alluvions.

Entre le Volga et le Térek, un peu au nord de la vallée du *Kouma*, qui descend des premières pentes du Caucase et se perd dans les marais salants, à une centaine de kilomètres au sud du delta du Volga, s'ouvre, entre le cours inférieur du Don et de la Caspienne, une dépression marécageuse occupée en partie par des lacs. Ces lacs s'écoulent dans le Don par la *Manystch;* mais, au printemps, grossis par les torrents qui viennent du Caucase, ils se déversent également dans la Caspienne. C'est un reste du détroit qui unissait autrefois la mer Noire au grand lac russe, et qui a disparu par suite de l'abaissement du niveau de la Caspienne et des atterrissements des rivières du Caucase.

Les voies navigables en Europe. — En résumé, l'Europe a plus de 70 000 kilomètres de voies navigables, un kilomètre à peu près pour 243 kilomètres de superficie. Mais, tandis que la Russie en possède à elle seule 40 000, tandis que l'Europe centrale et l'Europe occidentale en ont près de 28 000, la péninsule scandinave et les trois presqu'îles méridionales : l'Espagne, l'Italie péninsulaire et la Grèce, n'ont guère que des torrents.

Les fleuves du versant atlantique coulent en général du sud-est au nord-ouest ; ceux du versant méditerranéen, du nord au sud ou au sud-est. Deux seulement, le Pô et le Danube, se dirigent de l'ouest à l'est, mais le Pô n'arrose que la plaine lombarde, tandis que le Danube traverse toute l'Europe centrale. C'est, avec le Rhin et la Vistule, le seul des grands fleuves européens qui puisse être regardé comme une voie de commerce internationale.

XIII

LES LACS EUROPÉENS

Caractères généraux. — Les lacs ne peuvent se former que dans les terrains imperméables, mais ils n'offrent pas tous le même caractère. — Les *lacs de montagnes* sont plus profonds et par cela même plus limpides : le limon qu'y déposent les torrents tombe trop bas pour en troubler la surface. Ils servent de régulateurs aux cours d'eau qui s'y jettent et dont les crues n'élèvent pas sensiblement le niveau de ces vastes réservoirs. Les *lacs de plateaux* ou *de plaines*, en général moins profonds, ont souvent des eaux moins pures, un niveau plus variable, et les îles y sont plus nombreuses. Les *lacs volcaniques* sont de petits bassins circulaires presque tous sans écoulement et qui remplissent des cratères éteints.

Les fleuves et les rivières qui forment les lacs tendent aussi à les détruire : les alluvions qu'ils y jettent les comblent peu à peu et les transforment en marais, ou la violence des courants finit par briser les digues naturelles qui les entourent et par les dessécher en ouvrant une issue à leurs eaux.

Lacs de montagnes.

Lacs des Alpes. — Les plus beaux lacs de l'Europe sont situés dans des pays de montagnes ou sur des plateaux granitiques. Tels sont les plateaux de la Finlande, la péninsule scandinave, les hautes terres d'Ecosse et la région des Alpes.

Les lacs subalpins qui, suivant une opinion aujourd'hui abandonnée, auraient occupé le lit d'anciens glaciers et qui s'écoulent tous par des cours d'eau plus ou moins importants, se divisent en trois groupes : 1° celui de la Suisse et de la Savoie ; 2° celui de la Bavière, du Tyrol et de la haute Autriche, sur le versant septentrional et occidental ; 3° celui de l'Italie, sur le versant méridional des Alpes.

Des deux grands lacs de Savoie, l'un, le lac d'**Annecy** (447 mètres d'altitude, 29 kilom. carrés, 62 mètres de profondeur maxima, 14 kilom. de long sur 3 et demi de large), est formé par des torrents qui s'écoulent dans le Fier par le canal du Thioux ; l'autre, celui du **Bourget** (231 mètres d'altitude, 75 kilom. carrés, 80 à 100 mètres de profondeur, 16 kilom. de long sur 5 de large), est alimenté par la *Leisse* et par de nombreux ruisseaux. Il s'écoule dans le Rhône par le canal de *Savières*.

Le lac d'Annecy est bordé de vignobles, de prairies et de beaux villages, *Veyrier*, *Menthon*, *Talloires*, *Saint-Jorioz*, que dominent à l'ouest la crête du *Semnoz*, à gauche le mont de Veyrier. Il est moins sévère que celui du Bourget, profondément encaissé sur sa rive droite par les sombres falaises de la *Dent du Chat*, tandis que sur la rive gauche, plus riante et plus ouverte, s'élèvent la ville d'*Aix-les-Bains* et de nombreux villages semés au milieu des vignes et des bois de châtaigniers.

Le lac du Bourget, dont le Rhône autrefois suivait probablement la vallée pour se confondre avec l'Isère, se termine au nord et au sud par une plaine marécageuse que les alluvions agrandissent à ses dépens.

Le petit lac d'*Aiguebelette*, qui se déverse dans le

Fig. 18. — Vue de Chillon sur le lac de Genève.

Guiers, le lac dauphinois de *Paladru*, qui s'écoule dans l'*Isère* (5 kilom. carrés), et le lac provençal d'*Allos*, qui s'écoule dans le *Verdon*, ne méritent d'être cités que pour leur aspect pittoresque.

Le plus grand lac de la Suisse est le **Léman** ou lac de **Genève** (578 kilom. carrés), encadré à l'ouest par le Jura, au nord par le Jorat, à l'est par les derniers contreforts des Alpes Bernoises, au sud par les Alpes Savoisiennes. C'est un magnifique bassin situé à 375 mètres d'altitude, profond en moyenne de 150 mètres (profondeur maxima, 375 mètres), mesurant de 3 à 14 kilomètres de large et 80 kilomètres de long, bordé de vignobles, de vergers, de parcs, de villes et de villages florissants, *Genève* à son extrémité occidentale, *Coppet*, *Nyon*, *Morges*, *Lausanne* avec le port d'*Ouchy*, *Vevey*, *Montreux*, *Chillon*, *Villeneuve* et *le Bouveret* sur la rive suisse, *Saint-Gingolph*, *la Meillerie*, *Evian*, *Thonon*, sur la rive française, et sillonné par de nombreux services de bateaux à vapeur. Il reçoit 40 rivières et un des grands fleuves alpestres, le Rhône, qui lui sert de déversoir; les alluvions du Rhône l'ont déjà comblé en partie depuis Martigny, dans le Valais, jusqu'à Villeneuve, et continuent de l'envahir lentement.

Le lac de **Constance**, en allemand *Bodensee* (539 kilom. carrés), le rival du lac de Genève, est formé par le Rhin, comme celui de Genève par le Rhône. Il est plus élevé (398 mètres d'altitude) mais moins profond (profondeur moyenne, 135 mètres; maxima, 276), et se partage à son extrémité occidentale en deux lacs séparés par un large promontoire. Sa rive méridionale appartient à l'Autriche (*Bregenz*), à la Suisse (*Rorschach*, *Arbon*), et sur un point seulement (*Constance*) au grand-duché de Bade, sa rive septentrionale au grand-duché de de Bade, au Wurtemberg (*Friedrichshafen*) et à la Bavière (*Lindau*). Ses rives, plus plates que celles du lac de Genève au nord et à l'ouest, sont bornées au sud et à l'est de hautes montagnes qui rivalisent avec les Alpes de Savoie et du canton de Vaud.

LES LACS.

Fig. 19. — Le Vordersee dans le Salzkammergut.

Les lacs de la Suisse centrale sont formés par l'Aar et ses affluents. Celui de *Wallenstadt* (23 kilom. carrés, 100 mètres de profondeur moyenne), sauvage et entouré de montagnes arides, est alimenté par de nombreux torrents et par la *Linth*, qui forme également le beau lac de **Zurich** (88 kilom. carrés, 80 mètres de profondeur moyenne), et qui en sort sous le nom de *Limmat*.

La Reuss forme le lac des **Quatre-Cantons** ou de **Lucerne** (437 mètres d'altitude, 107 kilom. carrés, 100 mètres de profondeur moyenne, 321 mètres de profondeur maxima), bassin irrégulier et dominé de toutes parts par des rochers qui plongent à pic dans ses eaux. C'est sur ses bords qu'est née l'indépendance helvétique : la chapelle de Guillaume Tell, la prairie du Rütli, les ruines du château d'Attinghausen en réveillent à chaque pas le souvenir. Un des affluents de la Reuss sert d'écoulement au lac de *Zug* (38 kilom. carrés, 400 mètres de profondeur maxima) que le massif du Rigi sépare du lac des Quatre-Cantons.

L'Aar elle-même alimente les lacs de *Brienz* (30 kilom. carrés, 200 mètres de profondeur moyenne) et de *Thun* (48 kilom. carrés), renommés pour leurs admirables paysages, et reçoit à droite les déversoirs des petits lacs de *Sempach* et de *Hallwyl*, à gauche, par la Thièle, le trop-plein des lacs de *Neuchâtel* (240 kilom. carrés, 433 mètres d'altitude, 100 mètres de profondeur moyenne), de *Bienne* (42 kilom. carrés, 40 mètres de profondeur moyenne, 78 de profondeur maxima), formés par l'Orbe, et du lac de *Morat* (28 kilom. carrés), qui s'allongent tous trois au pied du Jura comme le Léman au pied des Alpes.

Les lacs de la haute Bavière, le *Walchensee* qui se déverse dans l'Isar, le *Wurmsee* (54 kilom. carrés), qui s'écoule par le *Wurm*, affluent de l'Isar, le *Tegernsee*, le **Chiemsee**, la mer de Bavière (92 kilom. carrés, 60 mètres de profondeur), qui se déversent dans l'Inn, l'un par le *Mangfall*, l'autre par l'*Alz*, sont plus petits mais non moins pittoresques que les lacs de la Suisse. Ceux de la haute Autriche, plus petits encore, mais d'une variété et d'une grâce incomparables, le *Vordersee*, le lac de *Hallstadt* et le *Traunsee*, dans le Salzkammergut, formés par la *Traun;* le *Mondsee*, le *Kammersee* par son affluent l'*Ager* dépassent pour la plupart en étendue, sinon en beauté, les lacs tyroliens, dont un seul, l'*Achensee*, mérite une mention spéciale.

Les lacs du versant méridional des Alpes (Suisse et Italie) le cèdent à ceux du versant septentrional par la superficie qu'ils occupent, mais non par leur majesté tour à tour riante et sauvage et par la profondeur de leur bassin. Le lac **Majeur**, formé par le Tessin à 195 mètres d'altitude, mesure 210 kilomètres carrés, 210 mètres de profondeur moyenne, 375 de profondeur maxima et 80 kilomètres de long du nord au sud sur 10 de large. Bordé d'une ceinture de maisons de plaisance, de petites villes coquettement assises au milieu des bois d'orangers et de citronniers, *Locarno, Canobbio, Pallanza, Arona, Laveno, Luino, Vira*, dominé au nord-est par de sombres rochers qui s'élèvent majestueusement à 1900 mètres, il a de plus que les lacs de la Suisse des îles verdoyantes, les îles *Brissago*, et surtout les *Boromées* (Isola Bella et Isola Madre), embellies par toutes les merveilles de la nature et de l'art. Il reçoit sur sa rive gauche les torrents qui servent d'écoulement au beau lac de **Lugano** (50 kilom. carrés, 150 mètres de profondeur moyenne) et au lac de *Varese* (16 kilom. carrés).

Le lac de **Côme** (142 kilomètres carrés, 247 mètres de profondeur moyenne, 406 mètres de profondeur maxima) est formé par l'Adda. Son extrémité méridionale se bifurque en deux bras dont le plus oriental prend le nom de lac de *Lecco*. Bordées de montagnes qui atteignent 1100 à 2270 mètres, ses rives, plus riantes encore que celles du lac Majeur, sont couvertes de figuiers, d'oliviers, d'orangers et de vignes, et ses villes, *Gravedona, Menaggio, Côme, Bellaggio* à la pointe du promontoire qui sépare les deux lacs, *Lecco, Bellano, Colico* comptent

Fig. 20. — Isola Bella.

parmi les plus prospères de la Lombardie ; mais l'Adda et la Maira le comblent lentement.

Les lacs d'*Iseo,* formé par l'Oglio, et d'*Idro,* formé par la *Chiese,* sont beaucoup plus petits. Le lac de **Garde,** le plus grand des lacs italiens, mesure 300 kilomètres carrés, près de 380 mètres de profondeur maxima, 60 kilomètres de long et 15 de large ; sa rive gauche, bordée par les escarpements du Monte-Baldo, est presque déserte, mais au nord s'élève sur ses bords la petite ville autrichienne de *Riva ;* à l'ouest, en Italie, *Gargnano* et *Salo ;* au sud, *Desenzano* et la place forte de *Peschiera,* à l'endroit où le Mincio sort du lac.

Les lacs des péninsules italienne et turco-hellénique. — Les autres montagnes de l'Europe continentale n'offrent aucun groupe de lacs comparable à ceux des Alpes. La péninsule italienne n'a guère, à l'exception du lac de *Pérouse* ou *Trasimène* (12 kilomètres sur 10), et du lac de *Celano* ou *Fucin,* aujourd'hui desséché, que de petits lacs volcaniques : lacs de *Bolsena,* de *Bracciano,* d'*Albano,* de *Nemi,* dans le Latium ; lacs *Averne* et d'*Agnano* dans la campagne napolitaine, endormis dans les cratères éteints. La péninsule turco-hellénique cache, dans les replis de ses âpres montagnes, des bassins lacustres presque aussi grands que ceux de la Suisse : le lac profond et sauvage d'*Ochrida* (30 kilomètres sur 13), qui s'écoule par le Drin, le lac de *Scutari* (29 kilomètres de long sur 10 de large), par la Boïana ; le lac de *Castoria,* par la Vistritza ; ou des bassins sans écoulement apparent, comme le lac de *Janina* en Épire (16 kilomètres sur 3), le lac *Copaïs* en Béotie, et les petits lacs arcadiens.

Les lacs secondaires de la France et de l'Allemagne. — Les montagnes de l'Europe occidentale et centrale, à l'exception des Alpes, n'ont que des nappes d'eau d'une étendue médiocre, bien que leur aspect pittoresque le dispute souvent à celui des grands lacs : en France, les lacs de *Saint-Point* et de *Nantua* dans le Jura, de *Gérardmer* dans les Vosges, les lacs

Fig. 21. — Peschiera et le lac de Garde.

volcaniques de l'Auvergne (lac *Pavin*, lac *Chambon*), et du Velay (lac du *Bouchet*), les lacs d'*Oo* et de *Gaube* dans les Pyrénées; en Allemagne, le *Laachersee* dans l Eifel.

Les lacs de la Grande-Bretagne et de la Scandinavie. — Dans les hautes terres de l'Europe septentrionale, les bassins lacustres sont plus vastes et plus nombreux. L'Angleterre cite avec orgueil son district des lacs dans les montagnes du *Cumberland* et du *Westmoreland;* l'Ecosse, ses *lochs* sauvages, avec leurs rochers, leurs cascades et leur ceinture de forêts, *loch Lomond*, semé de nombreuses îles, *loch Katrine*, *loch Tay*, *loch Earn*, *loch Leven*, dont le nom rappelle la captivité de Marie Stuart, *loch Ness*, etc.

La Scandinavie est par excellence le pays des lacs; chacun de ses fleuves en forme plusieurs, dont quelques-uns considérables comme le *Mœsen* (Norvège), qui s'écoule par le Glommen, le lac *Siljan* (Suède), par le Dal; mais les plus grands sont ceux de la plaine suédoise, le **Mœlar** (1168 kilomètres carrés) avec son labyrinthe d'îles, à l'entrée duquel s'élève *Stockholm;* le lac *Hjelmar* (311 kilomètres carrés), au sud-ouest du lac Mœlar, le **Vettern**, qui s'écoule dans la Baltique par la *Motala* (1922 kilomètres carrés, 26 mètres de profondeur) et le **Venern**, le roi des lacs scandinaves (5570 kilomètres carrés, 90 mètres de profondeur), qui communique avec le Vettern par un canal et se déverse dans le Cattégat par la rivière de la Gota, si célèbre par ses splendides cascades.

Lacs de plateaux et de plaines.

Lacs de Finlande et de Russie. — De tous les lacs de plateaux et de plaines que possède l'Europe, le groupe de Finlande est le plus important. Les deux tiers de ce plateau sont couverts d'étroites nappes d'eau, semées d'îles et enfermées dans des cuvettes granitiques aux formes bizarres et tourmentées. Au sud du plateau s'étend une véritable mer intérieure, le plus grand des lacs européens, le **Ladoga**, six fois plus vaste à lui seul que tous les lacs des Alpes (18300 kilomètres carrés, 90 mètres de profondeur moyenne). Il communique par le *Volkhow* avec le lac *Ilmen* (730 kilomètres carrés), par le *Svir* avec le lac **Onéga**, le second des lacs d'Europe (12000 kilomètres carrés, 15 mètres de profondeur moyenne), rattaché lui-même au *Bielo* (lac Blanc) et à tout le système de lacs et d'étangs de la province d'Olonetz. C'est encore dans le Ladoga que s'écoule en partie le *Saïma*, le vrai lac finlandais, car le Ladoga ne l'est qu'à moitié. Le reste des eaux du Saïma et des innombrables bassins lacustres du plateau de Finlande se déverse dans la Baltique. Le canal d'écoulement du lac Ladoga, la Néva, est digne, par sa largeur et son débit, de servir de déversoir à cette mer d'eau douce.

Le golfe de Finlande reçoit encore par la Narova le trop-plein du lac **Peïpous**, long de 120 kilomètres et large de 45, mais dont la superficie diminue, et dont une partie n'est déjà plus qu'un marécage. Le Peïpous reçoit par la rivière de l'*Embach*, qui passe à *Dorpat*, le trop-plein d'un lac beaucoup plus petit et un peu plus élevé, le *Virz-Iærv*, qui se déverse aussi par un autre affluent dans le golfe de Riga.

Sauf les grands lacs de la Laponie (lac *Enare*, etc.), les autres lacs russes, ceux du plateau de *Valdaï*, de la *Lithuanie*, de la *dépression caspienne*, ne sont que des étangs, si on les compare aux vastes nappes d'eau qui s'écoulent dans la Baltique.

Lacs de l'Allemagne septentrionale et du Danemark. — Autant l'Allemagne, à l'exception des hauts plateaux de la Souabe et de la Bavière, est pauvre en lacs de montagnes, autant elle est riche en lacs de plaines. Tout le littoral de la Baltique, de la frontière russe à la frontière danoise, est bordé d'une série de plateaux peu élevés (moins de 100 mètres), humides, pour la plupart boisés et semés d'un nombre infini de lacs et d'étangs, les uns sans écoulement, les autres qui se déversent dans les tributaires de la Baltique ou de la mer du Nord : plateaux de la **Prusse orientale** (lacs *Mauer*, *Spirding*, etc.); plateaux de la **Prusse occidentale** (lacs de *Sorgen*, de *Ziethen*, etc.), drainés par la Vistule et ses affluents; plateau de la **Poméranie** (*Wilmsee*, *Madüsee*, etc.), drainés par l'Oder et la Netze; plateaux du **Mecklembourg** (lac *Müritz*, lac de *Schwérin*), qui s'égouttent par la *Recknitz*, le *Warnow*, et les affluents de l'Elbe; plateaux du **Holstein** (lacs de *Plœn*, de *Selent*), dont les eaux s'écoulent dans le golfe de Kiel.

Le **Jutland** et les *îles danoises* ont aussi leurs lacs, cachés sous d'épais ombrages, et semés de petites îles où s'élèvent des châteaux et des maisons de plaisance.

Lacs de l'Autriche-Hongrie et de France. — Les petits lacs de la Bohême méridionale et orientale n'occupent qu'une superficie insignifiante; il n'en est pas de même des deux grands lacs hongrois, le Plattensee et le lac de Neusiedel.

Le **Plattensee** (lac *Balaton*) a 80 kilomètres de long sur 10 ou 11 de large : sa profondeur moyenne est de 8 mètres. Dominé au nord et à l'ouest par des cônes volcaniques qui forment le prolongement du Bakony-Wald, mais marécageux au sud, il se déverse dans le Danube par le long canal de *Sio*.

Le lac de **Neusiedel**, aux eaux salines et amères, est un vaste bassin qui se vide et se remplit tour à tour. Presque desséché depuis près d'un demi-siècle, il a reparu en 1865, et, en 1870, les eaux avaient atteint à peu près leur ancien niveau. Un ruisseau marécageux les déverse dans un affluent de la Raab.

La France n'a qu'un vrai lac de plaine, le lac de **Grandlieu** (70 kilomètres carrés), sans profondeur et qu'il serait facile de dessécher. Il est formé par la Boulogne et s'écoule dans la Loire par l'Achenau.

Lacs de l'Irlande. — L'Irlande est plus encore que l'Écosse le pays des lacs; mais le *lough* irlandais, peu profond, envahi par la tourbe et par les plantes aquatiques, bordé de rives plates et marécageuses, n'a ni la majesté, ni la pureté du *loch* écossais. Presque tous les

7.

lacs irlandais se déversent dans l'Atlantique, le lac *Neagh*, le plus grand de tous, par le *Bann*, le lac *Erne* par l'Erne, les lacs *Ree* et *Derg* par le Shannon ; quelques-uns n'ont pas d'écoulement.

Régions marécageuses.

Les marais se forment dans les plaines et sur les plateaux dont le sous-sol argileux ou marneux n'est pas perméable et dont la pente n'est pas assez forte pour déterminer l'écoulement des eaux. Quelques-uns sont permanents, d'autres se dessèchent pendant l'été pour se remplir pendant les saisons pluvieuses. Les terrains marécageux ne sont pas seulement perdus pour l'agriculture ; ils répandent des exhalaisons pestilentielles qui déterminent les fièvres paludéennes si fréquentes en Russie, en Italie, en Grèce, en Hollande et même dans certaines parties de la France. Les marais, bien qu'ils reculent devant les travaux de drainage ou de canalisation, occupent encore en Europe un espace considérable. Près d'un tiers de la **Russie** se compose de terrains marécageux : les *toundras* du nord ne sont que des tourbières gelées ; le littoral de la Baltique, une partie des gouvernements d'Olonetz, de Novogorod, de Tver, de Vladimir, de Vitepsk, le nord de la Pologne, la Bessarabie danubienne, le littoral de la mer d'Azof et de la Caspienne sont couverts de marais ; enfin, entre la Bérézina, le Dniéper, la Volhynie méridionale et la Pologne s'étendent les énormes marais de **Pinsk**, grands comme un tiers de la France et qui commencent à peine à s'assainir par la culture.

En **Norvège**, les plateaux du Finmark ne sont qu'une vaste tourbière ; dans la péninsule danoise (*Jutland* et *Sleswig-Holstein*), des landes marécageuses bordent presque tout le littoral de la mer du Nord. La plaine basse de l'**Allemagne septentrionale**, avec ses innombrables étangs, son sol tourbeux et sa pente presque insensible, n'a été conquise sur les eaux qu'à force de travail, et les tourbières disputent encore à la culture le bas Hanovre, le bas Oldenbourg et presque tout le bassin de l'Ems.

En **Hollande** et en **Flandre**, tout le pays ne serait qu'un marais sans les digues et les travaux de dessèchement ; mais la persévérance hollandaise n'a pu triompher jusqu'à présent des tourbières inondées de la *Drenthe*, de l'Over-Yssel et de la province de Groningue.

Dans l'**Allemagne méridionale**, les *mœser* (marais) de la vallée de l'Isar et de celle du haut Danube sont les restes du lac qui couvrait autrefois toute la plaine bavaroise. En **Autriche-Hongrie**, les marais de la basse Theiss et ceux de la vallée du Danube disputent aux céréales une partie de la plaine hongroise. La *vallée inférieure du Danube*, depuis Roustchouk, son *delta*, et les mornes plateaux de la *Dobroutscha* qui le dominent, ont été de tout temps et sont encore une des régions les plus noyées et les plus insalubres de l'Europe.

Le littoral de la *Thrace* et de la *Macédoine*, avec les lagunes de la Maritza, du Karasou et du Strouma, celui du golfe de Lamia envasé par les alluvions du Sperchios, la vallée supérieure du *Pénée*, la plaine encaissée où dort le lac *Copaïs*, et en général toutes les petites plaines de la Grèce entourées de montagnes qui s'opposent à l'écoulement des eaux, comptent aussi parmi les régions marécageuses.

L'**Italie** est la terre classique de la *malaria*. Les lagunes du golfe de Venise, le delta vaseux du Pô, les plages inondées du golfe de Manfredonia, et surtout la région empestée des *marais Pontins* et de la *Maremme Toscane*, assainie et fertilisée autrefois par les travaux des Etrusques et des vieux Latins, ne lui donnent que trop de droits à cette triste célébrité.

Les côtes d'**Espagne**, moins insalubres, ont cependant leurs lagunes de la province de Murcie (*Mar-Menor*) et leurs maremmes du bas Guadalquivir, et sur les hauts plateaux de la Manche le désert marécageux le dispute au désert de sable ou de pierres.

La **France** a encore 280000 hectares de marais : les étangs des *Dombes*, de la *Sologne*, de la *Brenne* et des *Landes*, les marais de la *Vendée* et de la *Basse-Loire*, ne se dessèchent ou ne s'assainissent que lentement.

L'**Angleterre** a mieux triomphé des marécages du *Wash* qu'elle a transformés en polders (*fens* en anglais) ; mais la plaine irlandaise, avec ses tourbières, sa terre spongieuse et ses tristes forêts de joncs, attend toujours les travaux d'assainissement qui en chasseraient la fièvre et y ramèneraient la prospérité.

L'ENSEMBLE DE LA GÉOGRAPHIE PHYSIQUE DE L'EUROPE

Si nous résumons l'ensemble des notions que nous venons d'exposer sur la géographie physique de l'Europe, nous verrons que le versant nord-ouest (France occidentale et septentrionale, Belgique, Hollande, Allemagne septentrionale, Russie), sauf dans sa partie méridionale (Espagne), est une région de plaines, souvent sablonneuses, parfois marécageuses, mais arrosées par de grands cours d'eau navigables (Duna, Niémen, Vistule, Oder, Elbe, Wéser, Rhin, Meuse, Escaut, Seine, Loire, Garonne), et où on ne retrouve ni la stérilité, ni la monotonie des steppes ou des déserts des trois autres continents. Entre les deux versants s'étend une série de hauteurs et de plateaux (plateaux ibériques, massif des Pyrénées, massif central français, massifs du Jura et des Alpes (Suisse et Allemagne méridionale), plateaux de l'Allemagne centrale, plateaux des Carpathes, plateaux de Valdaï et d'Uvalli), en général peu fertiles, en partie couverts de forêts, mais dont l'accès est rarement difficile et qui servent de réservoirs aux plus grands fleuves du continent.

Le versant sud-est (France méridionale et orientale, Espagne orientale, Italie, Allemagne méridionale, Autriche-Hongrie, Turquie et Grèce, Russie) est très accidenté, sauf dans sa partie orientale (Russie) ; mais peu de chaînes de montagnes atteignent la limite des neiges éternelles et opposent aux communications de sérieux obstacles. Les fleuves, à l'exception de ceux qui arrosent les immenses plaines de la Russie (Volga, Don, Dniéper, Dniester) et de la Hongrie (Danube), ne sont pour la plupart que des torrents, les uns desséchés en été comme presque tous les cours d'eau de l'Espagne, de l'Italie péninsulaire et de la Péninsule turco-hellénique ; les autres alimentés par les neiges et les glaciers des Alpes (Rhône, Pô, Adige, Danube) ou des Carpathes (Danube, Dniester), et emportant à la mer, dans leur cours impétueux, du sable et du limon qui forment à leur embouchure de vastes deltas (Rhône, Pô, Danube).

A l'exception du lac intermittent de Neusiedel, en Hongrie, et de quelques marécages salés de la Russie orientale, les lacs d'Europe sont tous des lacs d'eau douce : on les rencontre surtout dans les pays au sol tourmenté et aux terrains granitiques, comme la Suisse (lacs de Genève, de Constance, des Quatre-Cantons, de Zurich, de Neuchâtel, de Thun, de Brienz), le nord de l'Italie (lacs Majeur, de Côme, de Garde), la Scandinavie (lacs Venern, Vettern, Mælar, Miœsen), et la Finlande (lacs Saïma, Ladoga, Onéga, etc.). Ils sont en général formés par des cours d'eau qui, après avoir rempli des dépressions du sol, se sont frayé un passage vers la mer. Les régions marécageuses sont des plaines basses ou des plateaux au sol imperméable et où les eaux ne trouvent pas d'écoulement.

En résumé, la constitution physique de l'Europe est des plus favorables au développement du commerce et de la civilisation.

RÉSUMÉ

I

LIGNE DE PARTAGE DES EAUX. — VERSANTS. — La ligne départage des eaux de l'Europe entre le versant de l'ATLANTIQUE (*nord-ouest*) et celui de la MÉDITERRANÉE (*sud-est*) est formée par les monts Ourals, l'Uvalli, le plateau de Valdaï, les collines de Pologne (Russie), les monts Carpathes, Sudètes, de Moravie, de Bohême (Autriche-Hongrie), le Jura Franconien, le Jura de Souabe, la Forêt-Noire, les plateaux du lac de Constance, les Alpes Algaviennes (Allemagne), les Alpes Centrales, Bernoises, le Jorat (Suisse), le Jura, les Vosges, les Faucilles, le plateau de Langres, les Cévennes, les Pyrénées (France), les monts Ibériques, la Sierra-Nevada (Espagne).

Fleuves du versant nord-ouest.

Les cours d'eau les plus importants de ce versant coulent du sud-est au nord-ouest et prennent leur source dans les hauteurs qui dessinent la ligne de partage des eaux.

II

L'OCÉAN GLACIAL reçoit la *Petchora*, qui naît dans les monts *Ourals*, et la *Dwina*, qui sort des plateaux de l'*Uvalli* et se jette dans la MER BLANCHE. Les Alpes Scandinaves n'y versent que des torrents sans importance.

III

Le BASSIN DE LA BALTIQUE est arrosé en Suède par d'innombrables rivières, la *Tornéa*, la *Luléa*, la *Pitéa*, le *Dal*, qui descendent des Alpes Scandinaves ; en Norvège, par le *Glommen*, qui se jette dans le Skager-Rak.

Dans les plaines de l'Allemagne du Nord et de la Russie, coulent de grands fleuves navigables : l'*Oder* (950 kilomètres), qui naît dans les Sudètes, coule du sud-est au nord-ouest dans un lit marécageux, reçoit à droite la *Wartha*, et se jette dans la Baltique par trois embouchures que séparent les îles basses d'*Usedom* et de *Wollin* ; la VISTULE (1 020 kilomètres), qui descend des Carpathes, arrose les plaines de Pologne, où elle reçoit sur sa rive droite le *Boug*, et vient finir dans les lagunes du littoral prussien, où se perdent également la *Prégel* et le *Niémen*, né en Russie.

Dans le golfe de Livonie se jette la *Duna*, fleuve navigable qui descend du plateau de Valdaï ; dans le golfe de Finlande la *Narova*, déversoir du lac *Peïpous*, et la *Néva*, canal large et profond qui déverse dans la Baltique les eaux du lac *Ilmen* et des lacs ONÉGA, LADOGA et *Saïma*.

IV

Le BASSIN DE LA MER DU NORD a pour principaux tributaires :

LES FLEUVES ET LES RIVIÈRES. RÉSUMÉ.   159

1° L'*Elbe* (1 090 kilomètres), qui descend du versant méridional des *monts des Géants*, reçoit à gauche la *Moldau*, sortie des monts de Bohême, franchit le défilé de *Schandau*, puis coule du sud-est au nord-ouest dans les plaines sablonneuses de l'Allemagne du Nord, et reçoit à gauche, la *Saale*, grossie de l'*Elster* ; à droite la rivière marécageuse du *Havel*, grossie de la *Sprée*. Il se jette au-dessous de Hambourg.

2° Le *Wéser*, qui descend de la forêt de Franconie, reçoit à droite l'*Aller*, et se jette dans la mer du Nord au-dessous de Brême.

3° L'*Ems*, petit fleuve qui arrose des plaines marécageuses.

4° Le Rhin (en allemand *Rhein*), formé par des torrents qui descendent des glaciers du Saint-Gothard et se réunissent dans une vallée dominée d'un côté par les Alpes des Grisons, de l'autre par les rameaux des Alpes Helvétiques. Le fleuve coule du sud au nord, forme le lac de Constance, puis franchit, par la chute de *Schaffhouse*, un défilé resserré par les derniers contreforts des Alpes et de la Forêt-Noire. Il reçoit les eaux du versant septentrional des Alpes Bernoises par la rivière de l'*Aar*, qui forme les lacs de *Thun* et de *Brienz* et se grossit à droite de la *Limmat*, déversoir du lac de *Zurich*, de la *Reuss*, qui forme le lac des *Quatre-Cantons*, à gauche de la *Thièle*, qui sert de déversoir aux lacs de *Neuchâtel* et de *Bienne*.

En quittant le territoire de la Suisse, le Rhin, arrêté par les Vosges, tourne brusquement vers le nord et coule entre les Vosges, à l'ouest, et la Forêt-Noire à l'est. Il reçoit à gauche l'*Ill* et la *Lauter*, à droite, le *Neckar* et le *Main*, grande rivière sinueuse qui sort du Fichtelgebirg.

A partir de son confluent avec le Main, le Rhin incline vers le nord-ouest et coule dans un lit profondément encaissé jusqu'à Bonn. Il reçoit sur sa rive droite, depuis son confluent avec le Main, la *Lahn*, la *Sieg* et la *Lippe*, sur sa rive gauche, la *Moselle*, grossie de la *Meurthe* et de la *Sarre*.

Après avoir arrosé *Cologne, Dusseldorf,* en Allemagne et franchi la frontière hollandaise, le Rhin se divise : sous le nom d'*Yssel* un de ses bras va se jeter dans le *Zuiderzée* : les deux autres sous les noms de Waal et de *Lek* se dirigent vers l'ouest, et se grossissent des eaux de la Meuse. Le cours du Rhin est d'environ 1 350 kilomètres.

5° La *Meuse* prend sa source au plateau de Langres, coule du sud au nord en France, puis en Belgique, reçoit à droite l'*Ourthe* et la *Roër*, puis incline vers l'ouest après avoir franchi la frontière de Hollande et se confond avec le *Waal*.

6° L'*Escaut* coule d'abord en France, puis en Belgique, et va se jeter en Hollande par deux bouches principales qui portent le nom d'*Escaut occidental* et d'*Escaut oriental*.

Le versant oriental de la Grande-Bretagne est arrosé par un

grand nombre de cours d'eau d'une longueur médiocre mais presque tous navigables, dont les principaux sont la TAMISE et l'*Humber* en Angleterre, la *Tweed*, le *Forth*, le *Tay* en Ecosse.

V

Le versant occidental de la Grande-Bretagne et de l'Irlande jette dans l'Atlantique la *Clyde* (Ecosse), la *Severn* (Angleterre), et le *Shannon* (Irlande).

Le bassin de la MANCHE, de la MER DE FRANCE et du GOLFE DE GASCOGNE, est arrosé par la *Seine*, la LOIRE, la *Garonne* et l'*Adour*.

Le versant occidental de la péninsule espagnole envoie à l'ATLANTIQUE, le *Minho*, le *Douro*, le TAGE, grand torrent bourbeux, profondément encaissé, qui se jette au-dessous de *Lisbonne* par une large embouchure ; la *Guadiana* et le *Guadalquivir*, large fleuve semé d'îles marécageuses qui passe à *Cordoue* et à *Séville*.

Fleuves du versant sud-ouest:

VI

Le versant oriental de la péninsule ibérique (MÉDITERRANÉE OCCIDENTALE) est arrosé par un grand nombre de cours d'eau, dont le plus important est l'EBRE, qui prend sa source à la jonction des Pyrénées espagnoles et des monts Ibériques.

Le bassin du RHÔNE (golfe du LION), est enveloppé par les *Alpes*, le *Jura* et les *Cévennes*. Sorti d'un glacier du Saint-Gothard, le Rhône coule entre les Alpes Pennines et les Alpes Bernoises, forme le lac de *Genève* ou *Léman*, franchit l'obstacle que lui oppose le Jura méridional, puis, rejeté vers le sud par les Cévennes, les longe jusqu'à la mer, et s'y jette par plusieurs branches qui embrassent un vaste delta.

VII

Le BASSIN DE LA MER TYRRHÉNIENNE ne reçoit que des cours d'eau d'une médiocre étendue qui naissent dans l'Apennin : l'*Arno* (Florence), le TIBRE, rivière profonde et rapide (Rome), le *Garigliano*, le *Volturno*, torrents desséchés en été.

VIII

Le BASSIN DE LA MER ADRIATIQUE ne reçoit du versant oriental de l'Apennin que des torrents sans importance géographique. Les eaux des Alpes Occidentales et des Alpes Centrales s'y déversent par deux grands cours d'eau, l'*Adige*, qui naît dans les Alpes Rhétiques et le Pô (ancien *Padus* ou *Eridan*) qui descend du mont Viso, coule d'abord du sud au nord, puis de l'ouest à l'est dans les riches plaines du Piémont et de la Lombardie, se divise en plusieurs bras à quelque distance de l'Adriatique, et s'y jette par sept bouches en formant de vastes lagunes qui s'accroissent sans cesse, grâce aux alluvions du fleuve et des autres cours d'eau nés dans les Alpes Centrales et Orientales, l'*Adige*, la *Brenta*, la *Piave*, le *Tagliamento*, l'*Isonzo*.

Le Pô reçoit sur sa rive droite les eaux des Alpes Maritimes par le *Tanaro*, celles de l'Apennin septentrional par la *Trebie*, le *Taro*, le *Tanaro*, le *Reno*. Sur la rive gauche, les deux *Doires* (*Dora*), la *Sésia*, le *Tessin*, qui naît au Saint-Gothard et forme le lac *Majeur* ; l'*Adda*, qui naît dans les Alpes Rhétiques et forme le lac de *Côme* ; l'*Oglio*, le *Mincio* qui forme le lac de *Garde*, y jettent toutes les eaux du versant méridional des Alpes depuis le mont *Genèvre* jusqu'au mont *Ortler*.

Sur la rive orientale, l'Adriatique ne reçoit que des torrents, dont les plus importants, le *Drin* et le *Voïoutza*, l'ancien *Aous*, descendent des montagnes d'Albanie.

IX et X

BASSINS DE LA MER IONIENNE ET DE L'ARCHIPEL. — Les tributaires de la mer Ionienne et de l'Archipel occidental, qui descendent des chaînes Hélléniques, ne sont également que des torrents, dont aucun n'est navigable : l'*Aspropotamo*, l'ancien *Achélous*, le *Roufia*, l'ancien *Alphée*, qui se jettent dans la mer Ionienne ; l'*Eurotas* dans le golfe de Laconie ; le *Pénée* ou *Salemvria* dans l'Archipel.

Le versant méridional des Balkans envoie à l'Archipel des cours d'eau plus considérables, le *Vardar*, le *Strouma* (ancien *Strymon*) ; la MARITZA, ancien *Hèbre*, qui arrosent la Turquie d'Europe.

XI

Le BASSIN DE LA MER NOIRE a pour principal tributaire le DANUBE (ancien *Ister* ou *Danubius*, en allemand *Donau*), qui prend sa source dans la Forêt-Noire et coule de l'ouest à l'est, dans une vallée encaissée qui coupe le plateau de Bavière. Il reçoit sur la rive droite, dans cette partie supérieure de son cours, les eaux des Alpes Algaviennes et des Alpes Bavaroises par les torrents du *Lech* et de l'*Isar*, et celles des Alpes Centrales et Rhétiques par la puissante rivière de l'*Inn*, sortie des glaciers du mont *Bernina*.

Après avoir franchi la frontière d'Autriche, le Danube entre dans son second bassin par un étroit passage entre un chaînon des Alpes Autrichiennes et les monts de Bohême, puis coule dans un large lit semé d'îles boisées ou marécageuses, arrose *Vienne*, se resserre à Presbourg et continue de se diriger vers l'est jusqu'à ce qu'un rameau des Carpathes le rejette brusquement vers le sud. Il traverse alors un nouveau défilé et entre dans son troisième bassin. A partir de *Pesth* il coule dans une plaine marécageuse, reprend, après avoir reçu la *Save*, la direction de l'est, et entre dans son quatrième bassin en franchissant, par une brèche longue de plus de 100 kilomètres (défilé des Portes de Fer), la barrière que lui opposent les Alpes de Transylvanie et les monts de Serbie. Dans la partie moyenne de son cours, il reçoit, à droite, les eaux des Alpes Noriques par l'*Enns* et la *Raab*, celles des Alpes Carniques et Styriennes par la *Drave*, et des Alpes Juliennes par la *Save*; à gauche, celles des Sudètes par la *March* ou *Morawa*, et celles des Carpathes par la *Theiss* qui coule du nord au sud et dont les nombreux affluents sillonnent les plaines de Hongrie.

Dans la partie inférieure de son cours, le Danube, dont la rive gauche appartient à la Roumanie, la rive droite à la Serbie et à la Bulgarie, coule dans un lit large de 10 à 20 kilomètres, marécageux, semé de grandes îles, et vient se jeter dans la mer Noire après avoir contourné les plateaux qui le forcent à se détourner vers le nord. Le fleuve a trois bouches, dont deux facilement navigables, celles de *Soulina* et de *Saint-Georges*. Il reçoit, à droite, les eaux du versant méridional et oriental des Carpathes par l'*Aluta*, par le *Séreth* et par le *Pruth*. Long de plus de 2 800 kilomètres, traversant de l'ouest à l'est presque toute l'Europe centrale et méridionale, communiquant avec le Main, affluent du Rhin, par un canal, qui franchit le Jura Franconien, le Danube est par son étendue le second des fleuves de l'Europe, le premier par son importance commerciale.

Le *Dniester*, qui descend des Carpathes, le Dniéper (ancien *Borysthènes*, 2100 kil.), qui prend sa source au sud du plateau de Valdaï, coulent du nord-ouest au sud-est dans les vastes plaines de la Russie méridionale. Les affluents de droite du Dniéper, la *Bérézina* (1812) et la *Pripet*, traversent une région marécageuse, les marais de Pinsk.

Le Don (ancien *Tanaïs*) coule du nord-ouest au sud-est à travers les steppes de la Russie et se jette, après un cours de 1 780 kilomètres, dans la mer d'Azof. Enfin le *Kouban* apporte à la mer Noire et à la mer d'Azof les eaux du versant nord-ouest du Caucase.

XII

Le BASSIN DE LA MER CASPIENNE reçoit un large torrent descendu du Caucase, le *Térek*, et deux grands fleuves, l Oural qui descend des monts *Ourals*, et le Volga qui naît dans un lac du plateau de Valdaï, coule d'abord vers le nord, puis vers l'est, enfin vers le sud et le sud-est. Il se jette au-dessous d'Astrakhan après un cours de 3 360 kilomètres, en formant un delta marécageux. Il a de nombreux affluents : à droite l *Oka*, à gauche, la *Kama*, qui vient des monts Ourals, etc. C'est le plus long des fleuves européens.

XIII

A l'exception de quelques marécages salés de la Russie orientale, les lacs d'Europe sont des lacs d'eau douce. Les principaux lacs de montagnes sont : 1° ceux de la région des Alpes, en France, lacs d'*Annecy* et du *Bourget* (75 kil. car.); en Suisse, lacs de Genève (578 kil. car.) formé par le Rhône, de Constance (539 kil. car.), formé par le Rhin ; des *Quatre-Cantons*, formé par la Reuss, de *Zurich*, formé par la Linth ; de *Neuchâtel* et de *Bienne*, formés par l'Orbe ; de *Brienz* et de *Thun* formés par l'Aar ; les lacs de Bavière (*Chiemsee, Tegernsee*); du Tyrol et de la haute Autriche (*Achensee, Kammersee, Traunsee*), etc. ; du nord de l Italie (lacs Majeur, 210 kilom. car., formé par le Tessin, de Côme, 142 kilom. car., formé par l'Adda, de Garde, 300 kilom. car., formé par le Mincio), 2° ceux de la péninsule turco-hellénique, lac d'*Ochrida*, formé par le Drin, de *Scutari*, de *Castoria*, de *Janina* ; 3° ceux de la région du Jura (lac de *Saint-Point*) et des Vosges (lac de *Gerardmer* en France) ; 4° ceux des hautes terres d'Ecosse (lacs *Lomond, Ness, Katrine*, etc.); 5° ceux de la Scandinavie au pied des Alpes Scandinaves (lacs Venern, 5 570 kilom. car., qui se déverse par la Gota, Vettern, Mælar, Miœsen).

Les lacs de plateaux et de plaines sont : 1° ceux de la Russie septentrionale et de la Finlande (lacs *Saïma*, Ladoga, le plus grand de l Europe (18 500 kil. car.), Onéga (12 000 kilom. car), le lac *Ilmen*, déversés dans le golfe de Finlande par la Néva ; le lac *Peipous*, déversé par la Narova) ; 2° ceux des plateaux de la *Prusse orientale*, de la *Poméranie*, du *Mecklembourg* (lac de Schwérin) et du *Holstein* ; 3° ceux de la plaine hongroise, lac intermittent de *Neusiedel* et lac *Balaton* ou *Platten* qui s'écoulent dans le Danube, 4° en France le lac de *Grandlieu* (70 kil car), 5° les lacs d'Irlande (lacs *Neagh, Erne, Ree, Derg*, ces deux derniers formés par le Shannon).

Les principaux lacs volcaniques sont ceux de l'Italie (lacs de

Bolsena, Trasimène, d'Albano, lac *Averne,* etc.) et de l'Auvergne.

Les régions de marécages sont en Russie les MARAIS DE PINSK, une grande partie de la Russie septentrionale et occidentale et de la Pologne, la Bessarabie danubienne et le littoral de la mer d'Azof; en Allemagne, le bas Hanovre, le bas Oldenbourg et la *vallée de l'Ems*; en Hollande, les provinces de Groningue, de DRENTHE et d'*Over-Yssel*; en France, les *Dombes*, la *Sologne*, la *Brenne*, les *Landes* et le marais vendéen; en Autriche-Hongrie, la *vallée inférieure de la Theiss* et une partie de celle du Danube, en Roumanie, le *delta du Danube* et la DOBROUTSCHA; en Grèce, la Thessalie; en Italie, les MARAIS PONTINS et la MAREMME TOSCANE; en *Irlande*, presque toute la plaine centrale.

Questionnaire.

En combien de grands versants l'Europe est-elle divisée? — Qu'appelle-t-on ligne de partage des eaux? — Quelles sont les hauteurs qui forment la ceinture du bassin de la mer? (Indiquer le nom : par exemple, Baltique, Tyrrhénienne, etc.) — Où le (indiquer le nom du fleuve) prend-il sa source? — Quelle est la direction générale de son cours? Dans quelle mer se jette-t-il? Le (indiquer le nom du fleuve) est-il navigable? Quels sont ses affluents les plus importants? Quels sont les pays arrosés par le... et ses principaux affluents? — Décrire en particulier le cours du Rhin et ses embouchures. Décrire le cours du Pô. Quelle est la cause de la formation des lagunes de l'Adriatique? — Décrire le cours du Danube. Quelles sont les montagnes qui forment les défilés qu'il franchit? Quelles sont les bouches du Danube accessibles à la navigation? — Décrire le cours du Volga et ses embouchures. Quels sont les fleuves les plus longs de l'Europe? Quels sont les plus importants au point de vue du commerce? — Quels sont en Europe les principaux pays de lacs? Indiquer la situation des lacs les plus importants. Indiquer ceux de ces lacs qui se déversent par des cours d'eau ou qui communiquent avec la mer. Indiquer ceux qui n'ont pas de communication avec la mer. Qu'appelle-t-on lacs volcaniques? En existe-t-il en France? Quelles sont les régions les plus marécageuses de l'Europe?

Exercices.

Tracer au tableau le bassin de la Baltique, de la mer du Nord, etc., en indiquant le contour du littoral, la ceinture du bassin et le cours des fleuves et de leurs grands affluents.

Tracer le cours du Rhin, du Danube, du Pô, etc., sur une carte muette d'Europe indiquant seulement le relief du sol et la position des grandes villes.

Lecture des cartes de l'état-major allemand, autrichien et italien et de la carte de Suisse de Dufour.

Lectures.

LANIER. *Lectures géographiques. Europe.*
E. RECLUS. *L'Europe.*

Victor Hugo. Le Rhin.
Bordor. Le Rhin en 1885. 1 vol. in 8°.
Léger. La Save, le Danube et le Balkan.
Legrelle. Le Volga. 1 vol. in-18. 1878.
Le Tour du Monde (de Paris a Bukharest, 1863 et suiv. — Le Volga, 1865. —).

CHAPITRE V

Les minéraux. — Le climat. — Les végétaux et les animaux. — Notions d'ethnographie européenne.

I

MINÉRAUX

La nature du sol. — La structure intérieure des continents, la disposition et la composition des couches de terrains, qui se succèdent depuis des profondeurs inaccessibles jusqu'à la surface du sol, ne sont pas moins importantes à connaître que la forme extérieure et le relief des terres. En même temps qu'elle nous rend compte des révolutions du globe, du soulèvement des montagnes, de la formation lente des plaines par les dépôts réguliers qui se sont accumulés au fond des mers, cette étude nous explique la répartition des richesses minérales, et jusqu'à un certain point celle des productions végétales, qui varient, non seulement avec les climats, mais avec la nature des terrains.

On admet cinq grandes périodes géologiques : 1° Les terrains de la période primitive se composent de roches cristallisées par le refroidissement et qui à l'origine devaient être en fusion. Le granit est le type de ces rochers à texture cristalline qui forment la couche la plus profonde de la croûte terrestre et sur lesquelles reposent tous les autres terrains ; mais, à cause des dislocations des couches supérieures, ces roches primitives percent souvent à travers les terrains d'époque plus récente et se montrent à la surface du sol.

2° La seconde époque est celle des terrains sédimentaires (1) primaires et des terrains dits de transition qui, au lieu de se cristalliser, se sont déposés par couches successives au fond des mers primitives, desséchées depuis et déplacées par les révolutions du globe ; on y trouve des débris de végétaux et d'animaux qui n'existent pas dans les roches de l'époque primitive. Les dépôts de houille appartiennent à cet âge géologique.

3° Les terrains secondaires, riches comme les précédents en gisements métalliques, se composent de calcaires, de grès, d'argiles, de marnes (mélange de calcaire et d'argile), et renferment de nombreux fossiles (2).

4° Les terrains **tertiaires** sont caractérisés par l'abondance des calcaires tendres, de la pierre à plâtre, de la pierre meulière, et par l'apparition de nouveaux ordres d'animaux qui se rapprochent des espèces encore vivantes.

5° Enfin les terrains quaternaires ou **modernes** ont été formés par les alluvions des fleuves, des lacs et des mers, pendant la période géologique actuelle.

Quant aux terrains **volcaniques**, ils n'appartiennent en particulier à aucun âge géologique et quelques-uns sont d'origine très récente. On trouve des volcans éteints en Provence, en Languedoc, en Auvergne, dans l'Allemagne occidentale, en Bohême, en Hongrie, en Dalmatie, en Grèce, dans l'Italie centrale ; et des volcans encore en activité en Italie (Vésuve), en Sicile (Etna) et en Islande (Hécla).

Les métaux et les minéraux. — De la nature des terrains dépend la distribution des métaux et des autres substances minérales, dont l'exploitation exerce une si puissante influence sur la destinée des peuples.

L'*or*, qui ne se rencontre que dans les roches des

1. *Sédiment* est synonyme de *dépôt*.
2. On appelle fossiles les débris de végétaux ou d'animaux qu'on retrouve dans les couches du sol antérieures à la période géologique actuelle.

terrains primitifs ou dans les sables entraînés par les eaux et provenant de la désagrégation de ces mêmes roches, n'est plus guère exploité qu'en Russie, dans la région de l'Oural.

L'*argent* se trouve d'ordinaire dans les terrains primitifs, dans les terrains de transition et dans les dépôts anciens de la période secondaire. Il est presque toujours mélangé à d'autres substances minérales. On l'exploite surtout en *Espagne*, en *Allemagne*, en Russie, en Norvège.

Le *plomb*, qui se rencontre dans les mêmes terrains, s'exploite en *Espagne*, en *Allemagne*, en Belgique, en Angleterre, en Autriche-Hongrie, en Italie, en Portugal, en France.

Les principaux gisements de *cuivre* qui appartiennent aux terrains primitifs, aux terrains de transition et aux terrains secondaires, sont ceux de l'*Angleterre*, de la *Russie*, de la *Suède*, de l'Allemagne centrale, de l'Espagne, de la Toscane.

Les minerais de *zinc* se rencontrent dans les terrains de transition et les terrains secondaires : les plus riches sont ceux de *Belgique*, de *Prusse*, d'Angleterre, de Russie, d'Espagne et de France.

L'*étain* ne se trouve que dans les terrains les plus anciens ou dans les sables qui proviennent de leur désagrégation. On l'exploite en *Angleterre*, en Bohême, en Saxe, en Suède, en Espagne.

Le *fer* se trouve dans tous les terrains anciens, mais surtout dans ceux de la période secondaire. Les gisements les plus riches sont ceux de l'*Angleterre*, de la *Suède*, de la *France*, de la *Belgique*, de l'*Allemagne*, de l'Autriche-Hongrie, de l'Espagne, de l'île d'Elbe (Italie).

Le *platine*, que l'on recueille dans les sables provenant de la décomposition des terrains granitiques, est un métal rare, qui a peu d'usages dans l'industrie, et dont les principaux gisements sont ceux de l'Oural.

Le *mercure*, qui appartient aux terrains de transition et à ceux de la période secondaire, ne se rencontre qu'en *Espagne* (Almaden) et en *Autriche* (Idria).

Les diverses variétés de *granits* sont exploitées dans tous les terrains primitifs, qui fournissent également le *kaolin*, ou terre à porcelaine, dont les gisements les plus renommés sont ceux de Saint-Yrieix en *France*, de la *Saxe*, de l'Angleterre, de la Suède. Les terrains de transition nous donnent les *ardoises* (Anjou, Dauphiné, Ardennes, Bretagne, Limousin, Pays de Galles, Suisse, etc.), les *schistes bitumineux* (Ecosse), les *marbres* de Belgique; mais le plus important de leurs produits est la *houille*, qui forme des couches puissantes en Angleterre, en Belgique, en Allemagne, en France, en Autriche, en Espagne, en Russie.

Les terrains secondaires produisent les *marbres* (Italie, Grèce, carrières des Pyrénées en France); les *grès*, la *pierre de taille*, la *pierre lithographique* (France, Bavière, etc.), la *pierre à chaux*, la *craie*, les *argiles*, le *sel gemme* (Wieliczka, en Galicie); le *lignite*, combustible qui n'est autre chose qu'une houille imparfaite (Provence, Dauphiné, Alsace, Allemagne, Autriche, Italie, Suisse).

Les terrains tertiaires, qui renferment également des couches immenses de pierres de taille, des carrières de grès, des dépôts de marnes, nous offrent comme produits spéciaux la *pierre à plâtre*, la *pierre meulière* sans coquilles, qui sert à fabriquer les meules de moulin (la Ferté-sous-Jouarre, en France), et la *meulière coquillière*, employée dans les constructions.

Les alluvions anciennes ou modernes n'ont guère d'autre exploitation caractéristique que celle de la *tourbe* (Hollande, Allemagne, Russie, Irlande, Autriche-Hongrie, Italie, etc.), et des vastes dépôts salins de la Russie méridionale. Enfin les terrains volcaniques livrent à l'industrie les *porphyres*, les *basaltes*, les *laves*, la *pouzzolane*, la *pierre ponce*, le *soufre* (Sicile, Italie), qui ont reçu de si importantes applications.

II

LE CLIMAT. LES VÉGÉTAUX ET LES ANIMAUX

Climat. — La plus grande partie de l'Europe est située dans la zone tempérée septentrionale; on y distingue cependant trois climats principaux :

1° Le *climat méditerranéen* (moyenne de la température annuelle entre 15° et 20° centigrades au-dessus de 0, maximum des pluies en hiver), réchauffé par les vents brûlants qui ont passé sur les sables d'Afrique (vents du sud et du sud-est), comprend l'Espagne, l'Italie, la Turquie et la Grèce. Les pluies sont relativement rares, mais, comme elles sont très violentes, la quantité d'eau que reçoit l'Europe méridionale dépasse ou du moins égale celle qui tombe sur le reste du continent. — 2° Le *climat océanique*, plus humide et plus brumeux (moyenne de la température annuelle entre 5° et 15°, maximum des pluies au printemps et en automne), règne en France, en Belgique, en Hollande, dans les îles Britanniques et le sud de la Norvège, qui doivent aux courants chauds de l'Atlantique une température plus élevée que celle des pays continentaux situés sous les mêmes latitudes. Les vents dominants sont ceux de l'ouest, du sud ouest, du nord-ouest qui poussent vers le continent les nuages formés sur l'Océan. — 3° Le *climat continental*, plus sec et plus inégal (moyenne annuelle entre 0° et 10°, maximum des pluies en été et en automne), est tempéré dans les plaines élevées de la Suisse, dans l'Allemagne méridionale et centrale, en Autriche-Hongrie, froid dans l'Allemagne septentrionale, en Suède et en Russie, où les vents du nord-est dominent et balayent sans obstacles des plaines ouvertes de toutes parts.

Lignes isothermes. — Aussi les lignes isothermes, c'est-à-dire les courbes qui marquent la moyenne des températures annuelles, ne suivent pas les cercles de latitude. Celle de 15° centigrades (température moyenne

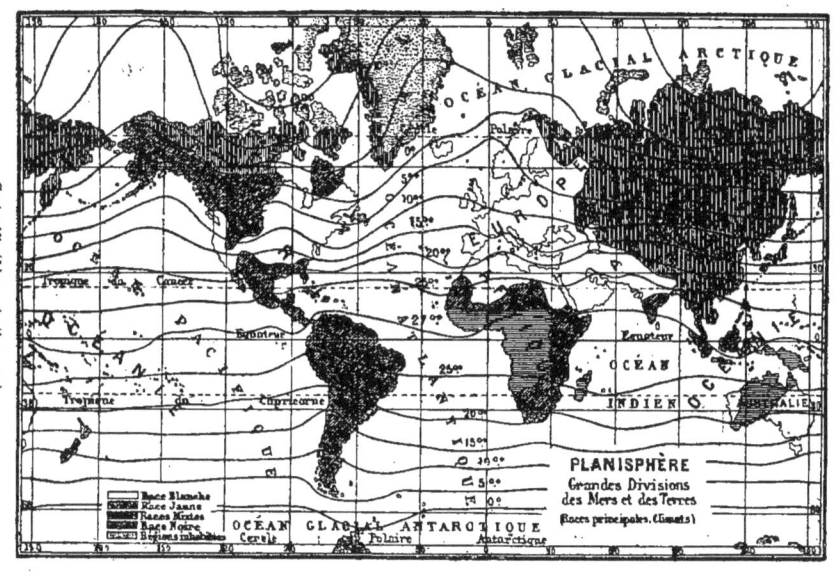

de l'année + 15°), qui d'abord longe les Pyrénées (42° de latitude septentrionale), s'abaisse progressivement vers le sud et traverse la péninsule hellénique à la hauteur du 38° ou 39° degré.

Celle de 10° centigrades, qui embrasse le sud de l'Irlande et le sud-ouest de l'Angleterre, descend jusqu'à la mer d'Azof; celle de 5° centigrades, qui coupe la péninsule scandinave des îles Tromsen au lac Mælar, passe en Russie, au sud du golfe de *Livonie*, et atteint l'Oural vers 52° de latitude nord, s'abaissant ainsi de plus de 10 degrés de latitude. Enfin celle de 0°, qui passe au nord du cap *Nord*, s'incline brusquement au sud-est à partir de ce point et coupe obliquement la Russie septentrionale.

Limites des principales cultures. — Les richesses végétales, qui dépendent à la fois du climat et de la nature du sol, sont très inégalement distribuées : les *céréales* réussissent en Europe jusqu'à la ligne isotherme de 5° (*froment*), et même au delà (*seigle, avoine, orge*); mais la culture du *seigle*, de l'*orge*, de l'*avoine*, domine dans les régions froides, en Russie, en Suisse, dans l'Allemagne du Nord; celle du *maïs*, qui ne dépasse pas la ligne isotherme de 10°, dans les régions tempérées, dans le sud de la France, en Hongrie, dans les pays danubiens et la Russie méridionale; les *pommes de terre* sont la res-

Fig. 23 — Maïs (la long. de la tige est de 0m,60 à 2 met.; celle de l'épi de 0m,10 à 0m,20).

source des pays montagneux et des terrains maigres et sablonneux, tels que les plaines de l'Allemagne du Nord et de l'Irlande, les plateaux de l'Allemagne centrale et méridionale, de la France centrale et orientale, de l'Angleterre et de l'Ecosse. On les cultive dans les régions les plus septentrionales de la Norvège et de la Suède.

La *betterave* à sucre est surtout cultivée dans les pays tempérés (France, Belgique, Allemagne, Autriche-Hongrie et Russie méridionale); le *houblon*, dans celles de ces mêmes régions où la vigne ne réussit pas (Angleterre, Belgique, Allemagne); le *lin*, dans les pays froids et humides (Russie, Hollande, Irlande); le *chanvre*, dans les contrées plus chaudes (Allemagne du Sud, France, Italie); le *coton*, dans quelques parties de la Sicile, de la Grèce et de la Turquie; les *plantes oléagineuses* (œillette ou pavot noir, colza, navette, cameline, etc.), en Russie, en France, en Belgique et dans l'Allemagne du Nord; le *tabac*, en Hongrie, en Turquie, en Russie, dans l'Allemagne du Nord et en France.

Fig. 23. — Houblon.

La *vigne* ne mûrit pas dans le nord et dans l'est de l'Europe, où le vin est remplacé par la bière, le cidre et autres boissons fermentées; la limite extrême de cette culture est marquée par la ligne isotherme de 10° : encore ne réussit-elle pas dans la région maritime trop humide et trop brumeuse (littoral de la Manche). La France, sauf la Normandie, la Bretagne et les provinces septentrionales, l'Italie, l'Espagne, le Portugal, la Hongrie sont les principaux pays vinicoles.

L'*olivier* ne réussit qu'en Italie, en Espagne, en Grèce, en Turquie et dans le midi de la France, c'est-à-dire dans les pays qui jouissent du climat méditerranéen et qui sont compris entre les lignes isothermes de 14° et 20° centigrades; l'*oranger,* qui ne dépasse pas la ligne isotherme de 16°, est cultivé en Espagne, en Portugal, en Italie et en Grèce; le *mûrier*, dont la culture est liée à la production de la *soie,* ne dépasse guère la ligne isotherme de 12° à 13°, il est surtout répandu en Espagne, dans la France méridionale, en Italie, en Grèce et en Turquie.

Forêts. — Les pays qui possèdent le plus de forêts sont ceux de l'Europe septentrionale et orientale, la Russie et la Scandinavie où dominent les essences résineuses, pin et sapin, les arbres des régions froides; ceux de l'Europe centrale, Autriche-Hongrie, Allemagne et Suisse où le chêne, le hêtre et le châtaignier dominent dans les régions basses, le sapin dans les régions élevées; enfin la France et la Turquie, où croissent toutes les essences européennes, depuis le sapin jusqu'au chêne-liège.

Races domestiques. — Les races domestiques, le bœuf, le mouton, le cheval, la chèvre, le porc existent dans toute l'Europe, sauf dans l'extrême nord : elles vivent et se multiplient jusqu'à la ligne isotherme de 3° ou 4°, mais elles sont surtout répandues dans les pays du nord-ouest et du centre et dans les steppes immenses de la Russie, tandis que l'éducation du ver à soie, celle de la volaille et des abeilles est plutôt concentrée dans les pays du midi. Les contrées du nord, la Scandinavie et la Russie septentrionale ont réduit à l'état de domesticité un animal inconnu à nos climats, le *renne*, qui remplace pour ces pays déshérités toutes les autres races domestiques.

Races sauvages. — Quant aux races sauvages, celles qui servent à la nourriture de l'homme, le cerf, le chevreuil, le lièvre, le gibier à plumes, abondent surtout dans les vastes forêts de la Russie, de l'Allemagne, de l'Autriche et de la Turquie ; les animaux à fourrures, l'écureuil, la martre, qui se rencontrent même en France,

Fig. 24. — Le renne (hauteur de la figure : 0^m,04; hauteur réelle de l'animal : 1 mètre).

vivent de préférence dans les forêts de l'Europe septentrionale : les seuls animaux féroces sont le loup, très rare en France, inconnu aujourd'hui en Angleterre, mais qui parcourt encore en troupes nombreuses les forêts et les plaines de la Russie et de l'Allemagne orientale, et l'ours qui se rencontre assez souvent dans les Pyrénées, dans les Alpes, dans les Carpathes, mais qui vit surtout en Russie et en Scandinavie.

III

LES RACES HUMAINES EN EUROPE

Population et races diverses. — La population totale de l'Europe est de plus de 330 millions d'habitants, appartenant presque tous à la race blanche

(328 millions) et divisés en trois grandes familles presque égales en nombre, qui se distinguent surtout par leurs langues.

1° A l'orient, la **famille slave,** qui comprend les *Russes* (Russie), les *Polonais* (Russie, Prusse et Autriche), les *Lithuaniens* (Russie), les *Ruthènes* (Russie et Autriche-Hongrie), les *Slovaques* (Bohême, Moravie, nord-ouest de la Hongrie), les *Serbo-Croates* et les *Slovènes* (Autriche-Hongrie, Monténégro, Serbie et Turquie d'Europe), les *Bulgares* (Turquie et Bulgarie);

2° Au nord et au centre, la **famille germanique,** qui comprend les *Allemands* (Allemagne, Suisse, Autriche); les *Scandinaves* (Danemark, Suède et Norvège); les *Anglo-Saxons* (Grande-Bretagne); les *Bataves* et les *Flamands* (Hollande et Belgique);

3° Au sud, la **famille néo-latine,** qui comprend les *Français* (France, Alsace-Lorraine, Belgique, Suisse), les *Italiens* (Italie et Autriche-Hongrie), les *Espagnols* et les *Portugais* (péninsule ibérique), les *Roumains* (Roumanie et Autriche-Hongrie). On peut y rattacher les *Grecs* (Grèce et Turquie) et les *Albanais* (Turquie).

A ces trois familles puissantes, il faut ajouter des groupes moins nombreux : les peuples de **langue turco-finnoise,** *Turcs* et *Tartares* (Turquie d'Europe et Russie), *Madgyars* (Hongrie), *Finnois* (Russie), *Lapons* (Russie et Scandinavie); les **Circassiens** de la région septentrionale du Caucase (Russie), et les **Juifs** répandus dans toute l'Europe.

Enfin les vestiges de l'ancienne langue *celtique*, parlée avant la conquête romaine par les populations des contrées qui forment aujourd'hui la Grande-Bretagne, la France, la Belgique, etc., subsistent encore dans les îles Britanniques, et en France, dans une partie de la Bretagne; et ceux de la langue des *Ibères*, population primitive de l'Espagne et de la France méridionale, paraît s'être conservée chez les Basques français et espagnols.

RÉSUMÉ

I

Productions minérales. — La distribution des richesses minérales dépend non du climat, mais de la nature du terrain. Pauvre en métaux précieux, l'Europe possède au contraire en abondance les métaux tels que le *fer* (terrains sédimentaires primaires et secondaires en Grande-Bretagne, Belgique, France, Allemagne, Suède, Autriche), le *cuivre* (roches cristallisées, terrains primaires et secondaires en Angleterre, Suède, Allemagne, Hongrie et Russie), le *plomb* (terrains primaires et secondaires en Angleterre, Espagne, Allemagne, Italie), le *zinc* (terrains primaires et secondaires, Belgique et Allemagne), l'*étain* (roches cristallisées, Angleterre et Allemagne), le *mercure*, (terrains primaires et secondaires, Espagne et Autriche); les combustibles minéraux et surtout la *houille* (terrains primaires, Grande-Bretagne, Belgique, Allemagne, France); les mines de *sel gemme* (terrains secondaires, Allemagne, Autriche et France), les gisements de *soufre* (terrains volcaniques, Sicile et Italie), les carrières de *marbres* (terrains primaires et secondaires, Italie et Grèce), d'*ardoises* (terrains primaires, France), de pierres de taille (terrains secondaires), de craie (id.), de pierres à plâtre (terrains tertiaires), etc.

II

Climat. — On distingue en Europe trois climats principaux : *méditerranéen* (climat chaud, Espagne, Italie, Grèce, Turquie); *océanique* (climat humide et tempéré, Iles Britanniques, France, Belgique, Pays-Bas, sud de la Norvège); *continental* (climat plus sec et plus inégal, Allemagne, Suisse, Autriche-Hongrie, Russie, Scandinavie).

Productions agricoles. — *Région du nord et du nord-est* (États Scandinaves et Russie). Orge, avoine, seigle.

Région de l'est (Russie). Lin, chanvre, céréales, betteraves, graines oléagineuses.

Région du nord-ouest (Grande-Bretagne, Belgique, Hollande). Céréales, pommes de terre, betteraves, houblon, lin, tabac, graines oléagineuses.

Région de l'ouest (France). Céréales, pommes de terre, betteraves, graines oléagineuses, tabac, lin et chanvre, vigne, arbres fruitiers, mûrier, olivier.

Région du centre (Allemagne, Suisse, Autriche-Hongrie, Roumanie). Céréales, pommes de terre, betteraves, graines oléagineuses, tabac, lin et chanvre, vigne, arbres fruitiers.

Région du midi (Portugal, Espagne, Italie, Grèce, Turquie). Céréales, tabac, chanvre, vigne, arbres fruitiers, mûrier, olivier, oranger, coton.

Forêts (1) — Russie, Scandinavie, Autriche-Hongrie, Turquie, Allemagne, Suisse et France.

Races domestiques (1). — *Race bovine* Belgique, Danemark, Hollande, Grande-Bretagne, Suisse, Autriche-Hongrie, Allemagne, France, Russie.

Moutons. Russie, Autriche-Hongrie, Allemagne, Angleterre, France.

Chevaux Belgique, Danemark, Hollande, Autriche-Hongrie, Allemagne, France, Angleterre, Russie.

Porcs Allemagne, Autriche-Hongrie, France.

Vers à soie. Italie, France, Espagne, Turquie et Grèce.

Races sauvages. — Le gibier abonde surtout dans les pays de forêts, les animaux à fourrures dans l'Europe septentrionale ; les animaux féroces, l'ours et le loup, vivent principalement dans les régions boisées du nord de l'Europe (loup) et dans les hautes montagnes (ours).

III

Les races humaines en Europe. — *Population.* 330 millions d'habitants presque tous de race blanche.

Principales familles de langues — *Slaves* (Russie, Autriche-Hongrie, Serbie, Turquie). *Germains* (Allemagne, Autriche, Suisse, Scandinavie, Iles Britanniques). *Latins* (France, Belgique, Espagne, Portugal, Italie, Roumanie).

Familles secondaires. — Madgyars (Autriche Hongrie), Turcs et Tartares (Turquie et Russie), Albanais (Turquie), Grecs (Grèce et Turquie), Juifs.

Questionnaire.

Quels sont les climats de l'Europe? — Quels sont les éléments qui constituent le climat? — Qu'appelle-t-on lignes isothermes? — Tous les végétaux poussent-ils sous tous les climats? — Donner des exemples. — Quels sont les pays qui produisent le plus de froment? — Quels sont les pays qui cultivent le plus la vigne, la betterave, le mûrier, etc.? — Quelles sont les cultures dominantes dans la région du nord, de l'est, du midi, etc.? — Le coton réussit-il en Europe? — Quelles sont les principales régions forestières? — Quels sont les pays qui élèvent le plus de chevaux, de bœufs, de moutons, etc.? — Tous les animaux

---

1. Les diverses contrées sont classées d'après l'importance de la production, par rapport à l'étendue du pays.

vivent ils dans tous les climats? — Quels sont les pays les plus abondants en gibier? en animaux à fourrures? Quels sont les animaux féroces qui vivent en Europe? — Quels sont les principaux centres de production de la houille, des métaux (indiquer tel ou tel métal), du soufre, des marbres, etc.? Trouve-t-on de la houille dans tous les terrains? — Quelle est la population de l'Europe? — A quelles races appartiennent les populations européennes? — En combien de familles peut-on les diviser d'après leurs langues? — Indiquer ces grandes familles ou les groupes secondaires qu'on ne peut y rattacher directement.

Exercices.

Carte élémentaire de la distribution des métaux en Europe.
Carte *climatologique* (lignes isothermes, limites des principales cultures).
Carte des langues européennes. — Indiquer par des teintes différentes les régions occupées par les principaux groupes de langues.

Lectures.

E. Reclus. *La Terre.* 2 vol. in-8°.
E. Reclus. *L'Europe.*

LIVRE II

GÉOGRAPHIE POLITIQUE DE L'EUROPE

CHAPITRE PREMIER

Région du Nord-Ouest. Iles Britanniques.

I

GÉOGRAPHIE PHYSIQUE

Limites. — Le **royaume-uni de Grande-Bretagne et d'Irlande** est situé entre 50° et 61° de latitude nord, 0°10' et 12°45' de longitude ouest. Il est borné au nord et à l'ouest par l'océan Atlantique, au sud par la Manche et le Pas de Calais, à l'est par la mer du Nord.

Il comprend deux grandes îles : la **Grande-Bretagne**

ILES BRITANNIQUES.   179

(Angleterre et Ecosse) et l'**Irlande**, séparées par le *canal du Nord*, la *mer d'Irlande* et le *canal Saint-Georges*, et des groupes secondaires : au nord, les îles *Orcades* et *Shetland*, groupes rocheux et stériles; au nord-ouest, les *Hébrides*, avec leur sol de granit et leurs cavernes basaltiques (grotte de Fingal dans l'île de Staffa); à l'ouest, l'île de *Man*, qui forme une sorte de petit Etat autonome, et *Anglesea*, l'île des jardins et des vergers, dans la mer d'Irlande; au sud-ouest, les îles *Sorlingues* ou *Scilley*; au sud, la fertile et riante île de *Wight* dans la Manche, et le groupe pittoresque de *Jersey* (capitale *Saint-Hélier*), de *Guernesey* et d'*Aurigny* ou *Alderney*, près des côtes de France.

Grande-Bretagne. — La configuration de la Grande-Bretagne semble l'inviter au commerce et à la navigation.

Les rivages de la **Manche** (en anglais, *Channel*, le canal), du cap *Land's End* (fin de la terre), au *Sud-Foreland* (promontoire du sud) bordés de roches granitiques et de falaises crayeuses, offrent de nombreux mouillages (rade de *Spithead*, baies de *Torbay*, de *Plymouth*, de *Falmouth*, etc.), des ports sûrs, qui ne s'ensablent pas comme nos ports français.

Sur la **mer du Nord**, du *Sud-Foreland* au cap *Duncansby*, la côte d'Angleterre est basse, sablonneuse, creusée par les estuaires de la *Tamise* et de l'*Humber* et le golfe vaseux du *Wash* : celle d'Ecosse est élevée, rocheuse et profondément découpée par les golfes (firth) du *Forth* et de *Moray*.

Dans le **versant de l'Atlantique** et de la **mer d'Irlande**, du cap *Wrath* au cap *Land's End*, la côte escarpée, tortueuse, hérissée de rochers, projette de tous côtés des caps et des presqu'îles (*Cornouaille*, pays de *Galles*, presqu'île de *Cantyre* en Ecosse), ou se creuse en golfes capricieux, ceux de *Lorn*, de la *Clyde*, de *Solway*, de *Morecambe*, de *Liverpool*, de *Caernarvon*, de *Cardigan*, de *Bristol*.

Du sud au nord de la Grande-Bretagne, court, sous les

noms de monts de *Cornouaille*, de collines du *Devon*, de *Cotswold Hills*, de *chaîne Pennine* en Angleterre, de monts *Grampians*, de monts de *Ross*, en Ecosse, une chaîne de montagnes, de plateaux (200 à 300 mètres) ou de collines, dont le point culminant est le *Ben-Nevis*, en Ecosse (1335 mètres). Elles déterminent, à l'est, le **versant de la mer du Nord**, arrosé par le *Spey*, le *Tay*, le *Forth*, la *Tweed* (Ecosse), l'*Humber*, formé de l'*Ouse* et du *Trent*, et la *Tamise* (380 kilomètres, Angleterre) ; à l'ouest celui de l'**Atlantique** et de la **mer d'Irlande** arrosé par la *Clyde* (Ecosse), la *Mersey* (mer d'Irlande), et la *Severn* (320 kilomètres, golfe de Bristol).

De cette chaîne, se détachent plusieurs rameaux, à l'est les monts *Cheviots* en Ecosse, à l'ouest les monts *Cumbriens* (Westmoreland et Cumberland) en Angleterre ; le massif du *Pays de Galles* (1100 mètres au pic Snowdon) se dresse isolé entre le golfe de Bristol et la mer d'Irlande. La ligne de partage entre le bassin de la mer du Nord et celui de l'Atlantique et de la mer d'Irlande, se bifurque au sud de l'Angleterre en deux branches qui dessinent l'étroit bassin de la **Manche**, et se terminent l'une au *Sud-Foreland*, sur la mer du Nord, l'autre aux caps *Lizard* et *Land's End*, à l'entrée de la Manche. A l'exception des hautes-terres d'Ecosse, du nord de l'Angleterre et du *Pays de Galles*, qui sont des régions montagneuses, la Grande-Bretagne est un pays de plaines accidentées, sauf à l'est, entre l'estuaire de la Tamise et celui de l'Humber.

Irlande. — L'Irlande, moins découpée que la Grande-Bretagne, bien qu'elle offre des baies profondes et bien abritées, est presque enveloppée par des massifs de montagnes peu élevées (point culminant, 1067 mèt.) et parallèles à la côte ; l'intérieur est une plaine humide et semée de nombreux lacs (lac *Erne*, lac *Rée*, lac *Corrib*, lac *Neagh*) ; le principal cours d'eau est le *Shannon*, qui se jette dans l'océan Atlantique.

Superficie. — La superficie totale du royaume-uni de Grande-Bretagne et d'Irlande est de 315000 kilomètres carrés, dont 151000 pour l'Angleterre et le Pays de Galles, 79000 pour l'Ecosse, et 84250 pour l'Irlande.

II

GÉOGRAPHIE POLITIQUE

Formation territoriale. — Notions historiques. — La Grande-Bretagne (*Britannia*), a reçu à une époque inconnue des émigrants appartenant à la même race que les anciennes populations de la Gaule; la partie septentrionale de l'île, l'Ecosse moderne (*Caledonia* ou pays des forêts), occupée par des peuples barbares, les *Pictes* et les *Scots* (d'où le nom d'*Ecosse*), échappa à la domination romaine, qui, un demi-siècle après Jésus-Christ, s'étendit sur toute la partie méridionale, appelée aujourd'hui Angleterre.

L'*Irlande* (*Erin*), l'île verte, resta également indépendante.

Les Bretons ne recouvrèrent leur indépendance au cinquième siècle après Jésus-Christ que pour la perdre bientôt après, grâce aux invasions des *Saxons* et des *Angles*, peuples d'origine germanique, dont le dernier a donné son nom à l'Angleterre. Mais les envahisseurs ne purent soumettre ni le pays de *Galles*, ni l'Ecosse, ni l'Irlande où se conservèrent la langue des Gaëls (Gaulois), et les souvenirs nationaux. Le royaume anglo-saxon, un instant renversé par une invasion des Danois, ne tomba définitivement qu'en 1066 sous les coups de Guillaume le Conquérant, duc de Normandie. Ses successeurs soumirent, au douzième et au treizième siècle, le pays de Galles et l'Irlande; mais l'Ecosse forma un royaume indépendant jusqu'au commencement du dix-huitième, et la réunion de la couronne d'Ecosse à celle d'Angleterre ne fut pas le résultat de la conquête, mais de l'avènement d'une dynastie écossaise, celle des Stuarts, au trône d'Angleterre.

Fig. 25. — Westminster à Londres.

Divisions politiques. — Les anciennes divisions historiques. *Angleterre* (**England**), *Pays de Galles* (**Wales**), *Écosse* (**Scotland**) et *Irlande* (**Ireland**), ont disparu comme divisions politiques; le royaume est divisé en 117 *comtés*, dont 40 pour l'Angleterre, 12 pour le Pays de Galles, 33 pour l'Écosse et 22 pour l'Irlande. La plupart de ces comtés portent le nom de leur capitale.

Angleterre et Pays de Galles. — La capitale du Royaume-Uni est **Londres** (*London*, 4 millions d'habitants), la plus grande ville du monde, la capitale du commerce et de l'industrie.

Londres est situé sur les deux rives de la Tamise, à 73 kilomètres de la mer, et se compose pour ainsi dire de trois villes distinctes : sur la rive droite du fleuve, *Southwark*, la ville neuve ; sur la rive gauche, la *Cité*, la ville du commerce, du travail et de la misère ; et le *Westend*, la résidence de la cour et du parlement, avec ses palais, ses musées et ses jardins. Londres a d'antiques monuments, la *Tour*, forteresse royale, devenue plus tard une prison d'État, l'abbaye de *Westminster*, l'église *Saint-Paul;* mais ce qui frappe surtout l'étranger, ce sont les docks gigantesques où s'entassent les produits du monde entier, les quais de la Tamise, les milliers de navires qui couvrent le fleuve, les parcs aux ombrages séculaires qui contrastent avec les rues étroites et les maisons enfumées de la vieille cité. *Sheerness, Chatham, Gravesend, Woolwich* célèbre par son arsenal, *Greenwich* par son observatoire, sont échelonnés sur la Tamise et servent d'avant-ports à Londres.

Les principales villes de commerce sont : 1° sur la mer du **Nord**, *Hull* (480000 hab.), à l'embouchure de l'Humber, *Sunderland* (125 000 h.), et *Newcastle* (220000 h.), débouchés de la région de l'est.

2° Dans le **versant de l'Atlantique**, sur la mer d'**Irlande** : *Liverpool* à l'embouchure de la Mersey (650 000 hab. avec les faubourgs), le second port du Royaume-Uni; sur le canal ou golfe de Bristol, *Swansea, Cardiff,* débouchés des houillères du Pays de Galles, et

Carte X.

Bristol (220 000 hab.), sur l'Avon, autrefois l'un des principaux ports de l'Angleterre.

3° Sur **la Manche** : *Southampton, Brigthon* (110 000 h.), *Douvres* (*Dover*), important surtout par ses relations avec la France, et les deux grands ports militaires : *Plymouth* (140 000 hab., comté de Devon), et *Portsmouth*, sur la rade de Spithead (130 000 hab.).

Les grandes villes industrielles sont : dans le nord, *Manchester* (520 000 hab. avec *Salford*), *Oldham* (115 000 h.), *Bolton* (110 000 hab.), *Blackburn* (112 000 hab.), *Preston* (100 000 hab.), immenses agglomérations de filatures et d'usines (comté de Lancastre); *Leeds* (335 000 hab.), *Bradford* (215 00 hab.), *Halifax*, dans le comté d'York ; *Leicester* (136 000 hab.), capitale du comté du même nom, centres des industries textiles ; dans le centre, *Sheffield* (comté d'York, 300 000 hab.), *Wolverhampton* (comté de Stafford), *Birmingham* (comté de Worcester, 430 000 h.), avec leurs fonderies, leurs fabriques de machines, d'armes, de quincaillerie, d'aciers, de coutellerie, *Nottingham* (210 000 h.), avec ses tanneries, *Stoke* (155 000 h.) sur le Trent, centre de l'industrie des poteries du comté de Stafford.

A côté des centres industriels, citons les universités célèbres d'*Oxford*, sur la Tamise, et de *Cambridge*, la résidence royale de *Windsor*, la métropole de l'Eglise anglicane *Canterbury*, dans le comté de Kent ; la vieille ville d'*York*, autrefois la rivale de Londres, *Chester*, au nord du pays de Galles, *Exeter*, capitale du Devonshire, *Lincoln*, avec sa cathédrale du treizième siècle, *Stratford-sur-Avon* (comté de Warwik), patrie du poète Shakespeare, le port d'*Hastings* sur la Manche, fameux par la victoire de Guillaume le Conquérant (1066).

Ecosse. — L'Ecosse, plus froide que l'Angleterre, est un pays de montagnes, de tourbières et de pâturages, entrecoupé de lacs (lac *Lomond*, lac *Katrine*, lac *Tay*, lac *Leven*, etc.) et de vallées pittoresques, mais où ne réussissent guère d'autres cultures que celles du lin, de l'orge et de la pomme de terre ; il est vrai que les richesses minérales compensent la pauvreté du sol et ne le cèdent pas à celles de l'Angleterre.

L'ancienne capitale est **Edimbourg** (*Edinburgh*, 230 000 hab.), qui a pour port la ville de *Leith*, à l'embouchure du Forth. Situé sur une hauteur que couronne l'ancien château des rois d'Ecosse, Edimbourg se compose d'une ville neuve, aux larges rues et aux squares aristocratiques, et de l'ancienne cité, la *Vieille enfumée*, comme l'appellent les Ecossais, avec ses maisons de dix étages entassées sur les flancs du rocher.

Edimbourg le cède, par sa population et son importance, à *Glasgow*, sur la Clyde (515 000 hab.), le premier port et la première ville de l'Ecosse.

Les ports de *Dundee*, sur le Tay (140 000 hab.), et d'*Aberdeen*, sur le Dee (105 000 hab.), tributaires de la mer du Nord, et la ville de *Perth* comptent parmi les plus anciennes villes écossaises. On doit encore citer *Inverness*, sur le golfe de Moray, *Stirling*, antique résidence des rois d'Ecosse, *Paisley*, près de Glasgow, grande ville manufacturière.

Irlande. — L'Irlande, accidentée au nord et au sud, plate et marécageuse au centre, possède de belles prairies et cultive les céréales, la pomme de terre et le lin. L'Angleterre protestante a longtemps traité l'Irlande catholique en pays conquis, l'Irlandais s'est vu humilié, persécuté et dépossédé : aujourd'hui encore, le sol est aux mains d'un millier de propriétaires (*landlords*) anglais qui ne résident même pas sur leurs domaines. L'émigration causée par la misère a créé, surtout aux Etats-Unis, des groupes de populations irlandaises, qui ont conservé contre l'Angleterre d'implacables rancunes, et qui entretiennent dans la mère patrie une agitation de jour en jour plus redoutable. L'Angleterre a dû faire des concessions ; mais sa politique plus libérale n'a pu effacer les traces de longs siècles de haine et d'oppression : la question irlandaise n'est pas seulement une question sociale, c'est une question nationale : il est à craindre qu'elle ne se résolve pas par une entente pacifique.

Fig. 26. — Château de Windsor.

La capitale est le port de **Dublin** (330 000 hab.), sur la mer d'Irlande, à l'embouchure de la Liffey, dans l'ancienne province de *Leinster*.

Les autres ports sont : sur la mer d'Irlande, *Belfast* (210000 hab.), le centre de l'industrie linière ; sur l'Atlantique, *Londonderry*, au nord de l'ancienne province d'*Ulster ; Galway*, dans le *Connaught ; Limerik*, sur le Shannon, à l'ouest de l'Irlande, et *Cork*, au sud, dans l'ancienne province de *Munster*.

Population. — La population des Iles Britanniques s'élève à plus de 36 millions d'habitants, dont plus de 27 millions pour l'Angleterre, près de 5 pour l'Irlande, et 3 830 000 pour l'Ecosse. La langue anglaise, où dominent les racines germaniques combinées avec de nombreux éléments empruntés au français, est celle de l'immense majorité ; il existe encore en Irlande, dans le pays de Galles, et en Ecosse, des traces de dialectes gaéliques. Le fond de la population est celtique avec un mélange de Germains, de Scandinaves et de Français.

Religion. — La religion dominante est le protestantisme, qui se divise en plusieurs sectes ; les principales sont : le *culte anglican*, religion officielle de l'Angleterre, et le *presbytérianisme*, répandu surtout en Ecosse. On compte 5 ou 6 millions de catholiques principalement en Irlande.

Gouvernement. — Le gouvernement est une *monarchie parlementaire*. Le souverain partage le pouvoir avec un *parlement* composé de deux chambres : l'une élective, celle des *Communes*, l'autre héréditaire ou à la nomination du souverain, celle des *Lords*. La responsabilité des actes du gouvernement appartient aux ministres nommés par le souverain, mais désignés à son choix par les votes du parlement. Le cens est la base des droits électoraux ; mais des réformes successives les ont étendus au quart des citoyens.

Finances, armée, marine. — Le budget annuel de l'État s'élève à environ 3 milliards en recettes et en dépenses : le capital de la dette publique atteint 19 milliards. Il faut ajouter au budget de l'État celui des administrations locales qui dépasse 1 575 millions.

Le chiffre de l'impôt par tête d'habitant est donc en tout d'environ 130 francs.

L'armée régulière se recrute par enrôlements volontaires : la durée du service est de douze ans dont cinq dans la réserve ; l'effectif est d'environ 230 000 hommes en temps de paix, en comptant les troupes anglaises employées dans les colonies.

Il existe, en outre, une sorte d'armée territoriale destinée à la défense intérieure du royaume, et qui se compose d'une cavalerie dite *yeomanry* (de *yeoman*, petit propriétaire), d'une *milice* astreinte à des exercices annuels, et de *volontaires :* l'effectif total est de 400 000 hommes.

L'Angleterre, défendue par la mer, n'a pas de forteresses à l'intérieur, mais ses côtes sont hérissées de batteries, et les ports de *Plymouth*, de *Portsmouth*, de *Sheerness*, sur la Tamise, comptent parmi les places les plus fortes de l'Europe.

Les équipages de la flotte qui se recrutent par enrôlements volontaires, et les *troupes de marine* comptent environ 80 000 hommes : la flotte se compose de 90 navires cuirassés, 280 navires à vapeur non blindés et 100 à voiles, sans compter les torpilleurs. Les frais de la défense du pays sont d'environ 30 francs par habitant.

Instruction publique. — L'instruction primaire, obligatoire dans tout le royaume, est développée surtout en Écosse. Le nombre des élèves est d'environ 4 700 000.

L'instruction secondaire se donne dans des collèges dépendant des universités et dans des établissements particuliers (en tout 20 000 élèves). Le plus célèbre est celui d'*Eton*. L'instruction supérieure est donnée dans douze universités dont les plus fréquentées sont celles d'Oxford, de Cambridge, de Londres, d'Édimbourg et de Dublin (16 000 étudiants).

III

NOTIONS DE GÉOGRAPHIE ÉCONOMIQUE

La production agricole, minérale et manufacturière. Les voies de communication.

Causes de la supériorité économique de la Grande-Bretagne. — La Grande-Bretagne n'est que le huitième des États de l'Europe par la superficie, le cinquième par la population : elle en est le premier par la richesse et par le commerce. Les principales causes physiques qui expliquent cette supériorité sont : la position géographique et la configuration de la Grande-Bretagne, qui en ont fait une grande puissance maritime, et les richesses minérales qui ont favorisé le développement industriel ; mais il lui a fallu de longs siècles pour tirer parti de ces ressources naturelles.

Productions agricoles et minérales. — L'Angleterre proprement dite, avec son climat tempéré, mais humide et brumeux, ses bruyères, ses landes sablonneuses, ses plaines marécageuses qui couvrent une partie du bassin de la Manche et de la mer du Nord, le Pays de Galles avec son sol de granit et ses montagnes dénudées, offraient peu de ressources à l'agriculture : le travail et l'argent ont triomphé de la nature : les marécages sont devenus des prairies où paissent les magnifiques bœufs de la race de *Durham*, et les chevaux élégants et rapides de *Lincoln* et d'*York ;* les bruyères sont parcourues par de nombreux troupeaux de moutons ; les sables et les landes, fertilisés par les engrais, produisent les céréales et le houblon ; la pomme de terre est cultivée jusque dans les rochers de la Cornouaille : enfin des mines inépuisables de fer, des gisements de cuivre, de plomb, d'étain, riches encore, bien que moins productifs depuis quelques années, les houillères du Pays de Galles, du Northumberland, des comtés d'York et de Lancastre, qui réunies à celles de l'Écosse et de l'Irlande produisent plus de 160 millions de tonnes métriques, ont imprimé à l'industrie anglaise une activité sans égale.

L'Ecosse et l'Irlande, moins fertiles que l'Angleterre, ont comme elle de riches exploitations minérales qui compensent l'âpreté du sol ou la rigueur du climat, doux et pluvieux en Irlande, mais sombre et froid en Ecosse.

Industrie. — La Grande-Bretagne est sans rivale : 1° pour l'industrie du **coton** (*Manchester*, *Salford*, *Oldham*, *Rochdale*, *Bolton*, *Preston*, dans le comté de Lancastre, et *Glasgow*, en Ecosse);

2° Pour celle de la **laine** (*Leeds*, *Bradford*, *Huddersfield*, *Halifax*, dans le comté d'York, *Leicester*, *Norwich* dans le comté de Norfolk, au nord de Londres, *Glasgow*);

3° Pour celle du **lin** et du **chanvre** (*Leeds*, *Dundee* en Ecosse, *Belfast*, *Dublin* en Irlande);

4° Pour les **industries métallurgiques,** *Merthyr-Tydfill*, dans le Pays de Galles, avec ses forges gigantesques, *Wolverhampton* (comté de Stafford), *Birmingham* (comté de Warwick), *Sheffield* (comté d'York), *Glasgow*, en Ecosse ;

5° Pour les **industries céramiques** (faïence, porcelaine), *Stoke*, sur le Trent, dans le comté de Stafford, et *Newcastle*.

Si l'on ajoute à cette énumération, les innombrables manufactures de Londres, les brasseries et les distilleries d'alcool de grains, dispersées dans tout le Royaume-Uni, les papeteries du comté de Kent, les tanneries de *Nottingham* et de *Bristol*, les savonneries et les fabriques de produits chimiques de *Newcastle*, de *Glasgow*, de *Liverpool*, les constructions navales si actives dans tous les ports, on pourra se faire une idée de la puissance prodigieuse de l'industrie britannique qui occupe près de la moitié de la population.

Voies de communication. — Les grands ports anglais, dont les premiers sont *Londres* et *Liverpool*, sont en communication avec tous les points du globe par des lignes régulières de navigation à vapeur; et le mouvement des entrées et des sorties, si on ne compte que les navires chargés de marchandises, s'élève à plus de 123 000 navires pour la navigation avec l'étranger.

La marine marchande anglaise compte plus de 19 000 navires jaugeant près de 9 millions de tonneaux, dont moitié pour les vapeurs.

Outre les cours d'eau navigables, la *Tamise*, la *Severn*, l'*Humber*, le *Forth*, la *Clyde*, le *Shannon*, la Grande-Bretagne et l'Irlande ont plus de 5 000 kilomètres de canaux qui mettent en communication l'Atlantique et la mer du Nord et dont le canal Calédonien, entre le golfe de Lorn et celui de Moray, est un des plus remarquables.

Les chemins de fer ont une longueur totale de plus de 32 000 kilomètres, et il a été question de creuser un tunnel de 27 kilomètres sous la Manche, entre Douvres et Calais.

Enfin, des lignes télégraphiques sous-marines font communiquer le réseau britannique avec ceux de l'Europe, de l'Asie, de l'Océanie et de l'Amérique. Aussi ne doit-on pas s'étonner que le commerce extérieur de la Grande-Bretagne dépasse annuellement 16 milliards et demi.

Colonies. — L'Angleterre possède en Europe *Gibraltar* en Espagne, l'île d'*Héligoland* dans la mer du Nord, et l'île de *Malte*, dans la Méditerranée.

Les colonies ou possessions de la Grande-Bretagne hors de l'Europe sont :

En *Asie*, l'île de Chypre, Aden en Arabie, l'Indoustan, une partie de l'Indo-Chine, et Hong-Kong (Chine) ;

En *Afrique*, les comptoirs du Sénégal, de la Guinée et du Soudan, l'île Sainte-Hélène, le Cap, Natal, le territoire de la côte du Zanguebar, l'île Maurice, etc. ;

En *Amérique*, Terre-Neuve, l'empire (*Dominion*) du Canada, les Bermudes, les Lucayes, la Jamaïque, la plupart des petites Antilles, la Guyane anglaise ;

En *Océanie*, l'Australie, le Tasmanie, la Nouvelle-Zélande, les îles Fidji, une partie de la Nouvelle-Guinée, etc.

La superficie totale des colonies britanniques est de

près de 22 millions de kilomètres carrés, et la population de plus de 220 millions d'habitants.

RÉSUMÉ

I

Le Royaume-Uni de Grande-Bretagne et d'Irlande est situé entre l'Atlantique, au nord et à l'ouest, la Manche, au sud, et la mer du Nord, à l'est. La superficie totale est de 315 000 kilomètres carrés. Les *îles* Orcades, Shetland, Hébrides, dans l'Atlantique, de Man et Anglesea dans la mer d'Irlande; Sorlingues, Wight et l'archipel anglo normand dans la Manche lui appartiennent.

L'*Angleterre* proprement dite est un pays de plaines ou de collines : l'*Ecosse* (point culminant, le Ben Nevis dans les Grampians, 1 335 mètres) et le *Pays de Galles* (point culminant, 1 100 mètres) sont des pays de montagnes. L'*Irlande* est plate au centre et accidentée sur la côte (point culminant, 1 037 mètres).

Les principaux *fleuves* sont la Tamise, l'Humber (Angleterre), le Forth, le Tay (Ecosse), dans le versant de la mer du Nord ; la Severn (Angleterre), et la Clyde (Ecosse), dans l'Atlantique ; la Mersey (Angleterre), dans la mer d'Irlande; le Shannon, en Irlande, dans l'Atlantique.

II

La Grande-Bretagne (*Britannia*) a été peuplée par des tribus de race gauloise et conquise successivement par les Romains, les Anglo-Saxons et les Normands. L'Irlande a été réunie au royaume d'Angleterre au douzième siècle, l'Ecosse au dix-huitième.

Le royaume se divise en 117 comtés.

La *capitale* est Londres sur la Tamise (4 millions d'habitants), la plus grande ville et le port le plus fréquenté du monde. *Villes principales* : Hull, Newcastle, Sunderland, sur la mer du Nord; Liverpool (650 000 hab.), le second port du Royaume-Uni, sur la mer d'Irlande, Bristol, sur le golfe de la Severn; Plymouth, Portsmouth, ports militaires, Southampton, Douvres, sur la Manche; Manchester (520 000 hab.), Leeds, Bradford, Halifax, Birmingham, Sheffield, Stoke (centres industriels pour le travail du coton, de la laine, du lin, des métaux), York, Canterbury, Oxford, Cambridge, en Angleterre. — Edimbourg, capitale de l'Ecosse, sur le Forth; Dundee, Aberdeen, sur la mer du Nord;

Glasgow, sur la Clyde (Atlantique), la plus grande ville d'Ecosse (515 000 hab.), en Ecosse. — Dublin et Belfast, sur la mer d'Irlande ; Cork et Limerick, sur l'Atlantique, en Irlande.

Population : 36 000 000 d'habitants. — 114 par kilomètre carré.

Le *gouvernement* est une monarchie parlementaire avec deux chambres : celle des *Communes* et celle des *Lords*. — La *religion* est protestante en Angleterre et en Ecosse, catholique en Irlande — *Impôts*, 130 francs par tête d'habitant. — *Capital de la dette publique*, 19 milliards. — *Armée régulière* recrutée par enrôlement volontaire, 230 000 hommes sur le pied de paix. — *Flotte*, 280 vapeurs, 90 bâtiments cuirassés.

III

Les îles Britanniques, avec leur climat brumeux, leur sol humide et peu fertile, doivent cependant à une admirable culture et à des prairies qui nourrissent les plus beaux bestiaux de l'Europe, une prospérité agricole qui n'est surpassée que par leurs richesses minérales. Des mines de houille qui produisent 160 millions de tonnes par an, d'abondantes mines de fer, de plomb, de cuivre, d'étain, y ont développé une activité industrielle (industrie des cotons, de la laine, du lin, usines métallurgiques, céramique, brasseries, produits chimiques, etc.), qui alimente à son tour un commerce sans rival (16 milliards 1/2) favorisé par un vaste réseau de chemins de fer (32 000 kilomètres), de canaux (5 000 kilomètres), et par une situation maritime unique en Europe.

Colonies. — L'Angleterre possède en Europe : *Gibraltar*, *Malte* et l'île d'*Heligoland* (mer du Nord).

Ses possessions les plus importantes hors de l'Europe sont :

En Asie, l'île de *Chypre*, l'*Indoustan*, une partie de l'*Indo-Chine*; *Aden* (Arabie), et *Hong Kong* (Chine).

En Afrique, les comptoirs du *Sénégal*, de la *Guinée*, du *Soudan*, du *Zanguebar*, l'île *Sainte-Hélène*, le *Cap*, *Natal*, l'île *Maurice*.

En Amérique, le *Canada*, *Terre-Neuve*, la *Jamaïque*, la plupart des *Petites-Antilles* et la *Guyane anglaise*.

En Océanie, l'*Australie*, la *Tasmanie*, la *Nouvelle-Zélande*.

Questionnaire (1).

Quelles sont les limites du Royaume-Uni de Grande-Bretagne et d'Irlande? — Rappeler les chaînes de montagnes les plus importantes. —

---

1. Ce questionnaire peut s'appliquer, avec des changements insignifiants et que les élèves eux-mêmes sont capables de faire, à toutes les contrées de l'Europe ; aussi jugeons-nous inutile de le répéter pour chaque pays.

Les principaux cours d'eau. — Quelle est la configuration de l'Irlande? — Quel est le climat et l'aspect du sol de la Grande-Bretagne? — Quelles sont les principales productions agricoles ou minérales? — Les voies de communication sont-elles nombreuses? — Quelles sont les divisions politiques actuelles? — Quelle est la capitale du royaume? — Donner une idée de la physionomie de Londres. — Quels sont les principaux ports? — En indiquer la situation. — Quelles sont les principales villes d'industrie? — Citer les industries les plus florissantes.

Quelle est la population de la Grande-Bretagne? — Quelles sont les principales langues? — Quelles sont les religions professées dans le Royaume-Uni? — Quelle est la forme du gouvernement? — Donner une idée de la puissance commerciale et coloniale de la Grande-Bretagne.

Exercices.

Tracer au tableau la carte physique de la Grande-Bretagne. — Indiquer la position des principales villes de commerce et d'industrie.

Planisphère indiquant la situation des principales possessions britanniques.

Lectures.

LANIER. *L'Europe*.
E. RECLUS. *L'Europe*, t. IV.
LACOMBE. *L'Angleterre*. 1 vol. petit in-16.
ENAULT. *Londres*. 1 vol. in-4°.
TOURAIN. *Dans les Highlands*. 1 vol. in-18.

CHAPITRE II

Royaume de Belgique.

I

Limites. — Le royaume de Belgique est situé par 49° 30′ et 51° 31′ de latitude N., 0° 12′ et 3° 47′ de longitude E. Il est borné, au nord, par les Pays-Bas; à l'est par la Prusse rhénane et le grand-duché de Luxembourg; au sud, par la France; à l'ouest, par la mer du Nord. Sa superficie est de 29 455 kilomètres carrés.

Géographie physique. — La Belgique, dont le sol est peu accidenté, est traversée du sud au nord par les hauteurs insignifiantes qui longent la rive gauche de la Sambre et de la Meuse sous le nom de *Collines de Belgique*, et sillonnée, au sud et à l'est, par les rameaux des *Ardennes*, dont les plus hauts sommets atteignent

Carte XI.

six à sept cents mètres. Elle est arrosée ; à l'est, par la *Meuse*, qui reçoit sur sa rive droite l'*Ourthe* et, sur sa rive gauche, la *Sambre;* à l'ouest, par l'*Escaut*, qui reçoit à gauche la *Lys*, à droite la *Dender* et le *Rupel*, formé des deux *Nèthes*, de la *Dyle* et de la *Senne*. De nombreux canaux réunissant ces deux fleuves et leurs affluents contribuent à la facilité des communications.

Formation territoriale. — Le territoire qui constitue aujourd'hui le royaume de Belgique n'était qu'une partie de l'ancienne *Gaule Belgique* à laquelle il doit son nom. Au moyen âge, après la dissolution de l'empire franc, il se divisa en fiefs, qui relevaient, les uns du royaume de France, les autres de l'empire d'Allemagne. Réunis entre les mains de la maison française de Bourgogne, ils passèrent par un mariage dans la maison d'Autriche et restèrent sous la dépendance de la branche espagnole de cette maison jusqu'à son extinction. Les traités d'Utrecht (1713) donnèrent les Pays-Bas espagnols à la branche allemande de la maison d'Autriche, qui les conserva jusqu'en 1794. Conquis par les armées de la République française, ils furent annexés à la France et divisés en départements. Les traités de 1815 les réunirent à la Hollande, sous le nom de royaume des Pays-Bas et les attribuèrent à la maison d'Orange. Une révolution qui éclata en 1830 eut pour conséquence la séparation de la Hollande et de la Belgique, qui forme, depuis 1831, un royaume indépendant.

Divisions administratives. — La Belgique a pour capitale **Bruxelles**, sur la Senne (440000 habitants), grande et belle ville, assainie et transformée depuis quelques années, mais qui a conservé de nombreux monuments du moyen âge, sa cathédrale Sainte-Gudule, son Hôtel de Ville et beaucoup de maisons du quinzième et du seizième siècle. La Belgique se divise en 9 provinces subdivisées en 41 arrondissements.

Celles de l'**ouest**, la **Flandre occidentale**, que baigne la mer du Nord, et la **Flandre orientale** qu'arrose l'Escaut, sont basses, humides, coupées d'innombrables canaux, couvertes de prairies, de tourbières et de marais desséchés où croissent aujourd'hui les céréales, le lin, le tabac, le colza et le houblon. C'est le berceau de cette industrie qui porta si haut la richesse et la puissance de la Flandre, et dont les centres sont : dans la **Flandre occidentale,** *Bruges,* le chef-lieu (45000 hab.), l'une des villes qui a le mieux conservé la physionomie des vieilles cités flamandes, *Ypres, Courtrai* (bataille de 1302), sur la Lys, et le port d'*Ostende* avec ses riches pêcheries; dans la **Flandre orientale,** *Gand,* sur l'Escaut, chef-lieu de la province (140000 hab.), autrefois la plus puissante commune de Flandre, *Audenarde,* sur l'Escaut (bataille de 1708).

Des deux provinces du **nord,** l'une, le **Limbourg,** capitale *Hasselt,* est une région insalubre et marécageuse; l'autre, la province d'**Anvers,** que couvrent en partie les plaines sablonneuses de la Campine, rachète par l'activité de son commerce la médiocre qualité du sol. Les villes les plus importantes sont : *Anvers,* sur l'Escaut (200000 hab.), la principale place forte (sièges de 1584 et de 1832), le premier port de commerce de la Belgique et l'un des grands marchés européens, et *Malines,* sur la Dyle.

Les provinces **méridionales et centrales,** le **Hainaut** (cap. *Mons,* villes principales *Charleroi,* sur la Sambre, et *Tournai,* sur l'Escaut), le **Brabant** (cap. *Bruxelles*) et la province de **Namur** (cap. *Namur,* sur la Meuse), sont sillonnées de vallées peu profondes, couvertes de prairies et de champs de blé ou de betteraves qu'entourent des clôtures d'arbres et qu'interrompent çà et là quelques forêts. Les produits de l'agriculture, les riches houillères du Hainaut, les mines de fer, les carrières de marbres et de pierres à bâtir, y ont créé une industrie qui le dispute à celle de l'Angleterre. Cette partie de la Belgique a servi, depuis le treizième siècle, de champ de bataille à l'Europe : il est peu de villes ou de villages qui ne rappellent des souvenirs glorieux et sanglants : *Senef* (1674), *Steinkerque* (1692), *Fleurus* (1690-1794-1815), *Fontenoy*

(1745), *Jemmapes* (1792) dans le Hainaut, *Ramillies* (1706), *Waterloo* (1815) dans le Brabant, *Ligny* (1815), *Dinant* dans la province de Namur, etc.

Les provinces de l'**est, Liège** (cap. *Liège*, sur la Meuse) et le **Luxembourg** belge (cap. *Arlon*), sont les plus accidentées de la Belgique. Des plateaux sablonneux, des forêts, des bruyères, des ravins étroits, des vallées profondément encaissées où coulent la Meuse et ses affluents, tel est l'aspect de cette région dont les villes les plus importantes sont *Verviers* (province de Liège), et *Liège* (135 000 hab.), célèbre par son Université qui rivalise avec celles de *Bruxelles* et de *Louvain* (Brabant). *Spa*, près de Liège, est connu par ses eaux minérales.

Population. Religion. Gouvernement. — La population de la Belgique est de près de 6 millions d'habitants. Dans les provinces de l'ouest et du nord, et dans une partie du Brabant on parle un dialecte d'origine germanique, le flamand : dans les provinces du sud et de l'est, dite wallonnes, la langue est le français.

Le catholicisme est presque la seule religion, bien qu'il y ait quelques protestants.

Le gouvernement est une monarchie constitutionnelle. Le souverain partage le pouvoir avec deux Chambres, la Chambre des députés et le Sénat, toutes deux électives.

Le budget des recettes et des dépenses dépasse 330 millions : le capital de la dette publique, évalué à 5 pour cent, est de 1 700 millions. Le chiffre des impôts perçus pour le compte du trésor public n'est que de 58 francs par tête.

L'instruction primaire en Belgique, malgré le nombre des écoles, laisse encore à désirer. Les universités (enseignement supérieur) sont au nombre de quatre : Gand, Liège, Bruxelles et Louvain.

L'armée belge, qui n'est destinée qu'à protéger la neutralité de la Belgique reconnue par les puissances européennes, est de 50 000 hommes sur le pied de paix, de 100 000 sur le pied de guerre. Elle se recrute, jusqu'à présent, par les engagements volontaires et la conscription.

Situation commerciale. — Dès le douzième siècle, la Belgique était une des contrées les plus riches et les plus commerçantes de l'Europe. Les tisserands de Gand et de Bruges étaient une puissance avec laquelle comptaient les rois de France et d'Angleterre, et la Flandre jouait dans le nord de l'Europe un rôle égal à celui des grandes républiques d'Italie dans le midi. La Belgique doit cette antique prospérité qu'elle a conservée à deux causes principales : sa situation géographique et la facilité des voies de communication.

Sa proximité de l'Angleterre en fait un des débouchés du commerce anglais avec le continent. Sa position intermédiaire, entre la France d'une part, les Pays-Bas et l'Allemagne du Nord de l'autre, lui assure un immense commerce de transit, et suffirait à expliquer sa prospérité commerciale. Les voies navigables, fleuves, rivières et canaux, ont plus de 1500 kilomètres de développement, les chemins de fer plus de 4500, et le port d'*Anvers* est le mieux outillé et un des plus actifs du continent.

Production agricole, minérale et industrielle. — Le climat de la Belgique est tempéré, mais humide, comme la plupart des climats maritimes. Les céréales, le lin, le tabac, le houblon, la betterave, sont cultivés dans tout le pays; les chevaux et le gros bétail y sont nombreux. Les richesses minérales de la Belgique ne sont pas inférieures à ses richesses agricoles.

La nature lui a donné en abondance la houille (26 millions de tonnes dans le *Hainaut* et les provinces de *Liège* et de *Namur*), et le fer, ces deux puissants agents de la civilisation moderne.

Les mines de zinc de la province de Liège sont les plus riches de l'Europe, et la Belgique exploite également le plomb, le cuivre, les marbres et les ardoises.

Ses industries, filature et tissage du *coton* (Gand), de la *laine* (Verviers), du *lin* et du *chanvre* (Gand, Bruges, Courtrai), la fabrication des *dentelles* (Malines, Bruxelles), les *usines métallurgiques* (Charleroi, Liège, Namur, Seraing), les fabriques de *produits chimiques*, les *tanneries*

(Anvers et Bruxelles), les *papeteries* (Bruxelles, Tournai), les *verreries* (Mons, Charleroi), les *raffineries* de sucre de betteraves, rivalisent avec celles de l'Angleterre, de la France, et de l'Allemagne, et son commerce extérieur s'élève à près de 3 milliards.

Fig. 27. — Un canal à Gand.

La Belgique n'a pas de colonies, mais le roi des Belges est depuis 1885 le souverain de l'*État libre du Congo*.

II

Royaume des Pays-Bas (*Nederlanden*).

Bornes. Superficie. — Le royaume des Pays-Bas est situé entre 50° 45' et 53° 30' lat. N., 1° 4' et 4° 53' long. E. Il est borné à l'ouest et au nord par la mer du Nord, à l'est par l'Allemagne, au sud par la Belgique. On lui donne souvent le nom de **Hollande** (pays creux) qui est celui de deux de ses provinces, les plus peuplées.

Le grand-duché de Luxembourg, enclavé entre la Prusse, la Belgique et la France, appartient au roi des Pays-Bas, mais fait partie du Zollverein et ne dépend pas de la Hollande.

La superficie totale est de 33 000 kilomètres carrés.

Géographie physique. — La Hollande est un pays plat, marécageux, dont une partie n'est protégée que par des digues contre l'invasion de la mer, et que sillonnent d'innombrables canaux et trois grands fleuves : l'*Escaut* (*Schelde*), qui se divise à son embouchure en Escaut oriental et Escaut occidental, la *Meuse* (*Maas*), et le *Rhin* (*Rijn*), divisé en plusieurs bras dont les deux principaux, le *Lek* et le *Waal*, se confondent avec la Meuse tandis que d'autres moins importants se jettent dans le Zuiderzée (le *Vecht*) ou dans la mer du Nord (le *Vieux-Rhin*).

Formation territoriale. — Le pays qui forme aujourd'hui le royaume des Pays-Bas portait, en partie, le nom de *Batavia*, et était habité par des populations germaniques tributaires de l'empire romain. Soumis aux Francs, il se divisa, comme la Belgique, après la dissolution de l'empire carlovingien, en fiefs qui relevaient des souverains de l'Allemagne. De la maison de Bourgogne, il passa à la maison d'Autriche en même temps que les provinces belges et devint comme elles une possession des rois d'Espagne ; mais il se souleva contre eux au seizième siècle et se constitua en république indépendante, sous le nom de Provinces-Unies. Au dix-septième siècle, les Provinces-Unies devinrent la première puissance maritime de l'Europe, mais ne tardèrent pas à voir leur prépondérance menacée par la rivalité de la France et la concurrence de l'Angleterre. Sous Napoléon I*er*, elles furent un moment réunies à l'empire français ; les traités de 1815 leur rendirent leur indépendance et en firent le royaume des Pays-Bas ; la perte de la Belgique, en 1830, a réduit le royaume à ses limites actuelles.

Divisions administratives. — Le siège du gouvernement est *la Haye* (*S'Gravenhage*) (140000 habitants), ville élégante et à demi française, mais la vraie capitale est *Amsterdam*, la vieille cité hollandaise, avec ses canaux, ses ponts, ses bassins encombrés de navires, ses admirables musées et ses maisons de bois et de briques à pignons sculptés.

Le royaume des Pays Bas se divise en onze provinces.

Huit provinces sur onze sont baignées par la mer du Nord : 1° la **Zélande**, capitale *Middelbourg*, ville principale *Flessingue* (*Vlissingen*), place forte dans l'ile de Walcheren, sur l'Escaut.

2° La **Hollande** méridionale, capitale *la Haye*, villes principales, *Leyde* (45000 hab.) sur le Rhin, patrie du peintre Rembrandt ; *Dordrecht* et *Rotterdam* sur la Meuse (175000 hab.), le second port des Pays Bas, *Delft*, célèbre par ses faïences, *Schiedam* par ses distilleries de genièvre.

3° La **Hollande septentrionale**, capitale *Haarlem* (47000 hab.), la ville des jardins : villes principales, *Amsterdam*, sur le Zuiderzée, l'une des premières places de commerce du monde (375000 hab.), *Zaandam* où habita Pierre le Grand, et le port militaire du *Helder*.

4° La province d'**Utrecht**, capitale *Utrecht* (78000 h.), sur le Rhin, célèbre par les traités de 1713.

5° La **Gueldre**, capitale *Arnheim*, sur le Rhin (45000 h.), ville principale *Nimègue* (*Nijmegen*), sur le Waal (traités de 1678).

6° L'**Over-Yssel**, capitale *Zwolle* ; 7° la **Frise**, capitale *Leeuwarden*, ville principale *Harlingen*, sur le Zuiderzée ; 8° la *province* de **Groningue,** capitale *Groningue* (50000 hab.).

Des trois provinces continentales, l'une, la **Drenthe,** capitale *Assen,* n'est qu'un vaste marécage ; les deux autres. le **Brabant septentrional,** capitale *Bois-le-Duc* (*Hertogenbosch*), villes principales : *Berg-op-Zoom, Bréda,* places fortes, et *Tilbourg* (30000 hab.) ; et le **Limbourg hollandais,** capitale *Maëstricht,* ancienne place forte sur la Meuse, sont rattachées aux provinces maritimes par le cours de la Meuse et de nombreux canaux.

Population. Religion. Gouvernement. Notions de statistique. — La population de la Hollande est de 4 340 000 habitants ; la langue nationale, le hollandais, est un dialecte germanique. Le *protestantisme* calviniste est la religion dominante. Le gouvernement est une monarchie constitutionnelle. Le pouvoir législatif est exercé par les Etats généraux composés de deux Chambres électives. — La Hollande compte 4000 écoles primaires avec plus de 500000 élèves ; 66 gymnases d'enseignement secondaire, avec plus de 12000 élèves, et trois universités : Leyde, Utrecht et Groningue.

L'armée permanente se compose d'enrôlés volontaires et d'un supplément fourni par la *milice*. Cette dernière comprend tous les jeunes gens au-dessus de dix-neuf ans, et le contingent annuel est désigné par le sort ; mais le remplacement est permis. L'effectif sur le pied de guerre est de 65 000 hommes. Les vraies défenses de la Hollande sont ses canaux et ses écluses qui permettent d'inonder le pays : cependant les côtes et les principales routes sont gardées par un grand nombre de places fortifiées ou de forts détachés.

La *flotte* compte 24 navires blindés et 98 vapeurs y compris 25 torpilleurs et 31 canonnières.

Le *budget* annuel dépasse 290 millions (68 francs par tête d'habitant) et le capital de la dette deux milliards.

Le **grand-duché de Luxembourg** (2587 kilom. carrés, 215000 habitants), enclavé entre la Belgique à l'ouest, la France au sud-ouest, l'Allemagne au sud, à l'est et au nord, est une possession personnelle du roi des Pays-Bas, mais l'administration est complètement distincte de celle du royaume. C'est un pays accidenté, sillonné en tous sens par les rameaux des Ardennes, boisé et riche en minières de fer. Il est arrosé par la *Moselle* et par son affluent la *Sûre*, grossie elle-même de l'*Our* à gauche et de l'*Alzette* à droite.

La capitale est *Luxembourg* (20 000 hab.), sur l'Alzette, autrefois une des places les plus fortes de l'Europe ; les villes principales : *Dickirch*, sur la Sûre, et *Remich*, sur la Moselle.

Une partie de la population du Luxembourg parle le français ; mais la majorité se sert d'un dialecte germanique. Presque toute la population est catholique.

Situation. Climat et productions. — La Hollande n'occupe qu'un espace insignifiant sur la carte d'Europe : cependant elle a été au dix-septième siècle la première puissance commerçante du monde, et aujourd'hui son commerce, sa marine, son empire colonial qui ne le cède qu'à celui de la Grande-Bretagne lui assurent encore un des premiers rangs après l'Angleterre, la France et l'Allemagne.

Cette prospérité, hors de proportion avec ses ressources apparentes, la Hollande la doit à ses voies navigables, au développement de ses côtes, à son admirable situation maritime, situation qui a fait des Hollandais les rouliers des mers, les courtiers du commerce universel et les banquiers de l'Europe.

Le climat est brumeux, froid et humide : le sol, en partie situé au-dessous du niveau de la mer, est sablonneux ou marécageux, mais le travail a triomphé de la nature : les marais et les lacs (mer de *Haarlem*, 180 kilom. car., desséchée de 1840 à 1843, Biesboch, golfe de l'Y, etc.), entourés de digues, desséchés par de puissantes machines, sont devenus des *polders* couverts de prairies et de moissons ; la mer a reculé, et si, dans cette lutte corps à corps avec l'Océan, l'homme a parfois été vaincu, il ne s'est jamais découragé.

Fig. 28. — La machine de Haarlem.

Outre les prairies qui nourrissent le bétail et les chevaux qui constituent sa principale richesse agricole, la Hollande cultive le tabac, le lin, les fleurs, les légumes. Elle n'a pas de grandes exploitations minérales sauf les tourbières, et peu de grandes industries.

La fabrication du fromage, les distilleries de genièvre, les raffineries de sucre, la taille des diamants, la papeterie, les constructions maritimes sont les plus actives, mais c'est surtout à la mer que la Hollande demande ses principales ressources : c'est la pêche qui a commencé sa fortune : c'est le commerce et la navigation qui l'ont agrandie.

Voies de communication. Commerce et colonies. — Grâce à ses ports, *Amsterdam*, *Rotterdam*, *Flessingue*, à ses grandes voies de navigation naturelles (l'Escaut, la Meuse, le Rhin) ou artificielles, à ses chemins de fer (2600 *kilomètres*), à ses colonies, à ses traditions de loyauté et d'activité commerciales, la Hollande est encore une des grandes puissances commerçantes de l'Europe. Le mouvement de ses échanges atteint trois milliards et demi.

Les possessions coloniales des Pays-Bas sont en Amérique la *Guyane hollandaise*, et les îles de *Curaçao*, de *Saint-Eustache*, de *Saba* avec une partie de *Saint-Martin* aux Antilles, en Océanie la plus grande partie de la Malaisie.

La superficie totale de ces colonies est de 1 900 000 kil. carrés et la population dépasse 28 millions d'habitants.

RÉSUMÉ

I

Le royaume de Belgique est borné par la France au sud, l'Allemagne à l'est, les Pays-Bas au nord, la mer du Nord à l'ouest.

C'est un pays de plaines, sauf dans la partie orientale sillonnée par les rameaux des Ardennes.

La Belgique est arrosée par l'Escaut et ses affluents : la Lys la Dender et le Rupel, et par la Meuse avec ses affluents : la Sambre et l'Ourthe. La superficie est de 29 500 kilomètres carrés.

La Belgique faisait partie de l'ancienne Gaule ; elle formait, au moyen âge, plusieurs fiefs qui furent réunis d'abord entre les mains de la maison de Bourgogne, puis passèrent aux rois d'Espagne de la maison d'Autriche, et, plus tard, aux empereurs allemands de la même maison. Annexée à la France en 1794, puis à la Hollande en 1815, elle forme, depuis 1831, un royaume indépendant.

Elle se divise en 9 provinces. Au centre : 1° *Brabant*, capitale *Bruxelles* (440 000 habitants), capitale du royaume, villes principales : Louvain, Waterloo ; 2° *Flandre orientale*, capitale Gand (140 000 habitants) ; 3° *Flandre occidentale*, capitale Bruges ; villes principales : Courtrai, Ostende, sur la mer du Nord ; 4° au sud, le *Hainaut*, capitale Mons ; villes principales : Charleroi, Fontenoy, Fleurus ; 5° *Province de Namur*, capitale Namur ; 6° à l'est, le *Luxembourg*, capitale Arlon ; la *province de Liège*, capitale Liège (135 000 habitants), ville principale : Verviers ; 8° au nord, le *Limbourg*, capitale Hasselt ; 9° la *province d'Anvers*, capitale Anvers, sur l'Escaut, le principal port de la Belgique (200 000 habitants), ville principale, Malines.

La population approche de six millions d'habitants, 200 par kilomètre carré.

Le *gouvernement* est une monarchie constitutionnelle avec un Sénat et une Chambre des députés.

La *religion* est en majorité catholique.

L'*impôt* est de 58 francs par tête : le capital de la dette de 2 200 millions. — La Belgique est un pays neutre, son armée est d'environ 100 000 hommes. Elle compte parmi les premières puissances industrielles et commerçantes de l'*Europe* (commerce extérieur, 3 milliards ; chemins de fer, 4 500 kilomètres).

II

Le royaume des Pays-Bas est borné au nord et à l'ouest par la mer du Nord, au sud par la Belgique, à l'est par l'Allemagne.

C'est un pays de plaines basses et marécageuses arrosé par la Meuse, le Rhin, et coupé de nombreux canaux.

La Hollande portait autrefois le nom de *Batavia* : au moyen âge, elle était divisée en fiefs qui relevaient de l'empire d'Allemagne et qui tombèrent, comme la Belgique, aux mains de la maison de Bourgogne, puis de la branche espagnole de la maison d'Autriche. Les provinces hollandaises se soulevèrent au seizième siècle et formèrent la république indépendante des Provinces-

Unies, devenue, depuis 1815, le royaume des Pays-Bas. La superficie est de 33 000 kilomètres carrés.

Les Pays-Bas se divisent en 11 provinces : 1° à l'ouest, la *Hollande méridionale*, capitale LA HAYE, résidence du gouvernement (140 000 hab.); villes principales : Rotterdam (175 000 hab.), grand port sur la Meuse, et Leyde, 2° la *Hollande septentrionale*, capitale Haarlem; ville principale, *Amsterdam* (375 000 habitants), le premier port et la vraie capitale de la Hollande, 3° la *Zélande*, capitale Middelbourg, ville principale, Flessingue; 4° au sud, le *Brabant* hollandais, capitale Bois-le-Duc; ville principale, Tilbourg; 5° le *Limbourg*, capitale Maestricht, sur la Meuse; 6° à l'est, la *Gueldre*, capitale Arnheim; ville principale, Nimègue; 7° la province d'*Utrecht*, capitale Utrecht; 8° au nord, l'*Over-Yssel*, capitale Zwolle; 9° la *Drenthe*, capitale Assen; 10° la *Frise*, capitale Leeuwarden; 11° la province de *Groningue*, capitale Groningue.

La *population* est de 4 340 000 habitants, 131 par kilomètre carré.

Le *gouvernement* est une monarchie constitutionnelle avec deux chambres.

La *religion* de la majorité est le protestantisme.

L'*impôt* est de 68 francs par tête.

L'*armée* compte, en temps de guerre, environ 65 000 hommes; la flotte, 122 vapeurs.

Les *colonies* de la Hollande ont une superficie de 1 900 000 kilomètres carrés, et une population de 28 millions d'habitants. La Hollande a peu d'industrie, mais un commerce très actif et une agriculture florissante.

Le GRAND-DUCHÉ DE LUXEMBOURG, capitale *Luxembourg*, situé entre la Belgique, la France et l'Allemagne, est une possession personnelle du roi des Pays-Bas (215 000 habitants).

Exercices.

Carte physique et politique de la Hollande et de la Belgique.
Lecture de la carte de l'état-major belge.

Lectures.

E. RECLUS. *L'Europe*, t. IV.
LANIER. *L'Europe*.
HAVARD. *La Hollande pittoresque*. 3 vol. in 18.
DE AMICIS. *La Hollande*. 1 vol. in 16.

CHAPITRE III

Région centrale

I

ALLEMAGNE (*Deustchland*).

(Superficie 540 000 kilom. car.)

On désigne sous le nom d'**Allemagne** des pays qui faisaient partie de l'ancien empire d'Allemagne et plus tard de la Confédération germanique, et qui sont presque entièrement habités par des populations de langue allemande. La Confédération germanique se composait, avant 1866, de trente-quatre Etats, dont deux, la *Prusse* et l'*Autriche*, n'y entraient que pour une portion de leur territoire, et s'étendait entre la mer du Nord, le Danemark et la Baltique au nord, les parties non allemandes de la Prusse et de l'Autriche à l'est, l'Italie et la Suisse au sud, la France, la Belgique et les Pays-Bas à l'ouest.

Les événements de 1866 et ceux de 1871 ont profondément modifié cette géographie : l'ancienne confédération n'existe plus, et l'Allemagne nouvelle, dont l'Autriche est exclue, après avoir été pendant quatre ans (1866-1870) séparée en deux groupes, celui du sud et celui du nord, forme un empire unique sous la souveraineté du roi de Prusse qui porte en même temps, depuis 1871, le titre d'empereur d'Allemagne, et qui gouverne avec le concours du *Conseil fédéral* et du parlement (*Reichstag*), où tous les Etats sont représentés.

Limites. — Les limites politiques de l'Allemagne, telle qu'elle est organisée aujourd'hui, sont : au nord, la mer du Nord, le Danemark et la Baltique ; à l'est, l'empire de Russie ; au sud, l'empire d'Autriche-Hongrie et la Suisse ; à l'ouest, la France, la Belgique et les Pays-Bas.

Elle est située entre 47° 20′ et 55° 30′ de latitude septentrionale, 3° 40′ et 20° 30′ de longitude orientale.

Elle comprend 26 États qui conservent, malgré la résurrection de l'empire d'Allemagne, leurs souverains particuliers et leur autonomie intérieure; ce sont les 4 royaumes de Prusse, de Saxe, de Bavière et de Wurtemberg, les 6 grands-duchés de Mecklembourg-Schwerin et Strelitz, d'Oldenbourg, de Saxe-Weimar, de Bade et de Hesse-Darmstadt, les 3 villes hanséatiques, 7 principautés et 5 duchés. Il faut y ajouter le gouvernement d'Alsace-Lorraine, formé des départements enlevés à la France en 1871, et qui, sans avoir été incorporé à aucun État, est considéré comme possession directe de l'empire.

Description physique. — L'Allemagne est divisée en deux versants : celui de la mer du Nord et de la Baltique au nord, et celui de la mer Noire au sud, par la chaîne de partage des eaux de l'Europe qui la traverse ou qui la limite sous le nom d'*Alpes algaviennes*, *plateaux de Constance*, *Forêt-Noire*, *Jura de Souabe*, *Jura Franconien*, *Fichtelgebirg* et *Monts de Bohême*.

1° Le **versant de la mer Noire** appartient tout entier au bassin supérieur du *Danube* (*Donau*), qui prend sa source dans la *Forêt-Noire* (grand-duché de Bade) et traverse de l'ouest à l'est le Wurtemberg et la Bavière, avant d'entrer en Autriche. Le fleuve reçoit, à droite, les eaux des *Alpes algaviennes* et *bavaroises* par les torrents de l'*Iller*, du *Lech* et de l'*Isar*, celles des *Alpes centrales* et *Rhétiques* par la puissante rivière de l'*Inn*, sortie d'un lac de la Haute-Engadine (Suisse), et dont la vallée supérieure appartient à la Suisse et à l'Autriche, le cours inférieur à l'Autriche (rive droite) et à la Bavière (rive gauche).

2°. Le **bassin de la mer du Nord** se divise en trois grands bassins fluviaux :

Bassin du Rhin. — Limité, à l'ouest, par les *Alpes Bernoises* (Suisse), le *Jura*, les *monts Faucilles* et les *Ardennes* (France); au sud et à l'est, par les *Alpes centrales*, les *Alpes algaviennes* (Suisse), la ligne de partage des eaux de l'Europe jusqu'aux *Montagnes des Pins* (*Fichtelgebirge*) et les hauteurs boisées (*Rhœn-Gebirge*, *Vogelsberg*, etc.), qui la séparent du Wéser et vont se perdre dans les plaines du Hanovre, le bassin du Rhin ne le cède en étendue qu'à ceux du Danube et du Volga. Alimenté par les neiges et les glaces du *Saint-Gothard*, le fleuve court d'abord du sud au nord dans une étroite vallée qui appartient à la Suisse, traverse le *lac de Constance* (*Bodensée*), se dirige vers l'ouest jusqu'à Bâle, en séparant la Suisse du grand-duché de Bade, se détourne brusquement vers le nord, depuis Bâle jusqu'à son confluent avec le *Mein*, et coule dans une vallée encaissée entre la chaîne des *Vosges* sur la rive gauche, et celle de la *Forêt-Noire* sur la rive droite.

Dans cette partie supérieure de son cours il ne reçoit qu'un affluent de quelque importance, sur sa rive droite, le *Neckar* ; sur sa rive gauche, l'*Ill*, la *Moder*, la *Lauter*, la *Queich* lui apportent les eaux des Vosges. A partir de son confluent avec le *Main* qui lui apporte les eaux du Jura Franconien, le Rhin incline vers le nord-ouest et coule dans une vallée pittoresque que dominent, à gauche, le *Soonwald* et l'*Eifel*, à droite le *Taunus* et les *Sept-Montagnes*. Il reçoit, à droite, la *Lahn*, la *Sieg*, la *Ruhr* et la *Lippe*, à gauche la *Nahe* et la *Moselle*, grossie de la *Sarre*. La partie inférieure du bassin appartient aux Pays-Bas.

Le bassin de l'**Ems**, qui se jette dans la mer du Nord (Hanovre), peut être regardé comme une dépendance de celui du Rhin.

Le **Weser**, formé de la *Werra* et de la *Fulda*, qui descendent l'une de la forêt de *Franconie* (*Frankenwald*), l'autre du Rhœngebirge, coule du sud au nord. Il est resserré dans la partie supérieure de son cours entre les collines qui limitent le bassin du Rhin, et les hauteurs boisées connues sous le nom de *Forêt de Thuringe* et do *Harz* qui forment la ceinture occidentale du bassin de l'Elbe. Il reçoit à droite l'*Aller* grossi de la *Leine*.

L'**Elbe** prend sa source en Autriche dans les *monts des*

Géants, il franchit les monts *Métalliques*, à leur extrémité orientale, en traversant une gorge étroite (défilé de Schandau), puis coule du sud-est au nord-ouest à travers les vastes plaines de l'Allemagne du Nord. Il reçoit à gauche la *Saale* grossie de l'*Elster*, qui lui apportent les eaux des *monts Métalliques* et du *Harz*, à droite le *Havel*, grossi de la rivière marécageuse de la *Sprée*, née dans les monts de *Lusace*.

3° Le **bassin de la Baltique** est séparé de celui de la mer du Nord par les *monts des Géants* et par une série de plateaux ou de collines sablonneuses qui courent entre l'Elbe et l'Oder.

Il est arrosé par la *Trave*, par l'*Oder*, qui prend sa source en Autriche dans les monts *Sudètes*, reçoit à gauche la *Bober* et les deux *Neisse*, et coule, du sud-est au nord-ouest, jusqu'à son confluent avec la *Wartha* (rive droite), du sud au nord, jusqu'à la mer; par la *Vistule* (*Weichsel*) qui se jette dans le golfe de Danzig, et n'appartient à l'Allemagne que dans la partie inférieure de son cours : par la *Pregel* qui reçoit l'*Alle* et aboutit aux lagunes du *Frisches-Haff*, et par le *Niémen*, qui sépare la Prusse de la Russie.

Relief du sol. — L'Allemagne, par sa configuration générale, se divise en deux parties. La *haute Allemagne* comprend le bassin du Danube dominé et sillonné en tous sens par les ramifications des Alpes, le bassin supérieur de l'Oder et de l'Elbe, et presque tout le bassin du Rhin, c'est-à-dire les montagnes et les plateaux de l'Allemagne occidentale et centrale. La partie la moins élevée de la haute Allemagne est la vallée du Rhin, de Bâle à Mayence.

La *basse Allemagne*, qui comprend les bassins de la Vistule, de l'Oder, le bassin moyen et inférieur de l'Elbe, du Wéser et le bassin de l'Ems, est un pays de plaines sablonneuses et marécageuses qui se prolongent jusqu'au littoral de la Baltique et de la mer du Nord.

Formation territoriale. — Les anciens connaissaient l'Allemagne sous le nom de *Germania*. Elle était habitée par des peuples belliqueux et barbares, ancêtres des Allemands, que les Romains combattirent pendant des siècles, mais sans que les frontières de l'empire aient dépassé de beaucoup le Rhin et le Danube.

Au cinquième siècle après Jésus-Christ, les Germains, poussés par les Huns, se jetèrent successivement sur l'empire romain d'Occident où s'établirent les Goths, les Burgondes, les Suèves, les Vandales, les Francs, etc., pendant que des peuples slaves occupaient les contrées situées à l'est de l'Elbe et des montagnes de Bohême, abandonnées par les émigrants.

Les Francs, héritiers de l'empire romain, après avoir conquis la Gaule, imposèrent leur domination et le christianisme aux populations germaniques restées indépendantes. Après le premier démembrement de l'empire de Charlemagne, l'Allemagne forma un royaume dont les souverains ressuscitèrent, en 962, le *saint empire romain* et furent, jusqu'au milieu du treizième siècle, les princes les plus puissants de l'Europe.

L'empire, morcelé à la fin du treizième siècle, se releva au seizième avec la maison d'Autriche, et le titre d'empereur resta dans cette maison jusqu'en 1806, bien qu'il fût électif (1). Napoléon Ier ayant organisé sous son protectorat la Confédération du Rhin, qui comprenait une partie de l'Allemagne, l'empereur François II abdiqua pour prendre le titre d'empereur d'Autriche : les traités de 1815 ne firent pas revivre l'empire germanique. Ils firent de l'Allemagne une confédération de trente-huit Etats gouvernée par une diète qui se composait des représentants de tous les Etats et que présidait l'Autriche.

Cette organisation, renversée un moment en 1848, a disparu définitivement en 1866 par les triomphes de la Prusse qui ont exclu l'Autriche de la Confédération et préparé la résurrection de l'empire d'Allemagne en 1871.

1. Il y avait en 1789 neuf electorats : les archevêchés de Trèves, Cologne et Mayence, le royaume de Bohême, le Palatinat réuni à la Bavière, les duchés de Saxe et de Bavière, le margraviat de Brandebourg, qui appartenait au roi de Prusse, et le Hanovre.

II

ALLEMAGNE DU NORD (*Royaume de Prusse*).

Limites. — Le **royaume de Prusse**, fondé par les électeurs de Brandebourg, rois de Prusse depuis 1701, est borné : au nord, par la mer du Nord, le Danemark et la mer Baltique ; à l'est, par l'empire de Russie ; au sud, par l'Autriche, la Saxe, les petits duchés saxons, le royaume de Bavière et le grand-duché de Hesse-Darmstadt ; à l'ouest, par la France, la Belgique et les Pays-Bas (348 300 kilomètres carrés).

Divisions administratives. — La capitale de la Prusse est **Berlin**, sur la *Sprée* (1 320 000 hab.), la première ville manufacturière du royaume et la capitale du nouvel empire allemand. Bâtie dans une plaine sablonneuse, et formée d'agglomérations successives, dont les plus anciennes datent du treizième siècle, Berlin est une ville sans caractère, et qui n'a guère que des monuments modernes : le château, le musée, etc., et d'assez belles promenades.

La Prusse se divise en douze provinces et trente-cinq cercles, sans y comprendre la principauté de *Hohenzollern*, au sud du Wurtemberg.

1°, 2° et 3° Les provinces de l'**ouest**, qui appartiennent au bassin du Rhin ; la **Prusse rhénane**, capitale *Coblentz*, place forte sur le Rhin ; la **Westphalie**, capitale *Munster*, célèbre par les traités de 1648 ; la province de **Hesse-Nassau**, capitale *Cassel*, avec le territoire de l'ancienne ville libre de **Francfort-sur-le-Main** (155 000 habitants), forment une région boisée, sillonnée de hauteurs rocheuses, de collines volcaniques (*Westerwald*, *Taunus*), qui semblent prolonger sur la rive droite du fleuve la chaîne de la Forêt-Noire, tandis que, sur la rive gauche, le *Hardt*, le *Hunsrück* et les Ardennes, sous le nom d'*Eifel*, s'épanouissent en plateaux arides et couverts de bruyères. Une civilisation florissante s'est déve-

Carte XII.

loppée cependant au milieu de cette nature sévère et presque sauvage : sur les coteaux du Taunus et du Hunsrück se récoltent les vins du Rhin et de la Moselle : aux bords du fleuve, au pied des rochers couronnés de ruines pittoresques s'élèvent les grandes villes de *Coblentz*, au confluent de la Moselle et du Rhin, de *Cologne* (165 000 habitants) connue pour son immense cathédrale, ses manufactures de velours et de cotonnades et ses fabriques de machines, de *Dusseldorf* (115 000 hab.), un des centres de la fabrication des draps. *Trèves* sur la Moselle, l'ancienne capitale des Gaules, *Aix-la-Chapelle* (95 000 hab.), le séjour de Charlemagne, ont reconquis, grâce à l'industrie du fer et des draps, une partie de leur antique prospérité. Autour de ces métropoles se groupent les villes industrielles de *Barmen* (105 000 habitants), d'*Elberfeld* (107 000 hab.), de *Gladbach*, de *Crefeld*, d'*Eupen*, avec leurs fabriques de velours et de tissus de coton ; d'*Essen*, de *Remscheid*, de *Duisbourg*, de *Saarbrück* sur la Sarre, et de *Solingen* avec leurs usines métallurgiques alimentées par l'exploitation de riches houillères et de mines de fer et de zinc. On y remarque encore *Bonn*, sur le Rhin, université célèbre, *Clèves*, *Juliers*, capitales d'un ancien duché, et *Kreuznach*, renommé par ses eaux minérales.

- La **Westphalie** est représentée de son côté par les toiles de *Minden*, sur le Wéser, et de *Bielefeld*, les bronzes d'*Iserlohn*, et de nombreux établissements métallurgiques (*Dortmund*, *Bochum*) ;

La **Hesse-Nassau**, par la bijouterie de *Nassau*, les toiles de *Hombourg*, les tapis de *Francfort*, les imprimeries de *Wiesbaden*, ancienne capitale du duché de Nassau.

4°, 5° et 6° Les provinces du **nord** : **Hanovre**, baigné par la mer du Nord (capitale *Hanovre*, sur la Leine, 140 000 hab., villes principales *Osnabruck*, *Gœttingen* sur la Leine, université, *Clausthal*, au centre des mines du Harz, *Lunebourg*, *Hildesheim*); **Lauenbourg, Holstein** et **Sleswig** (capitale *Sleswig*, villes principales *Kiel*, *Glückstadt* sur l'Elbe, *Altona*, *Tœnningen*), qui forment la base de la péninsule danoise; **Poméranie** (capitale *Stettin*, 110 000 hab.), sur la mer Baltique, appartiennent aux bassins de l'Ems, du Wéser, de l'Elbe et de l'Oder. C'est une immense plaine, à l'aspect monotone, humide ou sablonneuse, au climat froid et brumeux, mais qui produit en abondance le lin, les céréales, la betterave, et qui nourrit les plus beaux bestiaux et les chevaux les plus robustes de l'Allemagne. Pays de commerce et d'agriculture plutôt que d'industrie, cette région possède les ports d'*Emden* (Hanovre) et de *Wilhelmshafen*, grand établissement militaire sur la mer du Nord, de *Stade* et d'*Altona*, sur l'Elbe; de *Kiel* (Holstein), sur la Baltique, de *Stralsund*, en face de l'île de Rügen, et de *Stettin*, à l'embouchure de l'Oder.

7°, 8° et 9° Des trois provinces de l'**est**, deux, la **Prusse occidentale** (capitale *Danzig*) et la **Prusse orientale** (capitale *Kœnigsberg*), forment une région de marais et de pâturages arrosée par la Vistule, la Prégel et le Niémen, au sol bas et humide, aux côtes bordées de lagunes et de dunes mouvantes, assez riche, du reste, en céréales, en lin et en bestiaux, et qui a pour débouchés quatre des plus grands ports de la Baltique, *Kœnigsberg* (150 000 habitants), sur la Prégel, *Elbing*, sur le *Frisches-Haff*, *Danzig*, sur la Vistule (115 000 hab.), et *Mémel*, sur le *Curisches-Haff*. *Thorn* et *Eylau*, *Friedland* et *Tilsit* rappellent les glorieux souvenirs de la campagne de 1807.

La troisième, le duché de **Posen**, limitrophe de la Pologne russe, est un pays de plaines légèrement ondulées et qui produisent surtout les céréales et la betterave. La capitale est *Posen*, sur la Wartha (69 000 hab.), la principale ville *Bromberg*, sur un canal qui unit la Netze, affluent de la Wartha, à la Vistule.

10°, 11° et 12° Les provinces du **midi** et du **centre**, la **Silésie** (capitale *Breslau*, 300 000 hab., sur l'Oder), le **Brandebourg** (capitale *Potsdam*), la **Saxe** (capitale *Magdebourg*, 115 000 hab., sur l'Elbe), sont en général plus accidentées, plus saines et plus fertiles, à l'exception du Brandebourg, dont les sables et les marécages reculent

Fig. 29. — Vue de Potsdam.

devant les plantations de pins et les travaux de canalisation (bassins de l'Oder, de l'Elbe et du Wéser).

La **Silésie**, grâce à ses mines de houille, de fer, de zinc, à son agriculture prospère, à ses laines qui ne le cèdent qu'à celles de la Saxe, à ses raffineries de sucre de betteraves, à ses forges puissantes, à ses manufactures de cotonnades, de toiles et de draps (*Breslau*, *Oppeln*, *Schweidnitz*, *Liegnitz*), est une des provinces les plus riches de la Prusse. Le **Brandebourg**, moins fertile et moins bien cultivé, possède en revanche la capitale du royaume, **Berlin**, la résidence royale de *Potsdam*, la grande ville industrielle de *Francfort-sur-l'Oder*, et rivalise par ses industries de luxe, soieries, porcelaines, draps fins, avec nos manufactures françaises.

La **Saxe** prussienne, arrosée par l'Elbe et par la Saale, et en partie couverte par le massif du Harz qui renferme des mines de plomb, d'argent et de cuivre, est en outre le centre le plus actif de l'exploitation des salines (*Halle*, *Erfurt*), de la fabrication des sucres de betterave et de celle des draps.

Lützen, où périt Gustave-Adolphe, roi de Suède, et où Napoléon vainquit les alliés en 1813; *Rossbach*, célèbre par une défaite des Français en 1757; *Wittenberg*, où Luther commença ses prédications; *Eisleben*, sa ville natale, sont situés dans la Saxe prussienne.

Population, religion, gouvernement. — La population est de plus de 28 millions d'habitants : la langue est l'allemand, sauf dans la Posnanie, où le polonais domine encore, mais le fond de la population est slave dans les provinces de l'est. Le *protestantisme luthérien* est la religion la plus répandue; mais la Posnanie et les provinces du Rhin comptent une majorité de catholiques.

Le gouvernement est constitutionnel. Le roi partage l'exercice du pouvoir législatif avec deux chambres, l'une héréditaire, celle des seigneurs, l'autre élective, celle des députés.

Le budget s'élève à environ 1400 millions, le capital

de la dette à 4180 millions. L'armée active, sur le pied de paix, compte 380 000 hommes ; sur le pied de guerre, un million. — L'instruction est obligatoire ; la Prusse compte plus de 35 000 écoles avec 3 880 000 élèves, plus de 400 établissements d'enseignement secondaire avec 175 000 élèves et 10 universités avec 10 000 étudiants. Les plus célèbres sont celles de Berlin, de Breslau et de Bonn.

Alsace-Lorraine. — Aux acquisitions de la Prusse, il faut ajouter une conquête récente qui n'a pas été, il est vrai, incorporée au royaume, et qui est considérée officiellement comme une dépendance directe de la couronne impériale, mais qui, en fait, n'en est pas moins une possession prussienne : c'est le gouvernement d'**Alsace-Lorraine** (capitale *Strasbourg*), enlevé à la France en 1871. — Outre un agrandissement de territoire de près de 15 000 kilomètres carrés, un accroissement de population de plus de 1 500 000 habitants et une position menaçante, grâce à la possession de la chaîne des Vosges et à celle de deux places fortes de premier ordre, *Strasbourg* (114 000 hab.), qui commande la vallée du Rhin, et *Metz* (53 000 hab.), qui domine celle de la Moselle, l'empire allemand doit à cette conquête l'acquisition d'immenses richesses industrielles, les houillères et les mines de fer de la Moselle, les verreries de *Forbach*, la cristallerie de *Saint-Louis*, les forges de *Stiring*, les fabriques de faïences de *Sarreguemines*, dans l'ancien département de la Moselle; les salines de la Meurthe (*Dieuze*) ; les établissements métallurgiques de *Strasbourg* et de *Niederbronn*, dans le Bas-Rhin ; les manufactures de cotonnades et de lainages de *Mulhouse*, de *Sainte-Marie-aux-Mines*, de *Colmar*, de *Thann* dans le Haut-Rhin.

III

ÉTATS SECONDAIRES

1° Le **royaume de Saxe** (3 180 000 hab., en majorité protestants), entre l'Autriche au sud, la Prusse à l'est et au nord, les petits États de *Thuringe* à l'ouest, arrosé par l'*Elbe* et séparé de la Bohême par les monts *Métalliques* et les monts de *Lusace*, est une région assez accidentée qui prend dans le sud le caractère d'un vrai pays de montagnes. Il a pour capitale **Dresde** (245 000 hab.), sur l'Elbe, un des foyers les plus actifs du mouvement artistique en Allemagne; pour villes principales, *Leipzig* (170 000 hab.; batailles de 1631 et de 1813), centre de la librairie allemande et du commerce des fourrures (foires renommées); *Bautzen* (bataille de 1813), *Meissen*, célèbre par ses porcelaines, *Chemnitz* (95 000 hab.) et *Zwickau*, par leurs forges, *Plauen* par ses broderies, *Freiberg* par ses mines de cuivre, de plomb, d'étain et d'arsenic. — Le budget de la Saxe est de 90 millions environ.

2° et 3° Les grands-duchés de **Mecklembourg-Schwerin** (capitale *Schwerin*) et de **Mecklembourg-Strelitz** (capitale *Neu-Strelitz*), situés sur la Baltique, ont pour ports principaux *Rostock* et *Wismar*, débouchés des céréales et des laines du pays (680 000 hab.).

4° Le grand-duché d'**Oldenbourg**, capitale *Oldenbourg*, est situé sur la mer du Nord, à l'ouest du Wéser (390 000 hab.).

5°, 6° et 7° Les trois villes **Hanséatiques** sont : *Lubeck* (54 000 hab.), sur la Trave (Baltique), *Hambourg* (410 000 hab.), sur l'Elbe, la première place de commerce et le premier port de l'Allemagne, et *Brême* (120 000 hab.) sur le Wéser.

8° Le grand-duché de **Hesse-Darmstadt** (956 000 hab.), coupé par le Main, a pour capitale *Darmstadt* (50 000 h.), pour villes principales *Offenbach*, sur le Main, *Worms*, sur le Rhin, et la place forte de *Mayence* (65 000 hab.), sur le Rhin.

9° Le grand-duché de **Saxe-Weimar**, capitale *Weimar*, ville principale *Iéna* (bataille de 1806), est situé au sud de la Saxe prussienne, à l'ouest du royaume de Saxe (315 000 hab.).

10° à 17° Les sept principautés sont : les *deux Lippe* (*Detmold* et *Schaumbourg*), *Waldeck* (villes principales, *Arolsen* et *Pyrmont*), au sud du Hanovre;

Les deux *Reuss* (*Greiz* et *Schleiz*), à l'ouest de la Saxe ;

Les deux principautés de *Schwarzbourg Rudolstadt* et *Sondershausen*, enclavées au milieu des duchés saxons.

18° à 22° Les cinq duchés sont ceux de *Saxe-Cobourg-Gotha*, *Saxe-Meiningen*, *Saxe-Altenbourg*, au sud de la Saxe prussienne ; celui d'*Anhalt* (capitale *Dessau*), enclavé dans cette même province, et le duché de *Brunswick* (capitale *Brunswick*, 85 000 hab.), entre le Hanovre et la Saxe prussienne (375 000 hab.).

La population totale des États secondaires dépasse 7 millions d'habitants, en majorité protestants.

IV

ALLEMAGNE DU SUD

Les États de l'Allemagne du Sud sont :

1° Le **royaume de Bavière**, vaste plateau coupé de l'est à l'ouest par le Main, de l'ouest à l'est par le Danube, du sud au nord par ses affluents de droite (*Iller*, *Lech*, *Inn*), est dominé au sud par les Alpes bavaroises, à l'est par la forêt de Bohême et le Fichtelgebirg. Il est borné, au nord, par les duchés saxons et la Prusse ; à l'ouest, par le grand-duché de Hesse-Darmstadt, le grand-duché de Bade et le royaume de Wurtemberg ; au sud et à l'est par l'Autriche. La capitale est **Munich** (265 000 hab.), sur l'Isar, l'un des centres intellectuels de l'Allemagne ; les principales villes sont : *Wurzbourg* (55 000 hab.), sur le Main, *Bamberg* et *Nuremberg* (120 000 hab.) (horlogerie, verrerie, jouets d'enfants), sur le canal *Louis*, qui joint le Rhin au Danube par le Main ; *Augsbourg* (65 000 hab.), sur le Lech, centre de la fabrication des draps, *Nordlingen* (victoire de Condé en 1645) ; *Hochstedt* (défaite des Français en 1704), *Ratisbonne* et *Passau*, sur le Danube, *Landshut*, sur l'Isar. Non loin de Ratisbonne s'élève le

Fig. 30. — La Walhalla.

fameux temple de la *Walhalla* consacré aux gloires de l'Allemagne.

La Bavière possède, en outre, sur la rive gauche du Rhin, à l'est de la Prusse rhénane et au nord de l'Alsace, le *Palatinat* ou *Bavière rhénane*, capitale *Spire*, sur le Rhin; villes principales, *Landau, Kaiserslautern.*

La population est de 5 420 000 habitants, en majorité catholiques. Le gouvernement est une monarchie constitutionnelle avec une Chambre des pairs et une Chambre des députés. Le budget dépasse 300 millions, la dette 1 650 000 000. L'armée est de 50 000 hommes sur le pied de paix, de 170 000 sur le pied de guerre.

2° Le **royaume de Wurtemberg**, entre le grand-duché de Bade, à l'ouest et au nord-ouest, la Bavière, au nord et à l'est, la Suisse, au sud, a pour capitale *Stuttgart* (125 000 hab.), et pour villes principales *Ulm,* sur le Danube (victoire de Napoléon, en 1805), *Esslingen* et *Heilbronn*, villes industrielles, sur le Neckar, et *Tubingen,* université. La population est de deux millions d'habitants, en majorité protestants.

3° Le **grand-duché de Bade**, entre le Rhin, à l'ouest et au sud, la Forêt-Noire, à l'est, qui le sépare du Wurtemberg, la Hesse-Darmstadt et la Bavière au nord, a pour capitale *Carlsruhe* (61 000 hab.), pour villes principale *Mannheim* (61 000 hab.), et *Kehl*, sur le Rhin, *Constance*, sur le lac du même nom, *Bade*, l'une des villes d'eaux les plus fréquentées, *Fribourg* (victoire de Condé, en 1644) et *Pforzheim*, villes industrielles, et *Heidelberg*, célèbre par son université. La population est de 1 600 000 habitants, en majorité catholiques.

Le groupe du sud, plus accidenté et aussi bien arrosé que celui du nord, produit les céréales, la vigne, le houblon, le tabac; le bétail, les moutons, les chevaux y sont nombreux, les mines importantes et l'industrie très active, surtout en Bavière.

Population totale de l'Allemagne. — Religions. — La population totale de l'empire d'Allemagne est de 46 840 000 habitants, soit 86 habitants par kilomètre carré. Les protestants sont au nombre de plus de 28 millions ; les catholiques, de 17 000 000 environ.

Institutions d'empire. — L'empire est gouverné par l'empereur, assisté du chancelier de l'empire, seul ministre responsable, du conseil fédéral (*Bundesrath*), formé des représentants des différents Etats, et du *Reichstag* (diète de l'empire), élu par le suffrage universel. L'accord de la majorité des deux assemblées est nécessaire pour faire une loi d'empire. Le pouvoir impérial a, dans ses attributions, les affaires étrangères, les armées de terre et de mer, les finances de l'empire, le commerce extérieur et les douanes, les chemins de fer, postes et télégraphes, considérés comme instruments de la défense nationale, le système monétaire, les poids et mesures.

Le budget de l'empire, distinct des budgets particuliers de chaque Etat, et alimenté par les douanes, les impôts de consommation et autres recettes, s'élève à 760 millions ; la dette de l'empire n'est que de 500 millions environ.

L'**armée,** où le service est obligatoire et personnel (3 ans dans l'armée active, 4 dans la réserve et 5 dans la landwehr) se compose de 18 corps d'armée et compte, sur le pied de paix, 485 000 hommes et 90 000 chevaux, qui peuvent être portés en temps de guerre à 1 600 000 hommes et 330 000 chevaux.

La **marine** impériale se compose de 96 bâtiments à vapeur portant 600 canons.

L'**instruction publique** est obligatoire dans toute l'Allemagne, qui compte 60 000 écoles primaires, avec 6 millions et demi d'élèves, 1 200 écoles secondaires, avec plus de 260 000 élèves, et 21 universités, dont les plus célèbres sont celles de Berlin, de Breslau, de Bonn, de Gœttingen, de Kiel (Prusse), de Leipzig (Saxe), de Munich et de Wurzbourg (Bavière), de Heidelberg et de Fribourg (Bade), de Tubingen (Wurtemberg) et d'Iéna (Saxe-Weimar).

Zollverein. — Outre les nouveaux liens politiques, il existe entre toutes les parties de l'Allemagne un lien commercial, l'*Union douanière* ou *Zollverein* (1), qui, en supprimant les douanes particulières de chaque État, les a reportées aux limites de la Confédération. Cette union des intérêts commerciaux, jointe au développement des chemins de fer qui la sillonnent en tous sens (38000 kil.), aux nombreux canaux qui unissent la mer du Nord et la Baltique, l'Elbe et le Niémen (canaux *Frédéric-Guillaume*, de *Finow*, de *Bromberg*, etc.), le Rhin et le Danube (canal *Louis*, du Main au Danube, par l'*Altmühl*, affluent du Danube), a donné la plus vive impulsion au commerce continental et maritime de l'Allemagne (8 milliards environ d'échanges, marine marchande jaugeant plus de 1 220 000 tonneaux).

Colonies. — L'empire d'Allemagne, qui fournit aux États-Unis, au Brésil, à l'Australie plus de 200 000 émigrants chaque année, a manifesté l'intention de devenir à son tour une puissance coloniale.

L'Allemagne a occupé en 1884 un certain nombre de positions dans la Guinée septentrionale (*Cameroun*, etc.), dans l'Afrique australe (*Angra Pequeña* et la côte d'Afrique, depuis le cap Frio jusqu'au fleuve Orange), dans l'Afrique orientale (plateaux de la région du *Zanguebar*), et en Océanie (nord de la Nouvelle-Guinée, Nouvelle-Bretagne, Nouvelle-Irlande et îles Salomon, etc.).

RÉSUMÉ

L'EMPIRE D'ALLEMAGNE composé, en 1871, de l'union des deux groupes de l'Allemagne du nord et de l'Allemagne du sud, déjà liés avant 1871, par l'association douanière (Zollverein) est situé entre la mer du Nord, le Danemark, la Baltique au nord, la Russie à l'est, l'Autriche-Hongrie et la Suisse au sud, la France, la Belgique et la Hollande à l'ouest.

La *superficie* est de 540 000 kilomètres carrés.

L'Allemagne se divise en deux grandes régions : 1° HAUTE ALLEMAGNE (midi, centre, ouest), sillonnée par les rameaux des Alpes, par la Forêt-Noire, les Alpes de Souabe, le Jura Franco-

---

1. Le grand-duché de Luxembourg, bien qu'indépendant de l'empire d'Allemagne, fait partie du Zollverein.

nien, la forêt de Thuringe, le Harz, et limitée à l'ouest par les Vosges, à l'est par les monts de Bohême et les monts Métalliques, et la BASSE ALLEMAGNE (nord et nord-est), pays de plaines sablonneuses.

Les principaux cours d'eau sont dans le bassin de la mer du Nord : le *Rhin* avec ses affluents : à droite, le *Neckar*, le *Main*, la *Lahn*, la *Sieg*, la *Lippe* : à gauche, l'*Ill* et la *Moselle* grossie de la *Sarre* ; — l'*Ems*, le *Weser*, l'*Elbe* grossi à droite du *Havel* qui reçoit la *Sprée*, à gauche de la *Saale*. Dans le bassin de la Baltique, l'*Oder* qui reçoit la *Wartha*, — la *Vistule*, la *Prégel* et le *Niémen*.

L'Allemagne, Germanie des anciens, a appartenu à l'empire franc. Depuis 843, elle a formé un royaume séparé, dont les souverains ont pris, en 962, le titre d'empereurs du Saint-Empire romain. Les empereurs étaient électifs ; depuis le quinzième siècle, la couronne impériale est restée dans la maison d'Autriche qui l'a abdiquée en 1806. Les traités de 1815 ont organisé à la place de l'ancien empire une confédération dirigée par une diète où les 38 États étaient représentés. La confédération a cessé d'exister en 1866, après une guerre entre la Prusse et l'Autriche qui a été exclue de l'Allemagne. En 1871, le roi de Prusse, Guillaume, a pris le titre d'empereur d'Allemagne, pendant la guerre contre la France. L'empire comprend 26 États autonomes.

Le ROYAUME DE PRUSSE, capitale BERLIN, capitale de l'empire (1 320 000 habitants). Il est divisé en 12 provinces : *Prusse rhénane*, capitale Coblentz, villes principales : Cologne, Dusseldorf, sur le Rhin ; Trèves, sur la Moselle ; Aix-la-Chapelle, Barmen, Elberfeld, Crefeld, Essen ; *Westphalie*, capitale Munster, *Hesse-Nassau*, capitale Cassel, ville principale, Francfort-sur-le-Main ; *Hanovre*, capitale Hanovre ; *Saxe*, capitale Magdebourg, sur l'Elbe ; *Sleswig-Holstein*, capitale Sleswig, villes principales : Kiel, sur la Baltique, Altona, sur l'Elbe, *Poméranie*, capitale Stettin, sur l'Oder, *Brandebourg*, capitale Potsdam, ville principale, Berlin ; *Silésie*, capitale Breslau (300 000 habitants), sur l'Oder ; *Prusse occidentale*, capitale Danzig ; *Prusse orientale*, capitale Kœnigsberg, sur la Prégel, villes principales : Friedland, Tilsit ; *Posnanie*, capitale Posen.—*Population* : 28 300 000 habitants. — *Gouvernement* monarchique constitutionnel. — *Religion*, en majorité protestante.

Le ROYAUME DE SAXE, capitale DRESDE (245 000 hab.) sur l'Elbe : villes principales : Leipzig, Chemnitz. — *Population*, 3 180 000 habitants.

Le ROYAUME DE BAVIÈRE, capitale MUNICH (265 000 hab.); villes principales : Nuremberg, Augsbourg, Ratisbonne, sur le Danube ; Spire, sur le Rhin. — *Population*, 5 420 000 habitants. — *Religion*, catholique.

ALLEMAGNE. RÉSUMÉ.

Le ROYAUME DE WURTEMBERG, capitale STUTTGART; ville principale, Ulm. — *Population*, 2 000 000 d'habitants.

SIX GRANDS-DUCHÉS : Mecklembourg-Schwérin et Strelitz; Oldenbourg; Saxe-Weimar, capitale, Weimar, v. pr., Iéna; Hesse-Darmstadt, capitale Darmstadt, ville principale, Mayence, sur le Rhin; Bade, capitale Carlsruhe, villes principales, Heidelberg, Mannheim. — *Population*, 1 600 000 habitants.

SEPT PRINCIPAUTÉS : 2 Lippes, 2 Reuss, 2 Schwarzbourg, Waldeck.

CINQ DUCHÉS : Saxe-Cobourg-Gotha, Saxe-Altenbourg, Saxe-Meiningen, Anhalt, Brunswick.

LES TROIS VILLES HANSÉATIQUES : Brême, sur le Wéser; Hambourg (410 000 habitants), sur l'Elbe, le premier port de l'Allemagne, et Lubeck, sur la Baltique.

L'ALSACE-LORRAINE, capitale Strasbourg; villes principales : Mulhouse, Colmar, Metz. — *Population* : 1 500 000 habitants.

POPULATION. — La population de l'Allemagne est de 46 840 000 habitants (86 par kilomètre carré). — Les protestants sont en majorité (28 000 000).

GOUVERNEMENT. — Les affaires communes à tout l'empire sont réglées par l'empereur assisté du chancelier, du conseil fédéral et du parlement allemand. — Le budget commun s'élève à environ 760 millions.

ARMÉE. — Le service est obligatoire et personnel, il dure trois ans dans l'armée active, quatre dans la réserve et cinq dans la landwehr. L'armée active, sur le pied de paix, compte 485 000 hommes. La marine se compose de 96 vapeurs.

INSTRUCTION. — L'instruction est très répandue en Allemagne. Les écoles primaires comptent 6 millions et demi d'élèves, les écoles secondaires 260 000. Il existe en Allemagne 21 universités.

AGRICULTURE, INDUSTRIE, COMMERCE. — L'Allemagne produit les céréales, la pomme de terre, la vigne, la betterave, le houblon, le lin, les graines oléagineuses. Elle a de grandes forêts et nourrit beaucoup de bétail et de chevaux. Ses principales industries sont celles du coton (Elberfeld, Barmen, Mulhouse); de la laine (Aix-la-Chapelle, Cologne, Breslau, Chemnitz, Berlin); du lin (Bielefeld, Hanovre, Chemnitz); des soies (Crefeld, Elberfeld, Berlin); des dentelles (Saxe); des métaux (Essen, régions de la Sarre, de la Ruhr, de la Lippe, de la Silésie); des peaux et des cuirs (Berlin, Mayence, Augsbourg); des verres et cristaux (Alsace-Lorraine et Berlin); des porcelaines (Saxe); de la bimbeloterie (Nuremberg), des sucres de betterave, de la bière, des alcools de grains et de betteraves, des produits chimiques (Berlin, Barmen, Breslau); de la papeterie et de la librairie (Berlin, Dresde, Munich, Leipzig), etc. Le commerce du Zollverein, ou

Union douanière allemande, s'élève à plus de 8 milliards; les chemins de fer exploités comptent 38 000 kilomètres.

La marine marchande jauge plus de 1 220 000 tonneaux.

Colonies (1887). — Comptoirs dans la Guinée septentrionale. — Côte occidentale d'Afrique du cap Frio au fleuve Orange. — Territoires du Zanguebar. — Côte nord de la Nouvelle-Guinée. — Iles Salomon. — Nouvelle-Bretagne et Nouvelle-Irlande en Océanie.

Exercices.

Carte physique de l'Allemagne.
Cartes politiques de l'Allemagne en 1815, en 1866 et en 1871.
Carte du royaume de Prusse en 1815 et en 1871.

Lectures.

E. Reclus. *L'Europe*, t. III.
Lanier. *L'Europe*.
Malte-Brun. *L'Allemagne illustrée*. 4 vol. in-f°. 1884-85.
Le Tour du Monde (Voyages de MM. Duruy (*Danube*), Michelet (*Forêt-Noire*), Charton (*Nuremberg*), Legrelle (*Thuringe*), Perrot (*Trèves et la Moselle allemande*), Grad (*Alsace*, etc.).

CHAPITRE IV

Région centrale (*suite et fin*).

I

EMPIRE AUSTRO-HONGROIS

(Superficie, 622 500 kilom. car., sans la Bosnie et l'Herzégovine.)

Limites. — L'empire austro-hongrois est borné, au nord, par la Saxe, la Prusse et la Pologne russe; à l'est, par la Russie et la Roumanie; au sud, par la Serbie, la Turquie d'Europe, le Monténégro, et l'Adriatique, qui baigne le groupe des îles *Illyriennes*; à l'ouest, par l'Italie, la Suisse et la Bavière.

Description physique. — La plus vaste partie de l'empire austro-hongrois appartient au bassin du *Danube*, le grand tributaire de la **mer Noire** : les montagnes qui en dessinent la ceinture, sur le territoire autrichien, sont, au nord, les monts de *Bohême* et de *Moravie*, le massif des *Sudètes*, celui des monts *Carpathes septentrionaux* et *orientaux;* au sud, les *Alpes Rhétiques* et *Carniques*, avec leurs sommets neigeux, et les hauteurs boisées qui longent l'Adriatique sous le nom d'*Alpes Juliennes* et *Dinariques*. Après avoir franchi la frontière autrichienne, le Danube s'ouvre un étroit passage entre les derniers contreforts des Alpes et les monts de Bohême, coule dans un large lit semé d'îles boisées ou marécageuses, et continue de se diriger de l'ouest à l'est, jusqu'à ce qu'un rameau des Carpathes le rejette brusquement vers le sud; mais, à partir de son confluent avec la *Drave,* il reprend sa direction primitive, qu'il ne quittera plus qu'à peu de distance de son embouchure.

Le Danube reçoit à droite l'*Inn*, l'*Enns* et la *Raab*, la *Drave*, qui descend des *Alpes Carniques*, et la *Save*, qui prend sa source dans les *Alpes Juliennes;* à gauche, la *March* ou *Morawa*, alimentée par les neiges des *Sudètes*, le *Waag*, le *Gran* et la *Theiss*, qui naît dans les *Carpathes*, et qui, par ses nombreux affluents, le *Kœrœs*, le *Maros*, etc., reçoit presque toutes les eaux du versant méridional de ce vaste système de montagnes, tandis que celles du revers septentrional se partagent entre la *Vistule*, le *Dniester*, et les affluents du bas Danube (*Aluta*, *Pruth*, *Sereth*), dont l'Autriche ne possède que le cours supérieur.

L'*Oder*, qui sort des monts *Sudètes*, l'*Elbe*, qui vient des monts des *Géants*, enfin, l'*Adige*, qui naît dans les *Alpes Rhétiques*, n'appartiennent à l'Autriche, comme le *Dniester* et la *Vistule*, que dans la partie supérieure de leur cours.

Formation territoriale. — L'Autriche (*OEsterreich*, pays de l'est) doit son nom à une des marches ou provinces frontières de l'empire germanique, au moyen âge.

La **Hongrie** tire le sien d'un peuple d'origine asiatique, les *Hongrois* ou *Madgyars* qui s'y établirent au dixième siècle.

Une grande partie du territoire actuel de l'empire autrichien avait appartenu à l'empire romain.

La puissance de l'Autriche date de la fin du treizième siècle et Rodolphe de Habsbourg en est le fondateur. A l'Autriche proprement dite et aux duchés de Styrie, de Carinthie et de Carniole, ses descendants ajoutèrent, par élection, la couronne de Hongrie et celle de Bohême, par héritage le Tyrol; ils enlevèrent au royaume de Pologne la Galicie, aux Turcs la Croatie et la Slavonie, à la république de Venise la Dalmatie et l'Istrie, et joignirent à la possession de la couronne impériale d'Allemagne la domination des Pays-Bas (Belgique), de l'Italie septentrionale (Lombardie), et pendant quelque temps du royaume des Deux-Siciles. Dépossédée de la Belgique depuis 1794, de la Lombardie depuis 1859, de la Vénétie depuis 1866, la maison d'Autriche a abdiqué l'empire d'Allemagne en 1806 et a cessé depuis 1866 de faire partie de l'Allemagne nouvelle. Elle paraît vouloir se dédommager en Orient de la position perdue en Occident, et l'occupation de la Bosnie et de l'Herzégovine (traité de Berlin, 1878) est un premier pas dans cette voie où l'Autriche rencontrera nécessairement la rivalité de la Russie.

Divisions politiques. Productions et industrie. — L'empire autrichien se divise au point de vue des langues en quatre groupes principaux : le **groupe allemand**, le **groupe slave**, le **groupe hongrois** et le **groupe roumain**. La capitale politique et en même temps industrielle et commerciale de l'empire est **Vienne** sur la rive droite du Danube (1130000 hab.). La vieille cité où s'élèvent le château impérial et la cathédrale de Saint-Étienne s'est confondue aujourd'hui, par la destruction de son enceinte fortifiée, avec les trente faubourgs qui l'entouraient et qui sont devenus des quartiers de la capitale. Vienne est une des villes les plus élégantes et les mieux situées de l'Europe.

Le groupe allemand comprend cinq provinces :

Au *sud*, 1° le duché de **Styrie** (en partie slave), capitale *Gratz* (98000 hab.), région montagneuse et stérile,

Fig. 31. — Vue de Salzbourg.

habitée par une population de bûcherons, de pâtres, de mineurs et de forgerons.

2° Le comté de **Tyrol** (en partie italien) et le **Vorarlberg**, le pays des lacs, des forêts, des vallées profondes dominées par les Alpes et arrosées par l'Inn et par l'Adige : capitale *Innsbrück* sur l'Inn, ville principale *Trente* sur l'Adige, dans le Tyrol italien, siège d'un célèbre concile (1545-1563).

A l'*est*, 3°, 4° et 5°, le duché de **Salzbourg** (capitale *Salzbourg*, sur la Salzach), qui exploite de riches mines de sel, la **Haute-Autriche**, capitale *Linz* sur le Danube, ville principale *Steyer*, et la **Basse-Autriche**, capitale *Vienne*, pays de prairies et de céréales, sillonné par les derniers rameaux des Alpes qui se prolongent jusqu'aux bords du Danube. C'est en face de Vienne, sur la rive gauche du fleuve, que se livrèrent en 1809 les sanglantes batailles d'*Essling* et de *Wagram*.

6° Le duché de **Silésie**, où le fond de la population est slave, mais où l'allemand est la langue dominante, arrosé par l'Oder, capitale *Troppau*.

Le groupe slave comprend douze provinces :

Au *nord* : 1° Le royaume de **Bohême**, pays slave pour les deux tiers, allemand pour un tiers, avec sa ceinture de montagnes, ses mines de houille, de fer et de plomb, ses sources minérales, ses riches cultures (houblon, lin, céréales) et son active industrie, capitale *Prague* (170000 hab.) sur la Moldau, divisée par cette rivière en deux quartiers, l'un sur la rive droite qui comprend la ville proprement dite, l'autre sur la rive gauche, sorte de citadelle désignée sous le nom de *Hradschin*. Prague est le centre de l'industrie du fer, des draps et de la verrerie. Les villes principales sont : *Budweiss*, avec ses mines de graphite, *Reichenberg*, avec ses manufactures de coton et de lainages, *Pilsen*, *Egra*, antiques forteresses, *Téplitz*, *Marienbad*, *Karlsbad*, stations d'eaux minérales qui comptent parmi les plus fréquentées d'Europe. La Bohême a été le théâtre de nombreuses batailles dont la plus récente et la plus importante par ses conséquences est celle de *Sadowa* ou *Kœniggrætz*, où les Autrichiens furent vaincus par les Prussiens en 1866.

2° Le margraviat de **Moravie**, plaine fertile au sud, pays tourmenté au nord, où s'élèvent les sommets neigeux des Sudètes; capitale *Brunn* (85000 hab.), ville principale *Olmutz*, toutes deux importantes par leurs manufactures de draps et de toiles. C'est en Moravie que se livra, le 2 décembre 1805, la bataille d'*Austerlitz*.

3°, 4° et 5° L'ancien territoire de *Cracovie*, sur la Vistule (capitale *Cracovie*); la **Galicie** (capitale *Lemberg*, 110000 hab.), et la **Bukowine** (capitale *Czernowitz*), anciennes provinces polonaises arrosées par la Vistule et le Dniester, et séparées de la Hongrie par les Carpathes, pays de forêts et de pâturages entrecoupés de champs de blé et de lin, plutôt agricole qu'industriel, malgré ses riches mines de fer, de zinc, de soufre et de sel gemme (*Wieliczka* près de Cracovie).

Au *sud* : 6° L'**Istrie**, où la population du littoral est mêlée d'Italiens et d'Allemands. La capitale *Trieste* (145000 hab.), sur l'Adriatique, est le principal port de commerce autrichien, et l'héritière de Venise.

7° et 8° Les duchés de **Carniole** et de **Carinthie** (capitales *Laybach* et *Klagenfurt*), pays de montagnes sillonné par les rameaux des Alpes, arrosé par la Save et la Drave, et enrichi par l'exploitation de ses forêts, de ses mines de fer, de zinc et de mercure (*Idria*).

9° Entre l'Adriatique et les Alpes Dinariques, la **Dalmatie**, habitée par une rude population de pâtres et de matelots, slave dans l'intérieur, à demi italienne sur le littoral : capitale *Zara*, ville principale *Raguse* sur l'Adriatique.

10° La province de **Fiume** qui dépend de la Hongrie; capitale *Fiume*, sur l'Adriatique.

11° et 12° Le royaume de **Croatie** (capitale *Agram*) et de **Slavonie** (capitale *Essek* sur la Drave) et les anciens *Confins militaires*, villes principales *Peterwardein* et *Semlin*, sur le Danube, pays de forêts et de marécages, placés sous la dépendance de la Hongrie.

Le groupe hongrois et roumain comprend :

1° La **Hongrie**, arrosée par le Danube et par ses nombreux affluents, plaine immense où la culture des céréales, du tabac, de la vigne (vins de *Tokay*) gagne chaque jour du terrain sur les marais et sur les pâturages où errent ces troupeaux de bœufs, de moutons, de chevaux qui sont encore une des principales richesses du pays; capitale *Buda-Pesth* (300000 hab.), l'une sur la rive droite, l'autre sur la rive gauche du Danube; villes principales *Szegedin* sur la Theiss, *Presbourg* sur le Danube, *Kaschau*, *Temeswar*, *Debreczin*, *Arad* sur le Maros, *Maria-Theresiopel*, etc.

2° La **Transylvanie** (*Siebenbürgen*), plateau sauvage sillonné par les rameaux des Carpathes, couvert de pâturages et de forêts, et dont la population, mêlée d'Allemands et de Hongrois, est en grande partie de race roumaine; villes principales, *Maros-Vasarhély*, *Hermannstadt*, *Klausenbourg* et *Cronstadt*.

L'Autriche occupe, en vertu du traité de Berlin (1878), deux anciennes provinces turques, la **Bosnie** (capitale *Serajevo*) et l'**Herzégovine** (capitale *Mostar*), habitées par des populations slaves, et qu'elle administre, bien que le sultan conserve une suzeraineté nominale (1158000 h.).

Population. Religion. — La population totale de l'empire, sans la Bosnie et l'Herzégovine, est de plus de 38500000 habitants, dont 10000000 d'Allemands, 6400000 Madgyars, 2600000 Roumains, 7000000 de Tchèques et Slovaques, 3200000 Serbes et Croates, 3230000 Ruthènes, 3240000 Polonais, 1200000 Slovènes. L'allemand, les divers dialectes slaves, le hongrois et le roumain sont les langues les plus répandues. Le catholicisme domine (29 à 30 millions), mais les protestants (3600000), les Grecs (3 millions) et les juifs (1030000) sont nombreux.

Gouvernement. — Le gouvernement est une monarchie dont le chef porte le titre d'empereur d'Autriche et de roi de Hongrie.

Les affaires communes (affaires étrangères et militaires) sont réglées par un ministère de trois membres, et par des délégations parlementaires, nommées par chacun des deux parlements.

Les pays *cisleithans* (c'est-à-dire en deçà de la Leitha, petit affluent du Danube qui sépare la Hongrie de l'Autriche), ou pays de la couronne d'Autriche, ont un parlement (*Reichsrath*), composé d'une *Chambre des seigneurs*, héréditaire ou à vie, et d'une *Chambre des représentants*, élue par les quatre classes d'électeurs de chacune des provinces (grands propriétaires, villes, commerce, districts ruraux). Chaque pays a en outre des diètes provinciales.

Les pays *transleithans*, ou pays de la couronne de Hongrie, ont deux Chambres, la Chambre ou table des *magnats* (ou des seigneurs), et celle des députés, élues par les *comitats* (divisions territoriales du royaume de Hongrie), les *districts* (subdivisions des comitats), les *villes* et les *sièges* (Stühle), nom particulier des districts allemands de la Transylvanie.

Finances. — Le budget commun est de 345 millions environ, le budget spécial de l'Autriche est d'environ 1 250 millions, et celui de la Hongrie de 850 millions. C'est une moyenne de 60 francs par tête d'habitant. La dette commune à tout l'empire et la dette autrichienne sont de 8 450 millions, la dette hongroise de 3 200 millions.

Armée. Marine. — Le service est obligatoire et personnel. Il dure douze ans, dont trois dans l'armée active, sept dans la réserve et deux dans la landwehr. On évalue sur le pied de paix l'armée active à 290 000 hommes ; sur le pied de guerre elle compterait 800 000 hommes, et la landwehr environ 250 000 hommes. La marine compte 72 vapeurs, dont 12 blindés.

Instruction publique. — L'instruction primaire est obligatoire. Les 35 000 écoles primaires de l'empire reçoivent 5 500 000 élèves ; la moyenne de l'instruction populaire, assez élevée en Autriche et en Bohême, est très basse dans les pays de la couronne de Hongrie, en

Dalmatie, en Galicie, en Carniole et même dans le Tyrol. Les *écoles secondaires*, au nombre de 400, reçoivent environ 130000 élèves. Les *universités* sont au nombre de onze : Vienne, Prague, Cracovie, Czernowitz, Lemberg, Gratz, Innsbrück, Buda-Pesth, Agram, Hermannstadt et Klausenbourg.

Commerce. — L'Autriche-Hongrie compte 8800 kilomètres de voies navigables, près de 23000 kilomètres de chemins de fer, et plus de 9000 navires marchands jaugeant 230000 tonneaux. Le commerce extérieur dépasse 3 milliards 500 millions. L'Autriche n'a pas de colonies.

II

SUISSE

(Superficie, 41 800 kilom. car.)

Limites. — La Suisse, ou Confédération helvétique, est bornée : au nord, par le grand-duché de Bade et le Wurtemberg, dont elle est en partie séparée par le Rhin; au nord-est, par le lac de Constance; à l'est, par l'empire d'Autriche-Hongrie; au sud, par le royaume d'Italie, dont elle est séparée par les Alpes; à l'ouest, par la France, dont elle est séparée par les Alpes du Valais, le lac de Genève et le Jura.

Description physique. — Sauf dans sa partie septentrionale, la Suisse est hérissée de montagnes, dont les neiges et les glaciers servent de réservoirs aux plus grands fleuves de l'Europe occidentale. Elle est traversée ou limitée par la chaîne de partage des eaux de l'Europe sous le nom d'*Alpes Algaviennes*, d'*Alpes Centrales* ou *Lépontiennes*, dont les principaux passages sont le *Splugen* et le *Saint Gothard;* d'*Alpes Bernoises*, dont les principaux sommets sont la *Jungfrau* (4170 mètres) et le *Finster-Aar-Horn* (4275 mètres); de *Jorat* et de *Jura*.

Des Alpes centrales se détachent vers le sud-ouest (à partir du col du *Simplon*) les *Alpes Pennines*, dominées par le mont *Rose* (4 640 mètres), le point le plus élevé de la Suisse, le mont *Cervin* et le mont *Saint-Bernard;* vers le nord-est les *Alpes des Grisons* (chaîne de l'*Albula*), qui séparent la vallée du Rhin de celle de l'Inn; vers le nord, les massifs du *Titlis* (Uri) et du *Tœdi*, prolongés par celui des *Alpes de Glaris* et par la chaîne de l'*Albis*, entre le lac du Zug et celui de Zurich; vers le nord-ouest, la chaîne de l'*Oberwald*, une des plus pittoresques de la Suisse.

Du massif des Alpes descendent : au sud, le *Tessin*, qui forme le lac *Majeur;* à l'est, l'*Inn*, le grand affluent du *Danube;* à l'ouest, le *Rhône*, qui forme le lac *Léman* ou de *Genève;* enfin au nord, le *Rhin*, qui forme le lac de *Constance*. Ce fleuve reçoit à gauche la *Thur* et l'*Aar*, déversoir des lacs de *Thun* et de *Brienz*, grossie elle-même à droite de la *Reuss*, déversoir du lac des *Quatre-Cantons*, et de celui de *Zug* et de la *Limmat*, déversoir des lacs de *Zurich* et de *Wallenstadt;* à gauche, la *Thièle* apporte à l'Aar les eaux des lacs de *Bienne* et de *Neuchâtel*.

Formation territoriale. — La Suisse, désignée par les anciens sous le nom d'*Helvétie*, faisait partie de la Gaule. L'existence indépendante de la Suisse date de l'insurrection des trois cantons montagnards de Schwytz, Uri et Unterwalden, contre un prince autrichien, Albert d'Autriche. Cette ligue primitive s'agrandit peu à peu; les cantons, dès le seizième siècle, étaient au nombre de treize, et la paix de Westphalie, en 1648, reconnut définitivement leur indépendance. Ils furent portés à dix-neuf en 1803. Les traités de 1815, par l'annexion de Neuchâtel, du Valais et de Genève, complétèrent le nombre de vingt-deux cantons qui subsistent encore.

Divisions politiques. — La Suisse se divise politiquement en vingt-deux cantons (vingt-cinq par le dédoublement de trois des cantons). La capitale fédérale est **Berne,** sur l'Aar (46 000 hab.).

Le groupe du **nord,** formé des cantons de **Bâle** (capitale *Bâle* (61 000 hab., sur les deux rives du Rhin), d'**Argovie** (capitale *Aarau*, sur l'Aar), de **Soleure** (capitale *Soleure*, sur l'Aar), de **Zurich** (capitale *Zurich*, 75000 hab., sur la Limmat), de **Schaffhouse** (capitale *Schaffhouse*, sur la rive droite du Rhin), et de **Thurgovie** (capitale *Frauenfeld*), est moins accidenté que le reste de la Suisse et cultive les céréales, la vigne et le tabac. C'est le centre de l'industrie des cotonnades (*Zurich*), des soieries (*Zurich* et *Bâle*) et des usines métallurgiques (*Winterthur*, près de Zurich).

Le groupe de l'**est** (cantons de **Saint-Gall,** capitale

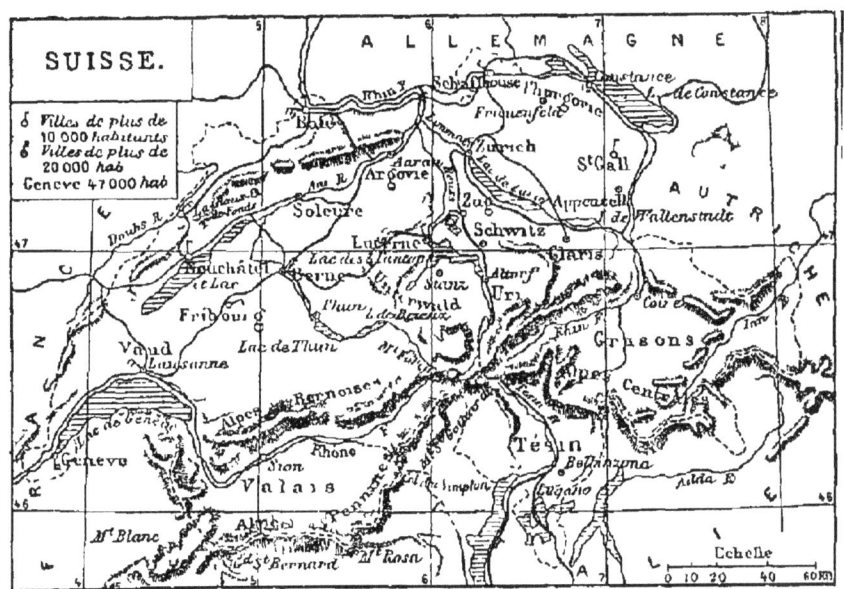

Carte XIII.

Saint-Gall; d'**Appenzell,** capitale *Appenzell;* de **Glaris,** capitale *Glaris,* et des **Grisons,** capitale *Coire,* près du Rhin) est sillonné de toutes parts par les ramifications des Alpes Centrales ; mais le pâturage, l'exploitation des forêts, les sources thermales (*Ragatz, Sargans*), l'industrie de la broderie et de la mousseline suppléent à l'insuffisance des richesses agricoles.

Le groupe du **sud** est formé de deux cantons : le **Tessin** (villes principales, *Bellinzona*, sur le Tessin; *Lugano*, sur le lac du même nom, et *Locarno*, sur le lac Majeur), vallée pittoresque, dominée au nord par le massif du Saint Gothard, plantée de vignes et de mûriers et où prospérait autrefois l'éducation des vers à soie, et le **Valais** (capitale *Sion*, sur le Rhône, ville principale, *Martigny*), gorge étroite et sauvage entre les Alpes Pennines et les Alpes Bernoises, et qui n'a d'autre industrie que le pâturage et l'exploitation des forêts.

Le groupe de l'**ouest**, formé par le canton de **Vaud** (capitale *Lausanne* (30 000 hab.), près du lac de Genève; ville principale, *Vevey*); le canton de **Genève** (capitale *Genève* (68 000 hab.), à l'extrémité sud-ouest du lac), et le canton de **Neuchâtel** (capitale *Neuchâtel*, sur le lac du même nom) est une région montagneuse, mais où s'ouvrent, sur les bords du lac de Genève, de riantes vallées plantées de vignes et d'arbres fruitiers : c'est le centre d'une industrie où la Suisse n'a pas de rivale, celle de l'horlogerie, dont la métropole est *Genève*, mais qui s'est répandue dans tous les cantons de l'ouest, et qui a transformé en villes florissantes plusieurs villages du canton de Neuchâtel, le *Locle*, la *Chaux-de-Fonds*, etc.

Le groupe du **centre**, qui comprend le vaste canton de **Berne** (capitale *Berne*, sur l'Aar); celui de **Fribourg** (capitale *Fribourg*; ville principale, *Morat*, où le duc de Bourgogne, Charles le Téméraire, fut vaincu par les Suisses en 1476); celui de **Lucerne** (capitale *Lucerne*, sur le lac des Quatre-Cantons; ville principale, *Sempach*, illustrée par une victoire des Suisses sur les Autrichiens en 1386); celui de **Zug** (capitale *Zug*), et les trois cantons de **Schwytz** (capitale *Schwytz*), d'**Uri** (capitale *Altorf*), et d'**Unterwalden** (capitale *Stanz*), berceau de l'indépendance helvétique, est un pays de lacs, de forêts, de montagnes, de vallées pittoresques et sauvages que dominent les glaciers des Alpes Bernoises et Centrales et qu'arrosent l'Aar et la Reuss.

Le pâturage et la fabrication du fromage dit de

Fig. 32. — Vue de Sion.

Gruyère sont les principales ressources des populations de la montagne.

Population. Gouvernement. — La population de la Suisse est de 2 860 000 habitants : le français dans l'ouest, l'italien dans le sud, un dialecte allemand dans le reste de la Suisse sont les langues les plus répandues. Le protestantisme (1 666 000) domine dans l'ouest et dans le nord, le catholicisme (1 160 000) dans le centre ; les autres cantons sont mixtes.

Le gouvernement est une république fédérative qui laisse à chaque canton l'indépendance de son administration intérieure. Les intérêts communs sont traités par une diète formée d'un *Conseil national* de 145 membres élus pour trois ans, et d'un *Conseil des Etats* de 44 membres (2 par canton), qui résident à Berne. La diète nomme un *Conseil fédéral* de 9 membres qui représente le pouvoir exécutif, et dont le président porte le nom de président de la Confédération.

Le budget fédéral est d'environ 60 millions.

L'armée se compose de l'armée régulière, formée des hommes de vingt-cinq à trente-deux ans, et de la landwehr, qui comprend les hommes de trente-trois à quarante-quatre ans. En cas de guerre, les forces militaires pourraient s'élever à 200 000 hommes ; mais la neutralité de la Suisse est reconnue par toutes les puissances de l'Europe.

L'instruction populaire est très développée, et la Suisse ne compte presque pas d'illettrés. Zurich, Berne, Bâle possèdent des universités ; Genève, Lausanne et Neuchâtel, des académies pour l'enseignement supérieur.

Malgré ses montagnes, la Suisse exploite plus de 2 900 kilomètres de chemins de fer, et on évalue son commerce extérieur à plus de 1 600 millions.

RÉSUMÉ

I

Bornes, superficie. — L'empire d'Autriche-Hongrie (superficie 622,500 kilomètres carrés) est borné au nord par l'Allemagne et la Russie, à l'est par la Russie et la Roumanie, au sud par la Serbie, la Turquie d'Europe et l'Adriatique, à l'ouest par l'Italie, la Suisse et l'Allemagne. L'Autriche-Hongrie occupe depuis 1878 deux provinces de la Turquie, la Bosnie et l'Herzégovine, qui restent officiellement sous la suzeraineté du sultan.

Géographie physique. — L'empire d'Autriche-Hongrie est traversé de l'ouest à l'est par les monts de *Bohême* et de *Moravie*, auxquels se rattachent les monts *Métalliques* et les monts des *Géants*, par les monts *Sudètes* et les monts *Carpathes*. La partie sud-ouest de l'empire est couverte par les ramifications des Alpes. Les pays de plaines sont la Basse-Autriche et la Hongrie.

Les principaux fleuves sont : 1° dans le versant de la mer Noire, le Danube, qui traverse tout l'empire et reçoit à droite l'*Inn*, la *Drave* et la *Save*, à gauche la *Morawa* et la *Theiss*; le Dniester; 2° dans le versant de l'Adriatique, l'Adige, 3° dans le versant de la mer du Nord, l'Elbe, qui reçoit la *Moldau*; 4° dans le versant de la mer Baltique, les sources de l'*Oder*, et le cours supérieur de la *Vistule*.

Formation territoriale. — La puissance de l'Autriche (OEsterreich) date du treizième siècle. — Au seizième, grâce à des mariages et à des héritages, les souverains autrichiens joignirent à la couronne impériale, qui, bien qu'élective, resta dans leur famille jusqu'en 1806, les couronnes royales de Bohême et de Hongrie; au dix-huitième, ils acquirent les Pays-Bas et la Lombardie, les Deux-Siciles et une partie des anciens États de Venise, mais l'Autriche a perdu les Deux-Siciles et la Belgique au dix-huitième siècle, la Lombardie et la Vénétie en 1859 et 1866, et, en 1866, elle a été exclue de la Confédération germanique

Géographie politique — L'empire d'Autriche-Hongrie peut se diviser en deux groupes politiques, le groupe autrichien, ou *cisleithan*, et le groupe hongrois, ou *transleithan* (1); la capitale est Vienne, sur le *Danube* (1 130 000 habitants).

Le groupe autrichien comprend 14 provinces (23 millions d'habitants, dont plus de 8 000 000 d'Allemands).

1° Au nord la Bohême (slave et allemande), capitale *Prague* (170 000 habitants); 2° la Moravie, pays slave, capitale *Brünn*, villes principales *Olmütz*, *Austerlitz* (bataille de 1805); 3° la Silésie autrichienne (slave et allemande), capitale *Troppau*; 4° et 5° à l'ouest (pays allemands), la Haute-Autriche, capitale *Linz*, sur le Danube, et la Basse-Autriche, capitale *Vienne*; 6° la province de Salzbourg, capitale *Salzbourg*; 7° au sud le

---

1. La petite rivière de la Leitha, affluent du Danube sépare les États de la couronne d'Autriche de ceux de la couronne de Hongrie.

Tyrol (pays allemand et italien), capitale *Innsbruck*, sur l'Inn; ville principale *Trente*, sur l'Adige; 8° la Styrie (pays allemand), capitale *Gratz*; 9° la Carinthie (population slave et allemande), capitale *Klagenfurt*; 10° la Carniole (pays slave), capitale *Laybach*; 11° l'Istrie et la province du Littoral, capitale *Trieste* (145 000 habitants), sur l'Adriatique; 12° la Galicie, capitale *Lemberg*; ville principale *Cracovie*, sur la Vistule (pays polonais et ruthène); 13° la Bukowine (population mêlée de Roumains et de Ruthènes), capitale *Czernowitz*; 14° la Dalmatie, capitale *Zara* (population slave mêlée d'Italiens).

Le groupe hongrois comprend trois provinces avec environ 16 millions d'habitants, dont 6 400 000 Hongrois ou Madgyars.

1° La Hongrie, capitale *Buda-Pesth*, 360 000 habitants, sur le Danube; villes principales *Presbourg*, sur le Danube, *Szegedin*, sur la Theiss, et la Transylvanie, habitée surtout par des Roumains et des Allemands, capitale *Hermannstadt;* 2° la province de Fiume, capitale *Fiume*, sur l'Adriatique, 3° la Croatie et la Slavonie (pays slaves), capitale *Agram*; ville principale *Essek*; et les anciens Confins militaires, villes principales *Peterwardein* et *Semlin*, sur le Danube.

Population. Religion Gouvernement. — La population totale de l'empire est de plus de 38 millions et demi d'habitants (60 habitants par kilomètre carré). La religion catholique domine, mais les protestants, les grecs et les juifs sont nombreux.

Le gouvernement est une monarchie dont le chef porte le titre d'empereur d'Autriche et de roi de Hongrie, la Hongrie forme un Etat distinct et jouit d'une constitution spéciale.

La moyenne de l'*impôt* est de 60 francs par habitant; l'*armée*, où le service est obligatoire et dure douze ans, s'élève sur le pied de guerre à plus d'un million d'hommes L'*instruction* populaire est peu avancée, sauf dans les pays allemands. — Le *commerce* extérieur de l'empire dépasse 3 milliards et demi. — Les *chemins de fer* ont un développement de plus de 23 000 kilomètres.

II

Géographie physique. — La Suisse ou Confédération helvétique est bornée au nord par l'Allemagne, à l'est par l'empire d'Autriche, au sud par l'Italie, à l'ouest par la France. La superficie est de 41 800 kilomètres carrés Sauf dans sa partie septentrionale, la Suisse est hérissée de montagnes. E le est traversée ou limitée par la chaine de partage des eaux de l'Europe sous le nom d'*Alpes Algaviennes*, d'*Alpes centrales* ou *Lépontiennes* (*Saint-Gothard*), d'*Alpes Bernoises* et de *Jura*.

Des Alpes centrales se détachent les Alpes *Pennines* qui renferment le mont *Rose*, le point le plus élevé de la Suisse.

Du massif des Alpes centrales descendent : au sud le *Tessin*, à l'est l'*Inn*, à l'ouest le *Rhône*, qui forme le lac de *Genève*, au nord le *Rhin*, qui forme le lac de *Constance*, et reçoit à gauche l'*Aar*, déversoir des lacs de *Thun*, de *Brienz*, de *Lucerne* ou des *Quatre-Cantons*, de *Zurich*, de *Bienne* et de *Neuchâtel*.

FORMATION TERRITORIALE. — La Suisse (*Helvétie*) a fait partie tour à tour de la Gaule, de l'empire franc, du royaume de Bourgogne et de l'empire germanique. Les trois cantons de Schwytz, qui lui a donné son nom, d'Uri et d'Unterwalden ont formé, en 1308, le noyau de la Confédération, dont l'indépendance a été reconnue en 1648.

GÉOGRAPHIE POLITIQUE. — La Suisse se divise en 22 cantons, dont cinq au nord :

1º Les cantons de BALE, capitale *Bâle*, sur le Rhin (soieries) ; 2º d'ARGOVIE, capitale *Aarau*; 3º de ZURICH, capitale *Zurich* (cotonnades et scieries, la ville la plus peuplée de la Suisse (75000 hab.) ; 4º de SCHAFFHOUSE, capitale *Schaffhouse*, sur le Rhin ; 5º de THURGOVIE, capitale *Frauenfeld*.

6º, 7º et 8º Trois à l'est : les cantons de SAINT GALL, capitale *Saint-Gall*; d'APPENZELL, capitale *Appenzell*, et des GRISONS, capitale *Coire*, près du Rhin.

9º et 10º Deux au sud : le TESSIN, villes principales *Bellinzona*, sur le Tessin, et *Lugano*; le VALAIS, capitale *Sion*, sur le Rhône.

Trois à l'ouest : 11º les cantons de VAUD, capitale *Lausanne*! 12º de GENÈVE, capitale *Genève*, sur le lac (68 000 habitants), métropole de l'industrie de l'horlogerie et de la bijouterie ; 13º de NEUCHATEL, capitale *Neuchâtel*; ville principale, la *Chaux-de-Fonds*.

Huit au centre : 14º les cantons de BERNE, capitale *Berne*, sur l'Aar, capitale de la Confédération ; 15º de FRIBOURG, capitale *Fribourg*; 16º de SOLEURE, capitale *Soleure*, sur l'Aar; 17º de LUCERNE, capitale *Lucerne*; 18º de ZUG, capitale *Zug*; 19º de GLARIS, capitale *Glaris* ; 20º, 21º et 22º d'URI, capitale *Altorf*; de SCHWYTZ, capitale *Schwytz*, et d'UNTERWALDEN, capitale *Stanz*.

La population de la Suisse est de 2 860 000 habitants, de langue française, italienne et allemande. — Le protestantisme domine dans l'ouest et dans le nord, le catholicisme dans le centre ; les autres cantons sont mixtes.

Le gouvernement est une république fédérative. Les intérêts communs sont traités par une diète formée d'un *Conseil national* et d'un *Conseil des États*. Le pouvoir exécutif est exercé par le *Conseil fédéral*.

Malgré ses montagnes, la Suisse doit à ses pâturages, à ses forêts, à son industrie, à ses chemins de fer, enfin à la supériorité de l'instruction populaire, une importance hors de proportion avec l'étendue de son territoire.

Exercices.

Carte physique de l'empire austro-hongrois.
Carte ethnographique où on indiquera par des teintes différentes les diverses nationalités qui dominent dans les provinces austro hongroises.
Cartes politiques de l'empire autrichien en 1789, en 1815 et en 1866.
Carte de la Suisse physique et politique.

Lectures.

E. Reclus. *L'Europe*, t. III.
Lamin. *L'Europe*.
Ch Yriarte. *Bosnie et Herzégovine*. 1 vol. in-18.
L. Gourdault. *A travers le Tyrol*. 1 vol. in-8°.
— *La Suisse*. 2 vol. in-4°.

CHAPITRE V

Région méridionale.

I

ROYAUME D'ESPAGNE

(500 000 kilom. car.)

Limites. — Le royaume d'Espagne est situé entre 36° et 43° 40′ de latitude N. ; 11° 39′ de longitude O., et 1° de longitude E. Il est borné : au nord, par le *golfe de Gascogne*, la *Bidassoa* et les *Pyrénées*, qui le séparent de la France ; à l'est, par la mer Méditerranée ; au sud, par la Méditerranée et le détroit de Gibraltar ; à l'ouest, par l'océan Atlantique et le Portugal.

Le groupe des îles **Baléares** (*Majorque, Minorque, Iviça, Cabrera* et *Formentera*), dans la Méditerranée, lui appartient, et les îles **Canaries** (*Grande-Canarie, Ténériffe, Fortaventura, Palma, Gomera* et l'île de *Fer*), situées sur les côtes d'Afrique (7624 kilomètres carrés, 285 000 habitants), sont regardées comme partie intégrante du territoire espagnol.

Montagnes et fleuves. — L'Espagne a la forme d'un vaste plateau sillonné de vallées profondes, couronné de *sierras* aux sommets dentelés et neigeux, plongeant par de brusques escarpements dans le golfe de Gascogne et s'abaissant en pentes plus douces à l'ouest et à l'est. Elle est couverte au nord par les rameaux des *Pyrénées* dont elle possède les plus hauts sommets, la *Maladetta*, le pic *Posets*, et qui se prolongent par les monts *Cantabres*, dans la direction de l'est à l'ouest, jusqu'aux caps *Ortégal* et *Finisterre*.

Des Pyrénées se détachent, en courant du nord au sud, les monts *Ibériques*, plateaux calcaires qui séparent le versant de l'Atlantique de celui de la Méditerranée et se prolongent par la *Sierra Nevada* (point culminant 3500 mètres), jusqu'à la pointe de Tarifa.

Les monts Ibériques projettent au sud-est, vers l'océan Atlantique, trois chaînes principales : 1° la *Sierra de Guadarrama*, qui prend, en Portugal, les noms de *Sierras d'Estrella* et de *Cintra*, et se termine au cap *Roca*, limite le large bassin arrosé par le *Minho* et le *Duero*, et dominé, au nord, par les monts *Cantabres*. 2° Les monts de *Tolède* se prolongent, par la sierra de *Monchique*, jusqu'au cap *Saint-Vincent*, en Portugal, et limitent, au sud, le bassin du *Tage*. 3° La *Sierra Morena* sépare celui de la *Guadiana* de celui du *Guadalquivir*, dont la limite méridionale est formée par la *Sierra Nevada*. Tous ces fleuves, tributaires de l'Atlantique, coulent de l'est à l'ouest et descendent des monts Ibériques, à l'exception du *Minho*, qui naît dans les monts Cantabres.

Le principal fleuve du versant de la Méditerranée est l'*Ebre*, qui descend des monts *Cantabres*, à leur point de jonction avec les monts Ibériques, et coule du nord-ouest au sud-est. Il reçoit à gauche l'*Aragon*, le *Gallego* et la *Segra*. Le versant de la Méditerranée est arrosé, en outre, par le *Guadalaviar*, le *Xucar* et la *Ségura*.

Formation territoriale. — L'Espagne, désignée par les Grecs sous les noms d'*Hespérie* et d'*Ibérie*, par les Romains sous celui d'*Hispanie*, paraît avoir été peuplée par un mélange d'Ibères et de Celtes, auxquels se joignirent à différentes époques des colonies phéni-

Fig. 33. — Les fortifications mauresques à Séville.

ciennes et grecques. Soumise par les Carthaginois, puis par les Romains, elle fut envahie, au cinquième siècle après Jésus-Christ, par les Wisigoths qui y fondèrent un empire destiné à disparaître en 711, devant la conquête arabe. Les conquérants musulmans, dont les souverains firent de Cordoue la capitale du khalifat d'Occident, furent refoulés lentement à partir du dixième siècle, par les progrès des chrétiens qui fondèrent successivement les royaumes de Navarre, de Léon, de Castille, d'Aragon et de Portugal. Les quatre premiers furent réunis au seizième siècle, entre les mains de Charles d'Autriche. Quant aux Maures, qui avaient hérité de l'empire des Arabes, Grenade, leur dernière possession en Espagne, leur fut enlevée, en 1492, par Ferdinand d'Aragon et Isabelle de Castille.

Divisions administratives. Grandes villes. — L'Espagne se divise aujourd'hui en 49 provinces, mais l'usage a conservé le nom des anciennes divisions, qui correspondaient aux capitaineries générales ou gouvernements militaires et qui sont au nombre de 15.

La capitale est **Madrid**, dans la Nouvelle-Castille (500 000 hab.), sur un plateau aride, et sur les bords d'un petit affluent du Hénares (affluent du Tage), le *Mançanarès*. Malgré sa situation et son climat, ses larges rues, ses places, ses promenades (le Prado, la Florida), ses palais, ses musées en font la plus peuplée et une des plus belles villes de l'Espagne.

1° à 7° Le groupe du **nord** comprend : la **Galice** (villes principales, *La Corogne*, le *Ferrol*, *Pontevedra*, *Vigo*, ports sur l'Atlantique, et *Saint-Jacques-de-Compostelle*, célèbre par son antique pèlerinage) ; les **Asturies** (capitale *Oviedo*) ; la **Vieille-Castille** (capitale *Burgos*, villes principales, *Ségovie* et *Santander*, port sur le golfe de Gascogne) ; les **Provinces basques : Biscaye** (capitale *Bilbao*, sur l'Ansa), **Guipuscoa** (capitale *Saint-Sébastien*, port sur le golfe de Gascogne, ville principale, *Fontarabie*, sur la Bidassoa), et **Alava** (capitale *Vitoria*, tristement célèbre dans la campagne de 1813) ; la **Navarre** (capitale *Pampelune*); l'**Aragon** (capitale *Saragosse* (80 000 hab.), sur l'Ebre, illustrée par sa défense héroïque contre les Français, en 1809); enfin la **Catalogne**, le centre des grandes industries espagnoles, usines métallurgiques, travail du liège, manufactures de cotonnades, de toiles et de lainages (capitale *Barcelone*, 250 000 hab., sur la Méditerranée, le premier port commerçant de l'Espagne, dominée par le fort du Montjouy; villes princi-

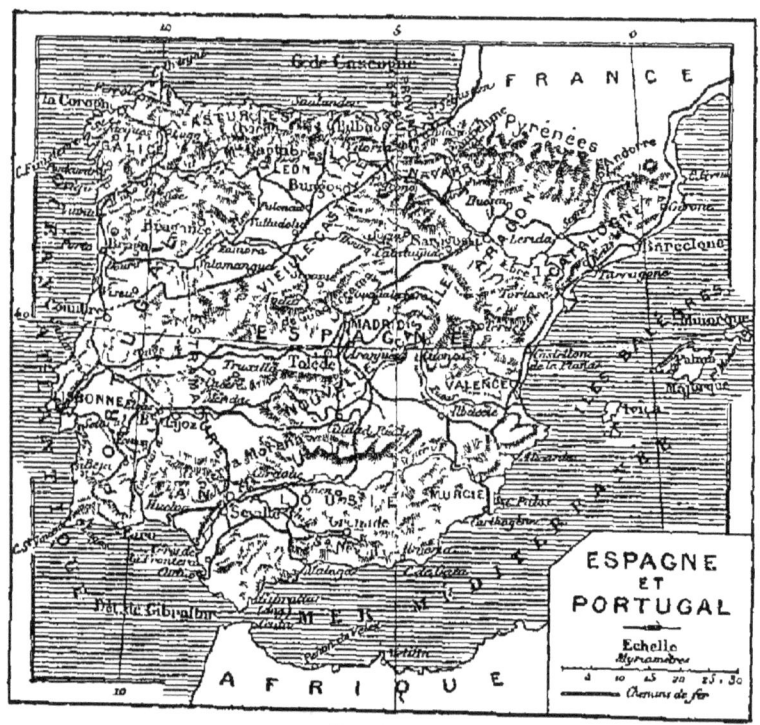

Carte XIV.

pales: *Lérida* (siège de 1647), *Reus* et *Tarragone*, places fortes et centres industriels, *Tortose*, à l'embouchure de l'Ebre, *Girone*, sur le Ter).

Ce groupe septentrional est un chaos de montagnes dont les flancs escarpés recèlent de riches gisements de fer, de zinc, de plomb et de houille; de vallées humides et profondes, de plaines étroites et encaissées où roulent des cours d'eau qui, pour la plupart, ne sont que des torrents.

8° à 10° Le groupe de l'**est**, auquel se rattachent les **Baléares** (capitale *Palma* (60000 hab.), dans l'île Majorque; ville principale, *Port-Mahon*, dans l'île Minorque), comprend les provinces de **Valence** (capitale *Valence*, 150000 hab., à l'embouchure du Guadalaviar, ville de commerce et d'industrie, dans une des plus riches plaines de l'Espagne; villes principales, *Alicante* et *Castellon-de-la-Plana* sur la Méditerranée); et de **Murcie** (capitale *Murcie* (93000 hab.), sur la Ségura; ville principale *Carthagène* (78000 hab.), port de guerre sur la Méditerranée). C'est une région accidentée, mais fertile, surtout sur la côte, où croissent dans les plaines couvertes de moissons et de rizières et sillonnées de canaux d'irrigation, l'olivier, l'oranger, le mûrier, le figuier, le dattier, tandis que sur les coteaux mûrit la vigne qui donne les fameux vins d'Alicante.

11° et 12° Au **sud**, dans le bassin du Guadalquivir, s'étendent les provinces de **Grenade**, capitale *Grenade* (72000 hab.), la ville mauresque aux merveilleux édifices (Alhambra); villes principales *Malaga* (115000 hab.), sur la Méditerranée, *Alméria* et *Adra*, avec leurs inépuisables mines de plomb; et d'**Andalousie**, capitale *Séville*, (135000 hab.), qui se vante d'être la merveille de l'Espagne et qui fut longtemps la capitale des rois de Castille; villes principales : *Cordoue* (50000 hab.), située, comme Séville, sur le Guadalquivir, célèbre par son antique mosquée; *Cadix* (50000 hab.), sur l'Atlantique, port de guerre et de commerce; *Xérès* (64000 hab.), fameux par ses vins (bataille de 711) et la forteresse imprenable de **Gibraltar** (possession anglaise). C'est là que se déploient, au pied de la Sierra Nevada et de la Sierra Morena, de larges plaines coupées de canaux d'irrigation, semées de riants villages, couvertes de moissons et de vignes, plantées d'oliviers, d'orangers, de cotonniers, région favorisée entre toutes, au ciel toujours pur, au soleil brûlant, mais dont le climat est rafraîchi par les brises de mer, et tempéré par le voisinage des montagnes.

13° à 15° A l'**ouest**, l'**Estramadure** (capitale *Badajoz*, sur la Guadiana), et la province de **Léon** (capitale *Léon*, villes principales *Valladolid* (50000 hab.), et *Salamanque*, célèbre par son université et par la bataille de 1812) n'offrent guère que des plaines traversées par des fleuves qui se dessèchent en été et des pâturages qui nourrissent les plus beaux bestiaux de l'Espagne.

Enfin, au centre, la **Nouvelle-Castille** (capitale *Madrid*, villes principales : *Tolède*, sur le Tage, *Ciudad-Réal,* chef-lieu de la Manche, et *Almaden*, célèbre par ses mines de mercure) est un plateau balayé par les vents, tour à tour couvert de neige et brûlé par le soleil, sans eau, sans arbres, où des touffes de genêts et de bruyères percent à peine un sol aride et sablonneux que parcourent de maigres troupeaux de bœufs et de moutons.

Population. Religion. Gouvernement. — La population de l'Espagne est de plus de 17 millions d'habitants : la religion catholique y est presque seule pratiquée. Le gouvernement est une monarchie constitutionnelle, avec un Sénat et une Chambre des députés : mais, depuis le commencement du siècle, l'Espagne a traversé de nombreuses révolutions qui ont porté une atteinte profonde à son crédit et à sa prospérité.

Le budget de l'Espagne, qui se solde presque toujours en déficit est d'environ 900 millions ; le capital à 5 % de la dette publique est de plus de cinq milliards et demi.

Le service militaire est obligatoire, mais le rachat est autorisé. La durée du service est de quatre ans dans l'armée active et de quatre ans dans la réserve. L'armée est aujourd'hui de 95000 hommes sur le pied de paix.

La flotte se compose de 130 vapeurs dont 7 cuirassés.

L'instruction publique est peu avancée : on évalue le nombre des illettrés à 60 pour 100.

L'Espagne compte 9000 kilomètres de chemins de fer et 300 kilomètres de canaux. Sa marine marchande jauge environ 560000 tonneaux ; son commerce extérieur ne dépasse pas un milliard six cents millions.

Colonies. — Les possessions espagnoles sont :

En *Afrique*, Ceuta au Maroc, une partie du littoral du Sahara, les îles Canaries, regardées comme partie intégrante du territoire, et les îles Annobon et Fernando-Po ;

En *Amérique*, les îles de Cuba et de Porto-Rico ;

En *Océanie*, les îles Philippines, Soulou, Carolines et Mariannes.

République d'Andorre. Au nord de la Catalogne et dans le versant méridional des Pyrénées est située la petite république d'*Andorre* (452 kilomètres carrés, 5000 habitants), gouvernée par un conseil général et un syndic élu pour 4 ans et placée sous la suzeraineté de la France et de l'évêché espagnol d'Urgel.

II

ROYAUME DE PORTUGAL

(Superficie, 93000 kilom. car.)

Limites et description physique. — Le royaume de Portugal est borné, au nord et à l'est, par l'Espagne, au sud et à l'ouest par l'Atlantique. C'est un pays de plages sablonneuses sur les côtes de l'Atlantique, de montagnes arides dans l'intérieur, traversé par la prolongation des sierras espagnoles et arrosé par la *Guadiana*, le *Tage* et le *Duero*.

Les îles **Açores** (*Terceira, Saint-Michel, Florès*, etc.) et les îles **Madères,** capitale *Funchal*, sont regardées comme partie intégrante du territoire portugais.

Formation territoriale. — Le Portugal portait, au temps de la domination romaine, le nom de *Lusitania*. Un prince, de la maison française de Bourgogne, conquit sur les Maures le comté de Porto, et son fils, après de nouvelles victoires, prit le titre de roi de Portugal (*Porto-Calé*). A la fin du seizième siècle, les rois d'Espagne héritèrent de la couronne de Portugal; mais ce pays recouvra son indépendance en 1640 et proclama la dynastie de Bragance, dont les descendants règnent encore aujourd'hui.

Géographie politique. — La capitale est **Lisbonne** (253000 habitants), à l'embouchure du Tage, construite en amphithéâtre sur la rive droite du fleuve, et remarquable par ses monuments, malgré les tremblements de terre (1531 et 1755) qui l'ont plus d'une fois menacée d'une complète destruction.

La partie continentale du Portugal est divisée en 17 districts, mais l'usage a maintenu les noms des anciennes provinces, qui sont au nombre de six :

1° Du nord au sud : **Minho** : capitale *Braga ;* ville principale *Porto* (110000 hab.), sur le Duero, le second port du Portugal, et le débouché de ses vins.

2° **Tras-os-Montes** (au delà des monts) : capitale *Bragance.*

3° **Beïra** : capitale *Coïmbre*, université célèbre.

4° **Estramadure** : capitale *Lisbonne;* villes principales, *Santarem*, sur le Tage, et *Sétuval*, le troisième port du royaume.

5° **Alemtejo** : capitale *Evora.*

6° **Algarve** : capitale *Faro ;* villes principales, *Tavira* et *Lagos*, port sur l'Atlantique.

Population, gouvernement. — La population, en y comprenant celle des îles *Açores* et *Madères* (400000 hab.), regardées comme partie intégrante du territoire portugais, est de 4750000 habitants, presque tous catholiques.

Le gouvernement est une monarchie constitutionnelle avec deux Chambres, l'une élective, celle des députés, l'autre héréditaire ou à vie, celle des pairs.

Le budget s'élève à environ 210 millions de francs et le capital de la dette, ramené au taux de 5 %, à 1500000000.

L'armée, où le service est obligatoire et dure 3 ans dans l'armée active, 5 ans dans la première réserve et 4 ans dans la seconde, compte environ 35000 hommes sur le pied de paix, et 120000 sur le pied de guerre. La flotte se compose de 34 vapeurs et de 14 navires à voiles.

L'instruction primaire, bien qu'obligatoire, est peu développée; le nombre des illettrés est évalué à 35 pour 100.

Les chemins de fer ont un développement de plus de 1700 kilomètres.

Le commerce extérieur s'élève à environ 370 millions.

La situation maritime du Portugal, ses colonies d'Afrique (îles du Cap-Vert, Sénégambie, îles Saint-Thomas et du Prince, Congo, Mozambique); d'Asie (Goa et Diu, Macao); et d'Océanie (Timor); les produits du sol, vins, huiles, céréales, la richesse de ses mines et de ses salines compensent l'insuffisance de son industrie.

RÉSUMÉ

I

GÉOGRAPHIE PHYSIQUE. — L'Espagne est bornée, au nord, par le golfe de Gascogne et les Pyrénées qui la séparent de la France, à l'est, par la Méditerranée, au sud, par le détroit de Gibraltar, à l'ouest par le Portugal et l'Atlantique.

Le groupe des *Baléares* (*Majorque, Minorque* et *Ivica*), dans la Méditerranée, et celui des *Canaries* dans l'Atlantique lui appartiennent

Le centre de l'Espagne est un vaste plateau, limité, au nord, par les *Pyrénées* et les monts *Cantabres*, à l'est, par les monts *Ibériques*, au sud, par la *Sierra Nevada*

Les principaux fleuves du versant de l'Atlantique sont : le *Guadalquivir*, la *Guadiana*, le *Tage*, le *Duero* et le *Minho*

Le principal fleuve du versant de la Méditerranée est l'*Ebre*, grossi de la *Segra*.

FORMATION TERRITORIALE. L'Espagne, appelée par les anciens Ibérie et Hispanie, fut soumise successivement par les Carthaginois, les Romains, les Wisigoths et les Arabes. — Ceux-ci furent repoussés lentement par les chrétiens, qui fondèrent les royaumes de Navarre, Léon et Castille, Aragon et Portugal. La réunion des quatre premiers et l'expulsion des Maures, qui avaient succédé aux Arabes, constitua, au seizième siècle, l'unité territoriale de l'Espagne.

GÉOGRAPHIE POLITIQUE. — La capitale de l'Espagne est MADRID (500 000 habitants).

L'Espagne se divise en 49 provinces, mais l'usage a conservé le nom des anciennes divisions, qui sont au nombre de 15.

Ce sont au nord : 1° La Galice : *la Corogne.* 2° Les Asturies : *Oviedo.* 3° La Vieille-Castille : *Burgos,* v. pr. *Santander.* 4° Les Provinces Basques (*Biscaye, Alava* et *Guipuscoa*) : *Bilbao, Saint-Sébastien* et *Vitoria* 5° La Navarre : *Pampelune.* 6° L'Aragon. *Saragosse,* sur l'Ebre. 7° La Catalogne, *Barcelone,* sur la Méditerranée (250 000 hab), le premier port et la première ville industrielle de l'Espagne ; villes principales : *Reus, Tarragone, Lérida.*

8° A l'est, la province de Valence : *Valence, Alicante.* 9° La province de Murcie . *Murcie, Carthagène.* 10° Les Baléares : *Palma,* dans l'île Majorque, *Port-Mahon,* dans l'île Minorque.

11° Au sud, la province de Grenade : *Grenade, Malaga,* sur la Méditerranée. 12° L'Andalousie *Séville,* sur le Guadalquivir ; *Cordoue, Cadix,* sur l'Atlantique, *Xérès* (711) ; *Gibraltar,* possession anglaise

13° A l'ouest, l'Estramadure : *Badajoz.* 14° La province de Léon : *Léon, Valladolid, Salamanque.*

15° Au centre, la Nouvelle-Castille et la Manche : *Madrid, Tolède,* sur le Tage, et *Ciudad-Réal.*

La population de l'Espagne est de 17 millions d'habitants, catholiques Le gouvernement est une monarchie constitutionnelle. Le budget est d'environ 900 millions et la dette de 5 milliards et demi. L'armée compte sur le pied de paix 95 000 hommes ; la flotte, 130 vapeurs. Le commerce extérieur ne dépasse pas seize cents millions.

Colonies. — Les colonies espagnoles sont : en *Afrique,* Ceuta, au Maroc, le littoral du Sahara, et les îles Annobon et Fernando-Po ;

En *Amérique,* les îles de Cuba et de Porto-Rico ;

En *Océanie,* les îles Philippines, Soulou, Carolines et Mariannes.

II

Géographie physique. — Le royaume de Portugal est borné au nord et à l'est par l'Espagne, au sud et à l'ouest par l'Atlantique. Il est traversé, en tous sens, par la prolongation des sierras espagnoles et arrosé par le *Tage,* le *Duero* et la *Guadiana.*

Formation territoriale — Le Portugal (ancienne Lusitanie) est devenu un royaume indépendant au douzième siècle.

Géographie politique. — La capitale est Lisbonne, sur le Tage (253 000 habitants).

La partie continentale est divisée en 17 districts, mais l'usage a maintenu les noms des anciennes provinces, qui sont au nombre de six :

1° Du nord au sud Minho : *Braga, Porto,* sur le Douro, le second port du Portugal. 2° Tras-os-Montes *Bragance.* 3° Beira

Coïmbre. 4° Estramadure : *Lisbonne, Santarem* sur le Tage, et *Sétuval*. 5° Alemtejo : *Evora*. 6° Algarve : *Faro*.

La population, sans y comprendre celle des îles *Açores* et *Madères* (400 000 habitants), regardées comme partie intégrante du territoire portugais, est de 4 350 000 habitants, presque tous catholiques.

Le gouvernement est une monarchie constitutionnelle.

Le commerce extérieur s'élève à environ 370 millions.

Les colonies sont : en *Afrique*, les îles du Cap-Vert, les îles Saint-Thomas et du Prince, le Congo et la capitainerie de Mozambique ; en *Asie,* Goa, Diu et Macao ; en *Océanie*, Timor.

Exercices.

Carte physique de la Péninsule espagnole.
Carte de l'Espagne divisée en quinze capitaineries, et du Portugal divisé en six provinces.

Lectures.

E. Reclus. *L'Europe*, t. Ier.
Lanier. *L'Europe*.
De Amicis. *L'Espagne*. 1 vol. in 16.
Imbert. *L'Espagne*. 1 vol. in 16.

CHAPITRE VI

Région méridionale *(suite et fin)*.

ROYAUME D'ITALIE

(296 000 kilom. car.)

Limites. — L'Italie, située entre 46° 40' et 36° 40' de latitude N., 4° 10' et 16° 10' de longitude E., est bornée : au nord, par la chaîne des Alpes, qui la sépare de la France, de la Suisse et de l'Autriche ; à l'est, par la mer Adriatique et le *canal d'Otrante ;* au sud, par la mer Ionienne, qui forme le *golfe de Tarente,* et par la Méditerranée ; à l'ouest, par la mer Tyrrhénienne, qui forme les *golfes de Naples* et de *Gênes*.

Iles. — De l'Italie dépendent les îles de *Sardaigne*, d'*Elbe*, sur les côtes de Toscane, de *Procida*, d'*Ischia* et de *Capri*, dans le golfe de Naples; les îles *Ægates* et *Lipari*, la *Sicile*, séparée de l'Italie par le *détroit de Messine*. Le groupe de **Malte** (capitale *la Valette*), de *Gozzo*, et de *Camino*, important par sa position entre la *Sicile* et l'Afrique, appartient à l'Angleterre.

Géographie physique. — L'Italie est entourée, au nord, par une ceinture de montagnes, les *Alpes Carniques, Cadoriques, Rhétiques, Centrales* (cols du Splugen et du Saint-Gothard), *Pennines* (col du Simplon, mont Rose, mont Cervin, col du grand Saint-Bernard), *Grées* (mont Blanc, col du petit Saint-Bernard), *Cottiennes* (col et monts Cenis et Genèvre), *Maritimes* (mont Viso, cols d'Agnello et de Tende) qui s'arrondissent en demi-cercle depuis le mont *Terglou* jusqu'au col de *Cadibone*.

Ces montagnes dominent une large et fertile plaine traversée, de l'ouest à l'est, par le *Pô*, qui descend du mont *Viso*, et qui reçoit, sur sa rive droite, les eaux des Apennins, par le *Reno*, le *Panaro*, la *Secchia*, le *Taro*, la *Trébie*, et celles des Alpes-Maritimes, par le *Tanaro*; sur sa rive gauche, les eaux de la grande chaîne des Alpes par les deux *Doires*, la *Sésia*, le *Tessin*, qui forme le lac *Majeur*, l'*Adda*, qui forme le lac de *Côme*, l'*Oglio*, qui forme le lac d'*Iseo*, le *Mincio*, qui sort du lac de *Garde*. L'*Adige*, qui descend des Alpes du Tyrol, et d'autres cours d'eau moins importants, la *Brenta*, la *Piave*, le *Tagliamento*, l'*Isonzo*, vont, comme le Pô, se perdre dans cette longue ligne de lagunes qui bordent le littoral septentrional de l'Adriatique.

L'Italie péninsulaire est traversée, du nord au sud, par les *Apennins* (1200 mètres de hauteur moyenne), qui se bifurquent à leur extrémité, en deux branches, l'une à l'est, qui finit au cap *Leuca*, l'autre à l'ouest, qui plonge dans le détroit de Messine, au cap *Spartivento*, mais qui semble se relever en Sicile par un massif volcanique dont l'*Etna* (3318 mètres) est le principal sommet.

Le caractère volcanique de cette longue péninsule se trahit par ses sources thermales, par ses lacs qui dorment au fond des cratères éteints, lacs de *Pérouse* ou *Trasi-*

mène, lacs de *Bracciano*, d'*Albano*, lac *Averne*, et par les feux que vomit encore le *Vésuve*.

Les Apennins versent dans la mer Tyrrhénienne deux fleuves navigables, l'*Arno* et le *Tibre*, quelques rivières moins importantes, le *Garigliano*, ancien *Liris*, le *Volturno*, etc., et dans l'Adriatique, de nombreux torrents, l'*Ofanto*, le *Métaure*, presque tous desséchés en été.

Formation territoriale. — L'Italie, après avoir été le berceau de l'empire romain, en resta le centre jusqu'aux grandes invasions barbares.

Après la chute de l'empire romain d'Occident, elle passa tour à tour sous la domination des Ostrogoths, sous celle des Lombards et sous celle des Francs, mais les Romains d'Orient y conservèrent des possessions jusqu'au onzième siècle. Après le démembrement de l'empire carlovingien, l'Italie se morcela en grands fiefs et forma quelque temps un royaume particulier; les rois de Germanie ceignirent, au dixième siècle, la couronne de fer des anciens rois lombards, et l'Italie devint une dépendance de l'empire rétabli en 962. Les luttes politiques et religieuses du moyen âge ébranlèrent sans la détruire entièrement l'autorité impériale, et donnèrent naissance à un grand nombre d'Etats souverains qui se partagèrent la péninsule : Etats de l'Eglise, royaume de Naples et de Sicile, duchés de Milan, de Savoie et Piémont, de Mantoue, républiques de Pise, de Florence, de Venise, de Gênes, etc. Au commencement des temps modernes, les rois de France essayèrent de faire valoir leurs prétentions sur Milan et sur Naples; mais leurs rivaux, les princes de la maison d'Autriche, l'emportèrent et s'emparèrent du Milanais et du royaume des Deux-Siciles, qui devinrent une dépendance de l'Espagne et, plus tard, de l'Autriche. Le dix-huitième siècle vit se former le *royaume de Sardaigne* (Savoie, Piémont), et le royaume indépendant des *Deux-Siciles*, où régna une dynastie espagnole.

Les guerres de la Révolution et de l'Empire eurent pour conséquences l'expulsion des Autrichiens, la destraction de la république de Venise, et la formation d'un royaume d'Italie, dont Napoléon Ier fut le souverain. Les traités de 1815 rétablirent les Etats antérieurs à la Révolution, sauf Venise et Gênes (duchés de Parme, de Modène, grand-duché de Toscane, Etats pontificaux, royaume de Piémont et Sardaigne, royaume des Deux-Siciles), et attribuèrent à l'Autriche la Lombardie et la Vénétie. En 1848 et 1849, une insurrection nationale contre l'Autriche, dirigée par le Piémont, fut écrasée; mais en 1859, à la suite des victoires remportées par les Français et les

Fig. 31. — Le Colisée.

Piémontais sur l'Autriche, les Autrichiens renoncèrent à la Lombardie, les ducs de Parme, de Toscane et de Modène furent renversés, le royaume des Deux-Siciles, une partie des Etats pontificaux occupés par les troupes piémontaises, et le roi de Piémont et de Sardaigne prit, en 1860, le titre de roi d'Italie. L'unité territoriale fut complétée par la cession de la Vénétie, enlevée aux Autrichiens, en 1866, et par la prise de possession de Rome, en 1870.

Géographie politique. — Le royaume d'Italie comprend aujourd'hui la péninsule entière. La capitale est **Rome**, sur le Tibre (280000 hab.). Aucune autre ville n'est aussi riche en souvenirs et en monuments. L'Antiquité vit encore dans les admirables débris de l'époque romaine : le Colisée, le Cirque, le Panthéon, le mausolée d'Adrien (château Saint-Ange), les arcs de triomphe de Titus et de Constantin, la colonne Trajane; le christianisme primitif nous a légué les catacombes; le moyen âge, ses basiliques (Latran, etc.); la Renaissance, ses palais (le Vatican, le Quirinal), ses musées, ses villas, et le chef-d'œuvre de l'architecture italienne, Saint-Pierre de Rome.

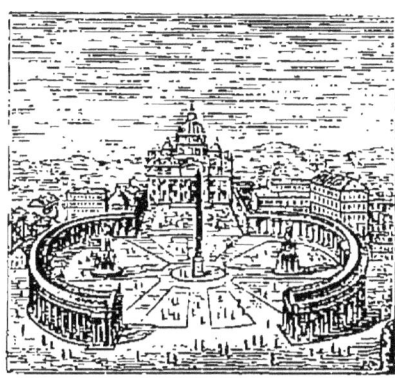

Fig. 35. — La place Saint-Pierre à Rome.

Le royaume est divisé en 69 préfectures, mais les noms des anciennes divisions (*compartimenti*) ne sont pas effacés. Ce sont :

Au *nord :* 1° et 2° le **Piémont** et la **Ligurie**, qu'entourent d'une ceinture de rochers les Alpes et l'Apennin, mais où les plaines, arrosées par le Pô, produisent en abondance les céréales, le riz, la vigne, le mûrier, tandis que sur le littoral croissent l'oranger et l'olivier. La capitale du Piémont est **Turin**, sur le Pô (230000 hab.), ville de commerce et d'industrie, aux rues larges et régulières, ancienne capitale du royaume d'Italie; celle de la Ligurie est **Gênes** (140000 hab.), construite en amphithéâtre, sur le golfe qui porte son nom, le premier port et l'une des premières villes industrielles de l'Italie. Les villes principales sont : en Ligurie, *Savone* et *Porto-Maurizio*, ports de commerce; la *Spezia*, port de guerre; en Piémont, *Alexandrie*, place forte sur le Tanaro; *Coni*,

Pignerol, *Aoste* et *Ivrée*, au pied des Alpes; *Verceil* (101 av. J.-C.), *Staffarde* (1690), *Mondovi* (1796), *Novi* (1799), *Marengo* (1800), *Novare* (1849), champs de bataille célèbres.

3° La **Lombardie**, riche plaine dominée par les Alpes et arrosée par le Pô et ses affluents, au climat doux et humide, au sol fertile, coupé d'innombrables canaux d'irrigation, couvert de moissons, de vergers et de vignes qui s'enlacent aux branches des peupliers et des ormeaux : la capitale est **Milan** (295000 hab.), sur l'Olona, justement fière de ses bibliothèques, de ses musées, de son théâtre de la Scala et de son admirable cathédrale (*il Duomo*). Les villes principales sont : *Côme*, *Bergame*, *Crémone*, centres de l'industrie des soieries; *Brescia* avec ses fabriques d'armes et de toiles; *Sondrio*, sur l'Adda, dans la Valteline; *Mantoue*, place forte sur le Mincio, près de laquelle naquit Virgile; *Pavie*, sur le Tessin, célèbre par la défaite de François Ier,

Fig. 36. — Cathédrale de Milan.

en 1525, *Marignan* (1515 et 1859), *Lodi* (1796), *Castiglione* (1796), *Magenta* et *Solférino* (1859), par des victoires françaises.

4° La **Vénétie**, avec ses plaines marécageuses, ses plantations de mûriers et d'oliviers, et ses pâturages sur la pente des Alpes; capitale **Venise**, dans les lagunes de l'Adriatique, autrefois le premier port de la Méditerranée (130000 hab.). Venise a conservé son aspect étrange et séduisant, ses canaux bordés de palais, ses monuments où se confondent les inspirations du génie oriental et celles de l'Occident (Saint-Marc, le palais des Doges, etc.), mais les lagunes ensablées ne portent plus que des navires d'un tonnage inférieur, et Trieste, la ville autri-

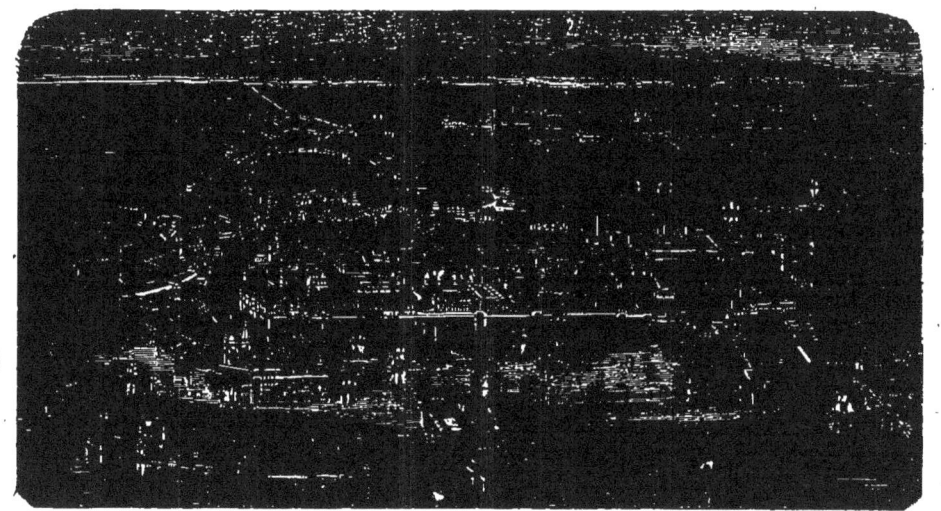

Fig. 37. — Vue de Venise.

chienne, a hérité de la prospérité de Venise. Les villes principales sont : *Vérone*, sur l'Adige, *Padoue, Vicence, Trévise, Udine*, importantes par leurs manufactures de soieries; *Rovigo*, dans la Polésine, *Bellune*, sur la Piave; *Arcole* (1796), *Bassano* (1796) et *Rivoli* (1797), fameuses par les victoires de Bonaparte. La Vénétie est la patrie de l'historien latin Tite Live, du Titien et de Paul Véronèse, deux des plus grands peintres du seizième siècle.

5° L'**Emilie**, avec ses belles vallées et ses plaines arrosées par le Pô, et couvertes de rizières, de champs de blé, de lin et de chanvre; capitale *Bologne*, chef-lieu de l'ancienne **Romagne**, l'un des centres de l'industrie du lin et de la soie (104000 hab.); villes principales : *Ferrare*, sur le Pô, *Ravenne*, la capitale des derniers empereurs romains d'Occident, *Parme*, capitale de l'ancien duché de **Parme**, *Plaisance*, sur le Pô, *Modène* et *Reggio*, dans l'ancien duché de **Modène**, *Forli* et *Rimini*. La petite république de *Saint-Marin* (8000 hab.) est enclavée dans l'Émilie.

A l'*est :* 6° et 7° Les **Marches**, baignées par l'Adriatique, capitale *Ancône*, port sur l'Adriatique; ville principale, *Urbin*, patrie du grand peintre Raphaël, et l'**Ombrie**, arrosée par le Tibre et traversée par l'Apennin, capitale *Pérouse*, non loin du Tibre.

8° Les provinces orientales de l'ancien **Royaume de Naples (Abruzzes, Molise et Capitanate)**, région tourmentée, couverte de forêts et de pâturages, et traversée en tous sens par les rameaux de l'Apennin (villes principales, *Teramo, Chieti* et *Aquila* (Abruzzes), *Campo Basso* (Molise, ancien Samnium) et *Foggia* (Capitanate).

9°, 10°, 11° et 12° Au *sud* et au *sud-ouest*, la partie méridionale et occidentale de l'ancien **Royaume de Naples (Calabres, Basilicate**, ancienne Lucanie, **Pouille**, ancienne Apulie, **Campanie** ou **terre de Labour)**, terre volcanique, sillonnée par les chaînes de l'Apennin, que couvrent d'épaisses forêts, brûlée par le soleil dans les plaines sablonneuses de la *Pouille*, et dans les rochers des *Calabres*, où s'étend lentement, aux dépens des pâturages, la culture du froment, de la vigne, de la canne à sucre, du mûrier, de l'olivier et de l'oranger; rafraîchié par les brises de la mer, dans les riantes vallées de la *terre de Labour*, pays fertile entre tous et sans rival pour l'abondance et la variété de ses productions. — Les villes principales sont, en Campanie : **Naples** (465000 hab.), au pied du Vésuve, sur la mer Tyrrhénienne, la ville la plus peuplée, le plus beau port de l'Italie, dans une contrée toute remplie des souvenirs de l'antiquité classique (*Cumes, Baïa, Pouzzoles, Pompeï*), *Gaëte, Castelamare, Sorrente*, patrie du Tasse, *Salerne*,

Fig. 38. — Ruines de Pompeï.

sur la mer Tyrrhénienne; *Arpino*, patrie de Cicéron, *Bénévent, Caserte*, et *Capoue*, dans l'intérieur : en Calabre, *Reggio*, sur le détroit de Messine, *Catanzaro*, sur la mer Ionienne, et *Cosenza:* dans la Basilicate, *Potenza* et *Venouse* (*Venosa*), patrie du poète Horace: dans la Pouille, *Tarente*, sur le golfe du même nom, *Barletta, Trani, Bari, Brindes, Otrante*, sur l'Adriatique.

13° A *l'ouest :* La **province de Rome** (anciens États pontificaux, réunis à l'Italie depuis 1870), avec ses plages où dorment les eaux stagnantes et pestilentielles des Marais Pontins, ses plaines aux ondulations monotones, et ses vallons que dominent les premiers contreforts de l'Apennin. La capitale est **Rome**, résidence du souverain pontife, et capitale du royaume d'Italie. Les principales villes sont : le port de *Civita-Vecchia*, sur la mer Tyrrhénienne, *Ostie*, à l'embouchure du Tibre, *Velletri* et *Viterbe*.

14° La **Toscane**, avec ses côtes marécageuses, ses vallées fertiles, arrosées par l'Arno et par ses affluents, ses gisements de plomb et de cuivre, ses mines de fer de l'île d'*Elbe*, et ses carrières d'albâtre, capitale **Florence**, la ville la plus riche en chefs-d'œuvre de la Renaissance, la patrie des Médicis, du Dante, de Machiavel, de Léonard de Vinci, de Michel-Ange, qui fut un instant, de 1864 à 1870, la capitale de l'Italie (135 000 hab.); villes principales, *Livourne* (80 000 hab.), le second port de commerce de l'Italie, *Pise*, aux bouches de l'Arno, patrie de Galilée, *Sienne* et *Empoli*, où se travaillent les fameuses pailles d'Italie, *Lucques*, capitale d'un ancien duché, *Arezzo*, où naquit le poète Pétrarque, *Carrare*, célèbre par ses marbres blancs.

15° L'île de **Sardaigne**, pays de montagnes granitiques, sans routes, sans industrie, mais riche en forêts, en mines de plomb, en pêcheries de corail, capitale *Cagliari*, port au sud de l'île, ville principale, *Sassari*, au nord-ouest.

16° L'île de **Sicile**, dominée par le massif de l'Etna, pays presque sauvage dans l'intérieur, mais couvert, sur la côte, de magnifiques vignobles, de plantations d'orangers, de mûriers, d'oliviers, de cotonniers, et dont les mines de soufre et de sel gemme donnent lieu à un immense commerce, capitale *Palerme*, l'ancienne Panorme (205 000 hab.), port au nord de l'île; villes principales, *Messine* (80 000 hab.), sur le détroit du même nom; *Marsala*, centre du commerce des vins, et *Trapani*, sur la côte occidentale, *Girgenti* (ancienne Agrigente), sur la côte méridionale, centre de l'exploitation du soufre, *Catane* (100 000 hab.), et *Syracuse*, à l'est.

Population. Religion. Gouvernement. — La population du royaume s'élève à près de 30 millions d'habitants, presque tous catholiques. Le gouvernement est une monarchie constitutionnelle où le pouvoir législatif appartient à deux Chambres, l'une élective, celle des députés, l'autre, dont les membres sont nommés à vie par le roi, le Sénat.

Le budget est d'environ 1 600 millions ; le capital de la dette peut être évalué approximativement à 10 milliards, y compris la dette flottante.

Le service militaire est obligatoire, pour tous les hommes valides de 21 à 39 ans, divisés en trois catégories. Ceux qui ont tiré les premiers numéros servent 8 ans dans l'armée active ou dans la réserve de l'armée active, 4 ans dans la milice mobile, et 7 ans dans l'armée territoriale. Les autres servent 5 ans dans l'armée permanente, 4 ans dans la milice mobile et 10 ans dans l'armée territoriale, avec obligation de passer au moins 5 mois sous les drapeaux. Enfin les hommes de la troisième catégorie, qui jouissent de certains cas particuliers d'exemption, ne servent que dans l'armée territoriale. — L'effectif de l'armée de première ligne est de 230 000 hommes sur le pied de paix et de 900 000 environ sur le pied de guerre, celui de la milice mobile de 360 000 hommes, et de l'armée territoriale de près d'un million d'hommes.

La flotte compte 75 vapeurs, dont 22 cuirassés. — L'Italie exploite aujourd'hui plus de 10 000 kilomètres de chemins de fer : sa marine marchande jauge un million de tonneaux, et son commerce extérieur dépasse deux milliards et demi. L'instruction primaire est peu développée, le nombre des illettrés s'élève à 40 pour 100. On compte 22 universités et plus de 500 établissements d'enseignement secondaire.

RÉSUMÉ

Le ROYAUME D'ITALIE (296 000 kilomètres carrés) est borné : au nord, par l'Autriche et la Suisse, à l'ouest, par la France et la mer *Tyrrhénienne*, qui baigne l'île d'*Elbe* et l'île de *Sardaigne ;* au sud, par la Méditerranée, qui baigne l'île de *Sicile* (volcan de l'Etna) ; à l'est par la mer *Adriatique*.

Le nord de l'Italie est une vaste plaine arrosée par l'*Adige*, par le *Pô* et ses affluents (Tessin, Adda, Mincio), qui sortent des lacs (Majeur, de Côme, de Garde) situés au pied des Alpes. L'Italie péninsulaire, dont l'arête est formée par les massifs de l'Apennin, est une terre volcanique (volcan du *Vésuve*) dont les fleuves (*Tibre*, *Arno*) ne sont que des torrents.

FORMATION TERRITORIALE. — L'Italie, qui a été dans l'antiquité le berceau de l'empire romain, a passé tour à tour, au moyen âge, sous la domination des Ostrogoths, sous celle des Lombards, des Francs et, enfin, des rois de Germanie qui ont fait revivre l'empire de Charlemagne. Dès la fin du moyen âge, elle se divise en Etats indépendants dont les principaux sont les républiques de Gênes, de Venise, de Florence, les duchés de Savoie et de Milan, les Etats pontificaux, le royaume des Deux-Siciles. La France, l'Espagne et l'Autriche se disputent le Milanais et les Deux Siciles, depuis le seizième siècle jusqu'au dix-huitième ; Napoléon réunit un moment tout le nord et le centre de la péninsule sous le nom de royaume d'Italie, mais les traités de 1815 rétablissent les anciens souverains. L'unité de l'Italie s'est opérée de notre temps, de 1859 à 1870, sous la souveraineté des rois de Piémont, qui ont pris le titre de rois d'Italie.

DIVISIONS POLITIQUES. — L'Italie ne renferme plus qu'un Etat. La capitale est ROME, sur le Tibre (280 000 habitants). Le royaume est divisé en 69 préfectures et 16 provinces :

1° et 2° Au nord, le PIÉMONT et la LIGURIE, capitales *Turin* (230 000 habitants), et *Gênes* (140 000 habitants), le premier port de commerce italien ; villes principales la *Spezia*, port de guerre ; *Alexandrie*, sur le Tanaro ; *Marengo* (1800).

3° La LOMBARDIE, capitale *Milan* (300 000 habitants) ; villes principales *Brescia*, *Pavie*, sur le Tessin ; *Mantoue*, sur le Mincio ; *Marignan* (1515), *Lodi* (1796), *Magenta* et *Solférino* (1859).

4° La VÉNÉTIE, capitale *Venise*, sur l'Adriatique (130 000 hab.) ; villes principales *Vérone*, sur l'Adige, *Padoue*, *Arcole* (1796), *Rivoli* (1797).

5° L'EMILIE, capitale *Bologne* ; villes principales *Ferrare*, sur le Pô ; *Plaisance* (id.) ; *Parme*, *Modène*.

6° A l'est, les MARCHES, capitale *Ancône*, sur l'Adriatique

7° L'OMBRIE, capitale *Pérouse*.

8° Les ABRUZZES et la CAPITANATE, villes principales *Teramo*, *Chieti* et *Foggia*.

9° 10°, 11° et 12° Au sud et au sud-ouest, la BASILICATE, ville principale *Potenza* ; les CALABRES, ville principale *Reggio*, sur le détroit de Messine ; la POUILLE, villes principales *Brindes*, *Bari*, sur l'Adriatique, *Tarente* sur la mer Ionienne, et la CAMPANIE, villes principales *Naples* (465 000 habitants), la ville la plus peuplée de l'Italie ; *Gaete*, sur la mer Tyrrhénienne, et *Capoue*.

13° A l'ouest, la province de ROME, capitale *Rome* ; ville principale *Civita-Vecchia*, sur la mer Tyrrhénienne.

14° La TOSCANE, capitale *Florence* (130 000 habitants), sur l'Arno ; villes principales *Livourne*, le second port de l'Italie, *Pise*, sur l'Arno.

15° L'île de Sardaigne, capitale *Cagliari*.

16° L'île de Sicile, capitale *Palerme* (205000 habit.); villes principales : *Messine, Girgenti, Syracuse* et *Catane*.

Population. Gouvernement. — La population est de 30 millions d'habitants (101 par kilomètre carré), presque tous catholiques. Le gouvernement est une monarchie constitutionnelle avec deux Chambres, une chambre des *Députés* et un *Sénat*. Le budget est de 1 600 millions et le capital de la dette de 10 milliards. — L'armée permanente est d'environ 900 000 hommes sur le pied de guerre. — L'instruction populaire est peu développée (40 p. 100 d'illettrés). — L'Italie a 10 000 kilomètres de chemins de fer, et son commerce extérieur dépasse 2 milliards et demi.

Exercices.

Carte physique de l'Italie.
Cartes politiques de l'Italie en 1815, en 1860 et en 1871.

Lectures.

E. Reclus. *L'Europe*, t. Ier.
Lanier. *L'Europe*.
Gourdault. *L'Italie*. 1 vol. in-4°.

CHAPITRE VII

Région du sud-est.

I

TURQUIE D'EUROPE

(265 000 kilomètres carrés.)

Limites. — La Turquie d'Europe, en y comprenant la principauté vassale de Bulgarie et sans y comprendre les provinces de Bosnie et d'Herzégovine, occupées par l'Autriche, est bornée, au nord, par le *Danube*, qui la sépare de la Roumanie, par la Serbie, et par l'empire d'Autriche-Hongrie; à l'ouest, par le Monténégro, l'Adriatique, le canal d'Otrante et la mer Ionienne; au sud, par le royaume de Grèce, l'Archipel, le détroit de *Gallipoli* ou des *Dardanelles*, la mer de *Marmara* et le *Bosphore*; à l'est, par la mer Noire.

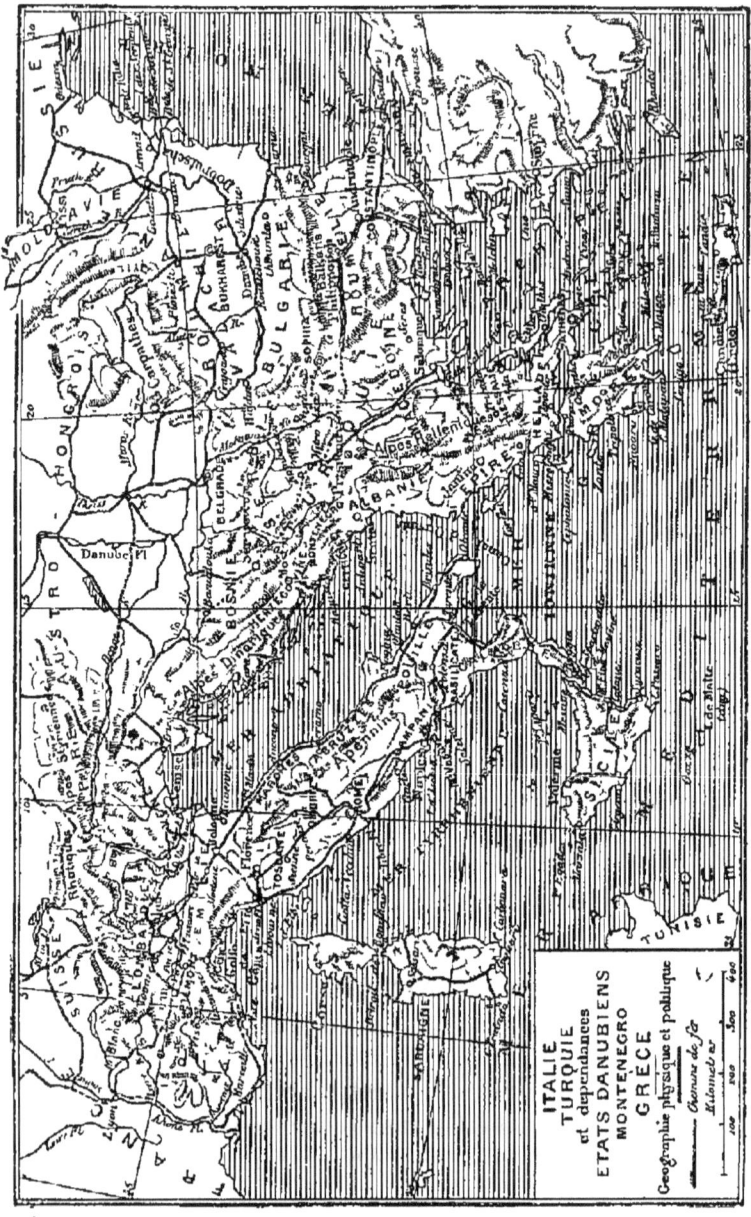

Carte XV.

Iles. — Les îles qui en dépendent sont, dans la Méditerranée, l'île montagneuse de *Candie* (ancienne Crète); et dans l'Archipel, les îles de *Thaso*, de *Samothraki*, d'*Imbro* et de *Lemno*.

Montagnes et fleuves. — La Turquie d'Europe est traversée, parallèlement à l'Adriatique, par la prolongation des *Alpes dinariques* et par les *Alpes helléniques*, qui viennent se souder aux précédentes par l'imposant massif du *Tchar-Dagh;* parallèlement à l'Archipel, par les *Balkans*, d'où se détachent le Rhodope (*Despoto-Dagh*) et les monts *Strandja*. Des Balkans descendent, au sud, les fleuves tributaires de l'Archipel, la *Maritza*, ancien Hebre, le *Strouma*, ancien Strymon, le *Vardar*, ancien Axius; au nord, les affluents du Danube, dont la rive droite appartient à la Bulgarie et à la Roumanie.

Les tributaires de l'Adriatique, le *Drin,* le *Voïoussa* ne sont que des torrents.

Formation territoriale. — Les pays qui appartiennent encore de fait ou de nom à la Turquie d'Europe correspondent aux anciennes régions de Thrace, de Macédoine, d'Illyrie et d'Epire. — On sait quel rôle la Macédoine, la patrie de Philippe et d'Alexandre, a joué dans le monde grec et oriental. Les Romains soumirent ces vastes contrées dès le deuxième siècle avant Jésus-Christ. Après la chute de l'empire d'Occident, l'empire d'Orient, dont Constantinople était la capitale, en conserva la possession jusqu'à l'invasion des Turcs en Europe (fin du quatorzième et quinzième siècle). Ceux-ci renversèrent, en 1453, le dernier empereur grec d'Orient, et les sultans établirent leur résidence à Constantinople, qui conserva, malgré la conquête musulmane, son antique importance commerciale. A partir du dix-huitième siècle, l'empire ottoman, menacé pas ses puissants voisins d'Autriche et de Russie et désorganisé par le despotisme et la mauvaise administration, entre dans la période de décadence. Il perd successivement une partie du littoral de la mer Noire, cédé à la Russie, la Croatie et la Slavonie conquises par l'Autriche, la Grèce qui devient indépendante : la dernière guerre contre les Russes, et le traité de Berlin qui en a consacré les résultats (1878) ont enlevé au sultan ses droits de suzeraineté sur la Roumanie et la Serbie et ne lui laissent qu'une autorité nominale en Bulgarie, en Bosnie et en Herzégovine et même en Rouméhe.

Divisions politiques. Grandes villes. — La capitale de l'empire turc est **Constantinople** (600000 h.), l'antique Byzance, située sur le Bosphore, qui la sépare de son faubourg asiatique, *Scutari*. La ville s'élève en amphithéâtre, bordée d'une ceinture de jardins, dominée par les minarets de ses 500 mosquées et par le dôme majestueux de Sainte-Sophie, plongeant dans les eaux du Bosphore les tours de ses palais et ses terrasses couvertes de cyprès et de platanes. Mais, à l'intérieur, l'incurie de la police et de la population, le peu de largeur des rues, l'insalubrité et le mauvais état des maisons construites pour la plupart en bois, engendrent les maladies, multiplient les incendies, et font d'une des villes les plus pittoresques du monde, une des plus sales et des plus désagréables à habiter. Cependant le quartier grec du *Fanar*, et les faubourgs à demi européens de *Galata* et de *Péra* ont fait quelques efforts pour se rapprocher des habitudes de l'Europe, et possèdent de larges rues éclairées au gaz, de somptueux hôtels, et un grand nombre de maisons construites en pierres.

La Turquie d'Europe se divise en sept départements ou vilayets, mais l'usage a conservé les noms des anciennes provinces, qui ont une importance ethnographique et politique toujours croissante. Les îles forment un vilayet distinct.

Les provinces continentales qui restent encore soumises à l'autorité du sultan et à l'administration turque sont :

1° La **Thrace** (sans y comprendre le vilayet de Constantinople auquel appartient le littoral asiatique de la mer de Marmara), capitale *Andrinople* ou *Édirné* (60 000 hab.), sur la Maritza; villes principales, *Rodosto* sur la

12.

mer de Marmara, *Gallipoli* sur les Dardanelles, *Enos* sur l'Archipel, et *Démotika* sur la Maritza. La population est turque ou grecque avec un petit nombre de Bulgares.

2° La **Macédoine** (vilayets de Salonique et de Monastir) peuplée de Grecs, de Turcs et de Bulgares, capitale *Salonique* (Thessalonique), sur l'Archipel, le second port de la Turquie d'Europe (70000 hab.), villes principales, *Sérès*, centre de la culture du coton, et *Monastir*, dans la montagne.

3° La **Vieille-Serbie** (vilayet de Kossovo), peuplée en grande partie de Serbes, a pour capitale *Pristina*.

4° L'**Albanie** (ancienne Illyrie) correspond aux vilayets de Kossovo, de Scutari et de Janina : c'est un pays de montagnes situé entre l'Adriatique et les Alpes helléniques et habité par une population rude et belliqueuse qui parle un dialecte particulier et qu'on rattache à la race pélasgique. Les principales villes sont *Scutari*, sur le lac du même nom, *Croia*, dans l'intérieur, et *Durazzo* (Dyrrachium), sur l'Adriatique. L'arrondissement de *Novi-Bazar* au nord de la province de Kossovo, est occupé par les Autrichiens.

4° L'**Epire**, province séparée de l'Albanie par le cours de l'*Aoüs* (*Voioussa*) et dont la population est en grande partie de race grecque, a pour principales villes *Prévésa* et *Parga*, sur la mer Ionienne, *Metsovo* au pied du *Pinde*, et *Janina* sur le lac du même nom. Cette province dépend du vilayet de Janina : une partie a été cédée à la Grèce d'après les engagements consacrés par le traité de Berlin.

Les provinces effectivement soumises au sultan ont une population d'environ 4200000 habitants, parlant le turc, le grec, le bulgare, l'albanais, dont deux millions de musulmans et plus de deux millions de grecs schismatiques qui reconnaissent pour chef religieux le patriarche de Constantinople.

Le gouvernement, dont le chef porte le nom de *sultan* ou *padishah*, est absolu de fait, bien que l'empire ottoman ait reçu, depuis 1876, une constitution établissant un Sénat et une Chambre des députés qui n'ont jamais été réunis. Le sultan est le chef de la religion comme de l'Etat. Les événements qui ont profondément modifié la situation de l'empire rendraient illusoires toutes les données statistiques sur ses forces militaires ou sur ses finances, dont la ruine paraît irrémédiable. Le budget s'élève en moyenne à 430 millions pour la dépense et 350 millions pour les recettes. La dette, même après les réductions arbitraires qu'elle a subies, dépasse 3 milliards.

La Turquie d'Europe, en y comprenant la Roumélie, a plus de 1 500 kilomètres de chemins de fer; mais, malgré ses ressources naturelles (céréales, oliviers, vignes, coton, forêts, soies, laines, bétail), le mauvais état des routes, le désordre de l'administration, la détresse financière, les agitations intérieures paralysent tout progrès.

II

PROVINCES AUTONOMES

1° La **Roumélie** (Thrace, 35 900 kilom. carrés), entre les Balkans, les provinces turques de Macédoine et de Thrace et la mer Noire, a pour capitale *Philippopoli*, sur la Maritza; pour villes principales *Eski-Sagra*, au pied des Balkans, et *Bourgas*, sur la mer Noire.

Cette province avait reçu une organisation particulière, sous la garantie des puissances européennes, mais elle a proclamé son union avec la Bulgarie. Elle est peuplée de Grecs, de Bulgares et de Turcs (816 000 habitants).

2° La **Crète**, capitale *Candie*, ville principale *la Canée*, sur l'Archipel, province presque entièrement grecque, jouit depuis 1868 d'une constitution spéciale (270 000 habitants).

3° Les provinces de **Bosnie** et d'**Herzégovine**, entre la Save au nord, la Serbie à l'est, la Turquie et le Monténégro au sud, et la province autrichienne de Dalmatie à l'ouest, sont occupées et administrées par l'Autriche, tout en restant nominalement sous la souveraineté du sultan : c'est une annexion déguisée. Elles comptent environ 62 000 kilomètres carrés et 1 158 000 habitants bosniaques, serbes et turcs, dont 670 000 chrétiens. Les principales villes sont : *Serajevo* ou *Bosna-Sérai* en Bosnie, *Mostar* et *Gatchko,* en Herzégovine. L'Autriche occupe aussi, conjointement avec les Turcs, la province de *Novi-Bazar*, entre la Serbie et le Monténégro (168 000 habit.).

BULGARIE

La **Bulgarie** (63 800 kilomètres carrés, ancienne Mœsie) doit son nom à un peuple d'origine asiatique, qui y fonda, au sixième siècle après J.-C., un royaume détruit, au quinzième, par les Turcs. Elle est située entre la Roumanie, le Danube, la Serbie, les Balkans et la mer Noire, et forme, depuis 1878, une principauté vassale et tributaire du sultan, mais autonome (2 000 000 d'habit., dont 600 000 musulmans). La capitale est *Sophia*, au pied des Balkans ; les villes principales *Silistrie*, *Roustchouk* et *Widdin*, sur le Danube ; *Tirnova*, l'ancienne capitale, sur la Jantra ; *Plevna*, célèbre par l'héroïque résistance des Turcs en 1877 ; *Choumla*, sur le versant septentrional des Balkans ; et *Varna*, sur la mer Noire. La langue officielle de la Bulgarie est un dialecte slave ; l'armée peut être portée à 60 000 hommes sur le pied de guerre. Quant aux ressources du pays, qui est surtout une région de céréales, de forêts et de pâturages, il est difficile de s'en rendre compte aujourd'hui. La Bulgarie possède une ligne importante de chemins de fer, celle de Varna à Roustchouk.

III

ROYAUMES DANUBIENS ET MONTÉNÉGRO

De la Turquie d'Europe dépendaient autrefois comme Etats tributaires, devenus indépendants par le traité de Berlin (1878) :

1° Le royaume de **Serbie** (48 600 kilomètres carrés), situé sur la rive droite du Danube, entre la Bosnie à l'ouest, la Bulgarie au sud et à l'est, la Roumanie et l'Autriche-Hongrie au nord. La Serbie s'est constituée en 1829 sous des princes héréditaires, indépendants depuis 1878. C'est un pays de montagnes, arrosé par le *Timok* et la *Morawa*, affluents du Danube, riche en bestiaux, en mines et en forêts : capitale *Belgrade* (38 000 habitants), sur le Danube ; villes principales : *Kragoujewatz*, *Nisch* ou *Nissa* et *Alexinatz*.

La population est de 1 900 000 habitants, presque tous Slaves d'origine et grecs de religion. L'armée doit s'élever sur le pied de guerre à 100 000 hommes. Le budget ne dépasse pas 35 millions et la dette nationale 200 millions de francs.

2° Le royaume de **Roumanie** est formé des principautés de **Moldavie** et de **Valachie** (130 000 kilomètres carrés, ancienne *Dacie*), qui, après avoir été successivement occupées par les Huns, les Bulgares, les Hongrois, ont eu, à partir du treizième siècle, des princes indépendants. Après la prise de Constantinople par les Turcs, elles durent reconnaître la suzeraineté du sultan. Constituées en 1855 et 1858, sous la garantie des grandes puissances et réunies définitivement depuis 1866, sous le nom de *Roumanie*, elles sont redevenues indépendantes depuis 1878. La Roumanie, érigée en royaume depuis 1881, est bornée : au nord et à l'ouest, par les *Carpathes*, qui la séparent de l'Autriche, à l'est par le Pruth et le Danube, qui la séparent de la Russie ; au sud par le Danube qui la sépare de la Serbie et de la Bulgarie, et par une ligne de convention tracée entre le Danube (Silistrie) et la mer Noire et limitant la province de *Dobroutscha* assignée à la Roumanie par le traité de Berlin, en échange de la Bessarabie roumaine cédée à la Russie.

Le Danube reçoit à gauche l'*Aluta*, le *Séreth* et le *Pruth*, et se jette dans la mer Noire par plusieurs bouches dont deux facilement navigables, celles de *Soulina* et de *Saint-Georges*.

Cette contrée offre l'aspect d'une immense plaine, au sol argileux, couverte de moissons et de pâturages, dominée par les cimes boisées des Carpathes et s'abaissant vers le Danube par une série de plateaux monotones.

La capitale de la Roumanie est **Bukharest** (220000 hab.), en *Valachie ;* les villes principales : *Yassi* (*Moldavie*), sur un affluent du Pruth, *Galatz* et *Braila*, sur le cours inférieur du Danube ; *Kustendje*, sur la mer Noire ; *Giurgewo*, *Kalafat*, sur le Danube ; *Craïowa*, *Ploïesti* et *Tergowitz*, dans l'intérieur.

La population est de près de 5 millions et demi d'habitants, de langue néo-latine. et qui portent le nom de Roumains. La religion grecque domine. Le gouvernement appartient à un souverain héréditaire et à une assemblée composée d'un Sénat et d'une Chambre des représentants. Le budget dépasse 130 millions, la dette 700 millions ; l'armée active s'élève à 150000 hommes sur le pied de guerre. Les céréales, les bois et les bestiaux sont la principale richesse du pays, dont l'industrie est peu avancée. Le commerce dépasse 580 millions, la longueur des chemins de fer exploités 1500 kilomètres.

3° Le **Monténégro** (dans le dialecte slave du pays, *Tchernagora*, montagne noire), petit Etat gouverné par des princes indépendants et habité par environ 240000 montagnards qui ont toujours défendu leur religion et leur liberté, est situé au sud-ouest de la Bosnie ; le principal bourg est *Cettigne*. Les ports de *Dulcigno* et d'*Antivari* sur l'Adriatique, et la ville de *Podgoritza* ont été cédés au Monténégro par le traité de Berlin.

IV

ROYAUME DE GRÈCE OU HELLAS

(64 700 kilom. car.)

Limites. — Le royaume de Grèce est borné : au nord, par la Turquie d'Europe ; à l'ouest par la mer Ionienne, qui forme le golfe d'*Arta* et celui de *Corinthe* ou de *Lé-*

pante; au sud, par la Méditerranée, qui forme les golfes de *Coron* et de *Marathonisi;* à l'est, par l'Archipel, qui forme les golfes de *Nauplie* et d'*Egine*.

Les îles *Ioniennes*, dans la mer Ionienne, les *Cyclades* et l'*Eubée* (*Négrepont*), dans l'Archipel, lui appartiennent.

Montagnes et fleuves. — La Grèce est couverte des ramifications des *Alpes helléniques*, qui se terminent au cap *Matapan*, entre les golfes de Coron et de Marathonisi.

Les cours d'eau ne sont que des torrents : les plus connus sont l'*Aspro-Potamo* (Acheloüs), qui se jette dans le golfe de Corinthe; le *Roufia* (Alphée), dans la mer Ionienne; l'*Eurotas*, dans le golfe de Marathonisi; l'*Asopo*, dans le canal de *Talantia* (Euripe), entre le continent et l'Eubée; le *Mavro-Potamo* (Céphise), dans le lac Copaïs, en Béotie; le *Salemvria* (Pénée), dans l'Archipel.

La nature semble avoir créé la Grèce pour le commerce maritime; la mer l'enlace et la pénètre de toutes parts, ses îles sont jetées comme un pont entre l'Europe et l'Asie; la Méditerranée, l'Archipel, la mer Ionienne lui ouvrent toutes les routes de l'Occident et de l'Orient.

Malgré ses montagnes, elle doit à son climat et à son soleil une fertilité qui pourrait l'enrichir autant que son commerce maritime, si une culture bien entendue développait ses productions naturelles, vignes, oliviers, coton, tabac, mûriers, forêts, bétail; elle a des mines de fer, de plomb, d'argent, d'inépuisables carrières de marbres; mais les agitations politiques, le brigandage, le manque de routes, la rareté des capitaux ont longtemps paralysé ses ressources.

Formation territoriale. — Les populations primitives de la Grèce paraissent avoir appartenu, comme celles de l'Italie, à une des branches de la grande famille indo-européenne. La tribu des Hellènes, devenue dominante, imposa aux autres habitants de la péninsule sa langue et son nom (Hellas). Divisée en petites cités indépendantes et rivales les unes des autres, la Grèce ne

parvint jamais à former une nation; elle sut cependant résister à toutes les forces de l'empire des Perses; elle devint le foyer de la civilisation en Occident; et, quand les rois de Macédoine eurent réussi à lui faire reconnaître leur suprématie, les armées d'Alexandre achevèrent ce qu'avaient commencé les flottes d'Athènes : elles firent pénétrer jusqu'au cœur de l'Asie cette civilisation que la Grèce devait en partie à l'Orient. Rome réduisit la Grèce en province romaine sous le nom d'Achaïe, en 146 : les empereurs romains la conservèrent jusqu'au commencement du treizième siècle; la croisade de 1204 eut pour résultat la conquête de presque toute l'ancienne Grèce par les Vénitiens ou par des seigneurs d'origine française; les Turcs s'en emparèrent à leur tour au quinzième siècle, et la Grèce resta sous leur domination jusqu'au commencement de notre siècle. Une insurrection qui éclata en 1820 et qui triompha, grâce à l'intervention des puissances européennes, eut pour résultat la création d'un royaume de Grèce en 1832.
— Les Anglais lui ont cédé, en 1863, le protectorat des îles Ioniennes, que leur avaient garanti les traités de 1815; enfin la Grèce a obtenu en 1881 la Thessalie et une partie de l'Epire, cédées par les Turcs.

Divisions politiques. — Le royaume de Grèce se divise politiquement en préfectures ou éparchies. Il a pour capitale *Athènes*, avec son port du *Pirée*, sur le golfe d'Egine (85 000 hab.).

Athènes n'est plus grande que par les souvenirs et les débris du passé. Elle a conservé sur ce rocher de l'Acropole, qui fut son berceau, les merveilleux vestiges du siècle de Périclès : le Parthénon (temple de Minerve), le temple d'Erechthée, les Propylées; sur les bords de l'Ilissus, ou dans la plaine que domine l'Acropole, se dressent encore les portiques du temple de Jupiter et du temple de Thésée; le monument chorégique de Lysicrate (lanterne de Démosthène); la Tour des Vents, le Théâtre et l'Odéon d'Hérode Atticus, monuments de l'époque romaine. La ville moderne, avec ses maisons peintes en

Fig. 39. — Les Propylées à Athènes.

rose et en bleu clair, ses larges rues et ses lourdes imitations de notre architecture officielle, est sans caractère et sans intérêt.

Les principales divisions naturelles sont :

1° La **Hellade**, au nord, comprenant l'Attique et la Béotie, la Phocide, l'Acarnanie et l'Etolie; villes principales : *Athènes, Thèbes, Livadia, Missolonghi* (siège de 1826) et *Lépante* (bataille de 1571), sur le golfe de Lépante; *Lamia,* près de l'Archipel.

2° La **Morée** ou **Péloponèse,** réunie à la Hellade par l'isthme de Corinthe, que coupera bientôt un canal maritime creusé entre le golfe de Lépante et l'Archipel, comprend les éparchies de Laconie, Arcadie, Messénie, Elide et Achaïe, Argolide et Corinthie; villes principales : *Argos* et *Corinthe,* avec leurs ruines antiques; *Patras,* sur le golfe de Lépante; *Navarin* (bataille navale de 1827), sur la mer Ionienne; *Calamata,* sur le golfe de Coron; *Nauplie,* sur le golfe du même nom; *Sparte* et *Tripolitza,* dans l'intérieur.

3° La **Thessalie** a été cédée par les Turcs, grâce à l'intervention diplomatique des grandes puissances européennes. Villes principales : *Volo,* sur le golfe du même nom; *Pharsala, Larissa,* sur le Pénée, et *Tricala.* La ville d'*Arta,* en Epire, avec un petit territoire, a été aussi occupée par les Grecs.

4° Les *Iles* comprennent : 1. Dans la mer Ionienne, les îles **Ioniennes,** cédées à la Grèce par l'Angleterre; *Corfou,* capitale *Corfou; Paxo, Sainte-Maure, Thiaki* (Ithaque), *Képhalonie; Zante* (Zacynthe) et *Cérigo* (Cythère), au sud de la Morée;

2. Dans l'Archipel, la grande île d'**Eubée** ou **Négrepont,** capitale *Khalkis,* les îles d'*Egine,* d'*Hydra* et les *Cyclades,* dont les principales sont : *Santorin* (ancienne Théra), *Milo, Paros, Naxos, Andros* et *Syra,* capitale *Syra* ou *Hermopolis,* le port le plus fréquenté de la Grèce.

Population, religion. — La population est de plus de deux millions d'habitants, parlant la langue grecque et appartenant presque tous à la religion grecque schismatique. Le gouvernement est une monarchie constitutionnelle, avec une seule Chambre législative.

Le service militaire est obligatoire; il dure trois ans dans l'armée active, sept ans dans la réserve, deux ans dans l'armée territoriale et autant dans la réserve de cette armée. — Les forces militaires pourraient, en cas de guerre, être portées à 120 000 hommes d'armée active. La flotte de guerre compte 20 vapeurs et 3 navires à voiles.

La Grèce, dont le budget est en déficit, dépense environ 85 millions par an; la dette publique est de 500 millions.

Les communications intérieures sont difficiles et il n'existe que quelques kilomètres de chemins de fer, mais la marine marchande est nombreuse et le mouvement des échanges dépasse 230 millions.

RÉSUMÉ

I

GÉOGRAPHIE PHYSIQUE. — La Turquie d'Europe, en y comprenant la Bulgarie, est bornée, au nord, par le *Danube*, la Serbie et l'Autriche-Hongrie ; à l'ouest, par l'Adriatique et la mer Ionienne; au sud, par le royaume de Grèce, l'Archipel, le détroit de *Gallipoli*, la mer de *Marmara* et le *Bosphore*; à l'est, par la mer Noire.

Les îles qui en dépendent sont : dans la Méditerranée, l'île de *Candie* (ancienne *Crète*) ; et, dans l'Archipel, *Thaso*, *Samothraki*, *Imbro* et *Lemno*.

La Turquie d'Europe est traversée, du nord au sud, par la prolongation des *Alpes dinariques* et par les *Alpes helléniques*; et de l'ouest à l'est, par les *Balkans*.

Les principaux cours d'eau sont :

Dans le versant de la mer Noire, le *Danube*; dans le versant de l'Adriatique, le *Drin*; dans le versant de l'Archipel, la *Maritza* (Hèbre).

FORMATION TERRITORIALE. — Les pays qui dépendent aujourd'hui de la Turquie d'Europe portaient, dans l'antiquité, les noms de Thrace, Macédoine, Illyrie et Epire. Soumis aux rois de Macédoine à partir du quatrième siècle av. J.-C., puis aux Romains à partir du second siècle av. J.-C., ils firent partie de l'empire romain d'Orient et furent conquis par les Français et les Vénitiens au treizième siècle, et par les Turcs au quinzième. L'empire Ottoman, menacé depuis le dix-huitième siècle par l'Autriche et la Russie, a déjà subi des démembrements successifs dont le dernier a été consacré par le traité de Berlin (1878).

GÉOGRAPHIE POLITIQUE. — La capitale de l'empire est *Constantinople*, sur le Bosphore (600000 habitants).

Il se divise en 8 départements ou *vilayets*.

Les possessions immédiates sont, outre le district de Constantinople :

1° La THRACE, capitale *Andrinople*, sur la Maritza ; ville principale *Gallipoli*, sur les Dardanelles ; 2° la MACÉDOINE, capitale *Salonique*, sur le golfe du même nom (Archipel); villes principales *Sérès* et *Monastir* ; 3° la VIEILLE SERBIE, capitale *Pristina* ; 4° l'ALBANIE, capitale *Scutari* ; 5° l'ÉPIRE (pays grec), capitale *Janina* ; ville principale *Prevesa*, sur la mer Ionienne : une partie de cette province a été cédée à la Grèce.

La population des provinces immédiatement soumises au sultan est d'environ 4200000 habitants parlant le turc, le grec, le bulgare, l'albanais, dont 2 millions de Musulmans et plus de 2 millions de Grecs schismatiques.

Le gouvernement, dont le chef porte le nom de *Sultan*, est absolu de fait, bien que la Turquie ait une constitution depuis 1876 ; le sultan est chef de la religion.

II

Les provinces autonomes et jouissant d'une constitution spéciale sont : 1° la ROUMÉLIE, capitale *Philippopoli*, aujourd'hui unie de fait à la Bulgarie ; 2° la CRÈTE, capitale *Candie* ; ville principale la *Canée*, sur l'Archipel.

Les provinces de BOSNIE et d'HERZÉGOVINE (1158000 habitants) sont occupées et administrées par l'Autriche, tout en restant nominalement sous la souveraineté du sultan. Villes principales *Serajevo*, en Bosnie ; *Mostar*, en Herzégovine.

La BULGARIE, entre le Danube, la Serbie, les Balkans et la mer Noire, forme une principauté vassale du sultan, mais autonome (2000000 d'habitants, dont 600000 musulmans). La capitale est *Sophia* ; villes principales *Silistrie*, *Rouslchouk* et *Widdin*, sur le Danube ; *Tirnova*, *Choumla*, dans l'intérieur ; *Varna*, sur la mer Noire.

III

De la Turquie d'Europe dépendaient autrefois comme Etats tributaires :

1° La SERBIE, située sur la rive droite du Danube et constituée en 1829 sous des princes héréditaires, indépendants depuis 1878, capitale *Belgrade*, sur le Danube. — Le prince de Serbie a pris, en 1882, le titre de roi. — La population est de 1 900 000 habitants, presque tous Slaves d'origine et Grecs de religion.

2° La ROUMANIE (ancienne Dacie, puis principautés de Valachie et de Moldavie), constituée en 1855 et 1858, sous la garantie des grandes puissances, indépendante depuis 1878, et érigée en royaume en 1881, est bornée, au nord, par les *Carpathes*, à l'est, par le Pruth et la mer Noire, au sud, par la Bulgarie et le Danube, à l'ouest, par la Serbie et la Hongrie. C'est un pays de plaines, riche en céréales et en bestiaux.

Le Danube reçoit à gauche l'*Aluta*, le *Sereth* et le *Pruth*, et se jette dans la mer Noire par plusieurs bouches dont les deux principales sont celles de *Soulina* et de *Saint-Georges*. La capitale de la Roumanie est BUKHAREST (*Valachie*); les villes principales : *Yassi (Moldavie); Galatz* et *Braïla*, sur le cours inférieur du Danube; *Craïowa* et *Ploiesti*, dans l'intérieur.

La population est de 5 millions et demi d'habitants, de langue néo-latine. La religion grecque domine. Le gouvernement est une monarchie héréditaire et constitutionnelle.

3° Le MONTÉNÉGRO, petit Etat habité par environ 240 000 montagnards. Capitale *Cettigne*; villes principales *Antivari*, sur l'Adriatique, et *Podgoritza*.

IV

GÉOGRAPHIE PHYSIQUE. — Le royaume de Grèce ou *Hellas* (64 700 kilomètres carrés) est borné : au nord, par la Turquie d'Europe; à l'ouest, par la mer Ionienne (golfe de *Corinthe* ou de *Lépante*); au sud, par la Méditerranée; à l'est, par l'Archipel.

Les îles *Ioniennes*, les *Cyclades* et l'*Eubée* (*Négrepont*) lui appartiennent.

La Grèce est couverte des ramifications des *Alpes helléniques*, qui se terminent au cap *Matapan*.

Les cours d'eau ne sont que des torrents (*Aspro-Potamo* (Achelous), dans le golfe de Corinthe, *Eurotas*, etc.).

NOTIONS HISTORIQUES. — Les anciens appelaient la Grèce *Hellas* du nom des Hellènes, tribu de race pélasgique. Les Romains substituèrent au nom de Hellas celui de *Græcia* qui s'est maintenu. La Grèce, après avoir fait partie de l'empire romain d'Orient, fut soumise par les Turcs, se souleva en 1820 et forme un royaume indépendant depuis 1832.

GÉOGRAPHIE POLITIQUE. — La capitale est *Athènes* (85 000 habitants), avec le port du *Pirée*.

La Grèce se divise en préfectures, que l'on peut réduire à 4 divisions principales :

1° La HELLADE au nord, villes principales *Athènes, Missolonghi* et *Lépante*, sur le golfe de Lépante.

2° La MORÉE, réunie à la Hellade par l'isthme de Corinthe qui sera coupé prochainement par un canal maritime ; villes principales *Patras*, sur le golfe de Lépante ; *Nauplie*, sur l'Archipel ; *Sparte* et *Tripolitza*, dans l'intérieur.

3° La THESSALIE, cédée par les Turcs en 1881 ; villes principales *Larissa, Tricala* et *Volo*, sur l'Archipel, et une petite partie de l'ÉPIRE, ville principale *Arta*.

4° Les *Iles*, qui comprennent : dans la mer Ionienne, les îles IONIENNES, cédées à la Grèce par l'Angleterre : *Corfou, Ithaque, Képhalonie, Zante, Cérigo* (Cythère), etc. ; dans l'Archipel, la grande île d'EUBÉE ou NÉGREPONT, capitale *Khalkis* ; les îles d'*Egine* et d'*Hydra*, et les *Cyclades* (*Santorin, Milo, Paros, Syra*, capitale *Hermopolis*, le port le plus fréquenté de la Grèce).

La population est d'un peu plus de deux millions d'habitants, parlant la langue grecque et appartenant à la religion grecque schismatique. Le gouvernement est une monarchie constitutionnelle. Le commerce dépasse 230 millions.

Exercices.

Carte de la Turquie d'Europe et de ses dépendances avant 1878.
Carte de l'empire ottoman et des anciennes principautés tributaires après le traité de Berlin.
Carte de la Grèce en 1880 et en 1884.
Rapprocher les noms anciens et modernes.

Lectures.

E. RECLUS. *L'Europe*, t. Ier.
LANIER. *L'Europe*.
DE AMICIS. *Constantinople*. 1 vol. in-18.
Ph. ROQULS. *Athènes*. 1 vol. in-18.
KANITZ. *La Bulgarie danubienne et le Balkan*. 4 vol. in-8°
Le Tour du Monde (Voyages de MM. Duruy et Lancelot en *Roumanie*, Yriarte dans l'*Adriatique*, Belle en *Grèce*).

CHAPITRE VIII

Région orientale.

EMPIRE DE RUSSIE

(5 642 000 kilomètres carrés.)

Limites. — La Russie d'Europe, en y comprenant la Pologne russe et la partie septentrionale de la lieutenance générale du Caucase, est située entre 44° et 70° 15' de latitude nord, 15° 30' et 63° de longitude est. Elle est bornée, au nord, par l'océan Glacial qui forme la mer *Blanche* et qui baigne les îles *Waigatch* et de la *Nouvelle-Zemble ;* à l'ouest, par la Norvège, la Suède, la mer Baltique, qui forme les golfes de *Botnie*, de *Finlande* et de *Livonie*, et qui baigne les îles d'*Aland*, d'*Abo*, de *Dago* et d'*Œsel*, par la Prusse, l'Autriche-Hongrie et la Roumanie ; au sud, par la mer Noire, le détroit de *Kertch* (*Ienikalé*), la mer d'*Azof* et la *Transcaucasie ;* à l'est, par la mer *Caspienne*, le fleuve *Oural* et les monts *Ourals*, limites de l'Europe et de l'Asie.

Description physique. — La Russie couvre plus de la moitié de la superficie de l'Europe dont elle forme à elle seule toute la partie orientale. Séparée de l'Asie par des limites de convention dont les Russes ne tiennent pas compte dans leurs circonscriptions administratives, terre à demi asiatique, à demi européenne, elle est le lien entre l'Occident et l'Orient, entre la civilisation et la barbarie.

Près des deux tiers du territoire de la Russie d'Europe sont situés dans la zone froide septentrionale dont la température moyenne ne dépasse pas 5° au-dessus de 0, et, jusque sur les bords de la mer Noire, les hivers sont assez rigoureux pour couvrir le pays de neige et suspendre pendant plusieurs semaines la navigation.

Le sol est peu accidenté ; sauf les chaînes de l'*Oural*

et du *Caucase*, la Russie n'a que des collines comme celles de *Pologne*, des plateaux d'une médiocre élévation comme l'*Uvalli*, le plateau de *Valdaï* et celui de *Finlande*, ou quelques hauteurs rocheuses, comme les monts *Olonetz*, qui rompent à peine la morne uniformité de ses plaines sans limites.

Le versant de la mer Blanche et de l'océan Glacial, arrosé par la *Petchora*, qui descend de l'Oural, et par la *Dwina* et l'*Onéga* qui naissent dans les plateaux de l'*Uvalli*, est couvert de forêts de sapins ou de bouleaux et de tourbières glacées.

Le versant de la Baltique offre, au nord, un plateau granitique, semé de lacs et de marécages, de forêts et de landes stériles (*Finlande*); c'est là que dorment les lacs *Saïma*, *Onéga*, *Ladoga*, dont la *Néva* porte les eaux au golfe de Finlande, le lac *Ilmen* et le lac *Peipous;* dans sa partie méridionale et occidentale (Pologne, Livonie, Courlande, Lithuanie), qu'arrosent la *Duna*, le *Niémen* et la *Vistule*, le défrichement a livré à l'agriculture de vastes espaces que couvrent aujourd'hui de riches moissons et des cultures diverses, tabac, lin, chanvre, houblon.

Le versant de la mer Caspienne, avec ses deux grands fleuves, l'*Oural* et le *Volga* grossi à droite de l'*Oka*, à gauche de la *Kama*, et le **versant de la mer Noire** arrosé par le *Dniester*, par le *Dniéper* qui descend des collines de Pologne, et qui reçoit à droite la *Bérézina* et la *Pripet*, à gauche la *Desna*, enfin par le *Don*, tributaire de la mer d'**Azof,** se divisent en trois parties :

1° Le *bassin supérieur du Volga* (Moscovie), défriché et cultivé, mais dont le sol maigre et pierreux ne produit guère que le seigle, l'avoine et la pomme de terre ;

2° La *région des terres noires*, qui comprend le bassin supérieur du Don et du Dniéper, le bassin entier du Dniester et le bassin central du Volga : c'est la terre promise de la Russie, dépourvue de forêts, mais couverte d'admirables moissons et de riches cultures industrielles, lin, tabac, betterave, colza.

3° La *région des steppes*, coupée par le Don, et qui comprend tout le littoral de la mer Noire, de la mer d'Azof et de la mer Caspienne, à l'exception de la fertile presqu'île de Crimée. A l'ouest du Don, les steppes animés par d'immenses troupeaux de bœufs, de moutons et de chevaux, aussi verts et aussi bien arrosés que les prairies de Hollande, offrent l'image de la vie pastorale dans toute sa puissance et toute sa richesse ; mais, à l'est du fleuve, s'étendent de vastes espaces désolés, entrecoupés de marais, de lacs salés, de déserts sablonneux, parcourus par les hordes nomades des Kalmouks et des Cosaques du Don et de l'Oural : c'est la barbarie asiatique sur une terre qui n'est européenne que de nom.

Formation territoriale. — L'histoire de la Russie ne commence qu'au moyen âge. Les anciens n'en connaissaient que la partie méridionale, qu'ils désignèrent successivement sous les noms de Scythie et de Sarmatie ; ce fut la grande route des émigrations asiatiques qui vinrent tour à tour peupler ou dévaster l'Europe. Ce ne fut guère qu'à la fin du neuvième siècle que se fondèrent, en Russie, sous la suzeraineté des grands-princes de Kiew, descendants du Scandinave Rurik, un grand nombre de principautés souvent rivales. Au treizième siècle, elles furent soumises par les Mongols ; la Russie ne recouvra son indépendance qu'à la fin du quinzième.

Le royaume de Pologne, constitué dès le commencement du onzième siècle, eut des destinées plus brillantes et fut, jusqu'à la fin du moyen âge, surtout après la réunion du grand-duché de Lithuanie, le plus puissant État de l'Europe orientale ; mais il était déjà en décadence quand Pierre le Grand (1689-1725), en civilisant la Russie, inaugura sa prépondérance dans le nord. A partir de cette époque, elle s'étendit à la fois en Asie aux dépens de la Turquie, de la Perse, de la Chine et des nomades de l'Asie centrale ; en Europe, aux dépens de la Suède, de la Turquie et de la Pologne, qu'elle démembra de concert avec la Prusse et l'Autriche. Protectrice des Slaves, dont elle exploite habilement les haines ou les aspirations nationales, elle a déjà réussi à précipiter la ruine de l'empire ottoman : et le moment n'est peut-être pas éloigné où l'Autriche et l'Allemagne, en Europe, et l'Angleterre, en Asie, auront à compter avec les héritiers de Pierre le Grand.

Fig. 40. — Vue du Kremlin.

Géographie politique. — La capitale de l'empire est **Saint-Pétersbourg** (930000 hab.), à l'embouchure de la Néva, dans la province de Finlande, défendue par la forteresse de *Cronstadt.*

Saint-Pétersbourg est une création de Pierre le Grand. Ses larges rues, ses places à l'architecture imposante et régulière, ses nombreux canaux, ses quais bordés de palais, qui rappellent vaguement l'aspect de Venise, ses églises, ses musées, ses bibliothèques, en font une des plus belles villes de l'Europe; mais l'originalité manque à cette improvisation grandiose : Saint-Pétersbourg est un plagiat de toutes les capitales européennes ; la vraie cité russe est Moscou.

La Russie d'Europe se divise en 68 gouvernements, en y comprenant la Pologne et les 8 districts du grand-duché de Finlande, et sans y comprendre la partie de la circonscription du Caucase, qui appartient à l'Europe, le gouvernement de *Stavropol*, et les districts du *Térek* et du *Kouban*.

Les principaux ports sont :

Sur la mer Blanche, *Arkhangel*, aux bouches de la Dwina ;

Sur la Baltique, *Abo* et *Helsingfors*, en **Finlande;** *Revel* (50 000 hab.), en **Esthonie;** *Riga*, en **Livonie** (170 000 hab.), le grand marché des lins, des chanvres et des bois, à l'embouchure de la Duna; *Libau*, en **Courlande**, le seul qui ne gèle pas ;

Sur le Danube, *Kilia* et *Ismail*, cédés par la Roumanie; sur la mer Noire, *Odessa* (220 000 hab.), le second port marchand de la Russie, en **Bessarabie;** *Nicolaïeff* (66 000 h.), sur le Boug; *Kherson* (53 000 hab.), à l'embouchure du Dniéper; *Kaffa*, au sud de la **Crimée;** *Sébastopol*, au sud-ouest, relevé de ses ruines (1855), et *Kertch*, sur le détroit du même nom ;

Sur la mer d'Azof, *Taganrog* (63 000 hab.), et *Rostow* (70 000 hab.), à l'embouchure du Don ;

Sur la mer Caspienne, *Astrakhan* (50 000 hab.), à l'embouchure du Volga.

Les principales villes de l'intérieur sont, au centre de l'empire : **Moscou,** autrefois la capitale (735 000 hab.),

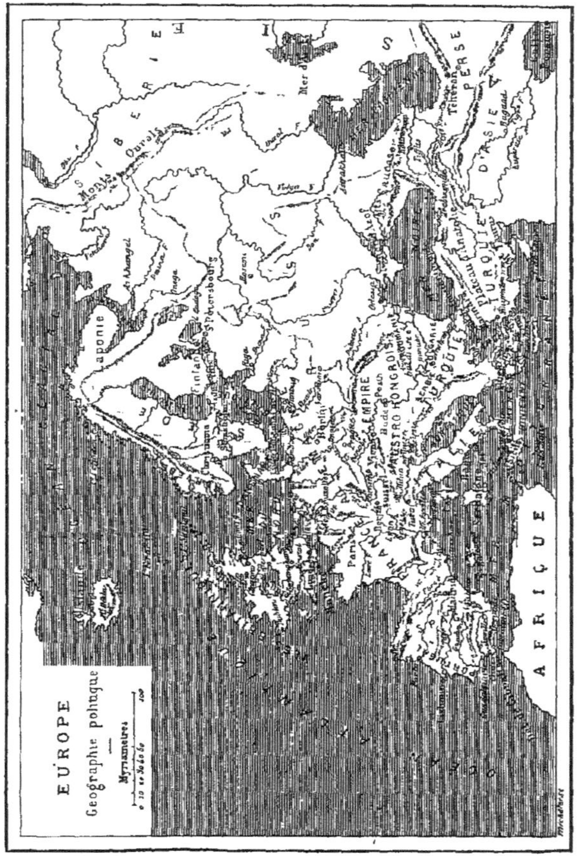

Carte XVI.

EUROPE
Géographie politique
Myriamètres
0 10 20 30 40 50   100

dont les églises aux coupoles dorées, le *Kremlin*, à la fois forteresse et palais, les maisons de bois, rappellent encore la vieille Russie; *Orel* (77 000 hab.), *Kalouga* et *Riazan*, sur l'Oka; *Vladimir*, sur un affluent de cette rivière; *Toula, Koursk, Voroneje, Tambow, Penza*, villes industrielles; sur le Volga, en remontant le cours du fleuve, *Sataroff* (110 000 hab.), *Tzaritzin*, *Samara* (64 000 hab.), *Zimbirsk, Kazan* (135 000 hab.), *Nijni-Novogorod*, célèbre par ses foires, *Kostroma, Jaroslaw* et *Twer*, cette dernière à la tête du système de canaux qui unit le Volga à la Baltique par la Néva, et à la mer Blanche par la Dwina. Au nord de l'empire, *Vologda*; à l'ouest, *Narva*, en **Ingrie** (1700, victoire de Charles XII); *Vilna* (90 000 hab.), capitale de la **Lithuanie**; *Kowno* et *Grodno*, sur le Niémen, *Smolensk, Mohilew* et *Kiew* (128 000 hab.), sur le Duiéper; *Jitomir* (54 000 hab.), en **Volhynie**; *Berditchew* (57 000 hab.), en **Podolie**; au sud, *Poltawa* (**Ukraine**), célèbre par la défaite de Charles XII (1709); *Kharkow* (130 000 hab.), dans la **Petite-Russie**; *Kichinew* (130 000 hab.), en **Bessarabie**; *Simféropol* (52 000 hab.), en **Crimée**; à l'est, *Orenbourg*, sur l'Oural; *Perm*, au nord-est, sur la Kama, entrepôt du commerce avec la Sibérie et des établissements métallurgiques de l'Oural.

Pologne. — La capitale de la **Pologne** est *Varsovie* (410 000 hab.), sur la Vistule; les villes les plus importantes, *Radom* et *Lublin*, au sud; *Kalisch* et *Lodz* (50 000 hab.), à l'ouest, avec de grandes manufactures de draps; *Pultusk*, au nord de Varsovie.

Population. Religion. Gouvernement. — La population de la Russie d'Europe est de 89 millions d'habitants, de race slave, à l'ouest (Polonais et Lithuaniens), au centre (Grands-Russes) et au sud (Ruthènes ou Petits-Russes); finnoise au nord, mongolique à l'est. La religion de l'Etat est la religion grecque, dont l'empereur est le chef; le catholicisme domine en Pologne, le protestantisme en Finlande, la religion musulmane existe encore chez les Tartares de Crimée. Le gouvernement est une monarchie absolue, mais tempérée par l'influence de la noblesse et dont le chef porte le nom de czar. Le Sénat n'est qu'une de sorte de conseil d'Etat et de haute cour de justice.

Le grand duché de Finlande a une constitution particulière et une diète nationale.

Les dépenses de l'empire s'élèvent à 3 200 millions; elles dépassent les recettes.

La dette, portant intérêt, est d'environ 12 milliards.

Le service militaire est obligatoire. L'armée se compose des troupes actives (six ans de service), de la réserve (neuf ans de service), des troupes irrégulières et de l'armée territoriale, qui comprend les hommes de vingt à quarante ans, affranchis du service actif par leur numéro de tirage, et les hommes de trente-cinq à quarante ans ayant fini leur temps dans la réserve.

L'armée active régulière de la Russie européenne compte environ 840 000 hommes sur le pied de paix, et 1 900 000 hommes sur le pied de guerre.

Les troupes cosaques irrégulières s'élèvent à 160 000 hommes sur le pied de guerre.

La flotte compte 390 vapeurs, dont 38 cuirassés, et 30 000 hommes d'équipages.

L'instruction secondaire est donnée par les gymnases, qui comptent environ 100 000 élèves (70 000 garçons et 30 000 filles); l'instruction supérieure, par neuf universités, dont les plus importantes sont celles de Saint-Pétersbourg, de Moscou, de Kiew, de Varsovie et d'Odessa. — L'instruction primaire est peu développée; on n'évalue guère à plus de 9 pour 100 la proportion des Russes sachant lire et écrire.

La Russie exploite plus de 27 000 kilomètres de chemins de fer; sa marine marchande jauge 380 000 tonneaux, et le mouvement des échanges dépasse 4 milliards et demi.

La situation de la Russie, ses richesses agricoles : bois, lins, chanvres, dans les régions du nord et du centre; graines oléagineuses, céréales, betteraves dans celle du sud-ouest; troupeaux de bœufs, de moutons, de chevaux dans la région des steppes; ses ressources minérales (mines de fer, d'argent, d'or, de cuivre, de platine, dans la région de l'Oural), pourraient lui assurer une activité commerciale supérieure; mais la rudesse du climat, l'insuffisance des voies de communication, l'ignorance et la pauvreté des populations, à peine échappées au servage, sont autant d'obstacles qui retardent les progrès de l'agriculture et de l'industrie.

Possessions russes hors d'Europe. — La Russie possède, en Asie, la Sibérie, l'Asie centrale et la Transcaucasie (partie méridionale de la circonscription du Caucase).

La superficie totale de l'empire est de 23 970 000 kilom. car., et la population s'élève à 106 000 000 d'habitants.

RÉSUMÉ

RUSSIE (5 642 000 kilomètres carrés).

GÉOGRAPHIE PHYSIQUE. — La Russie d'Europe est bornée : au nord, par l'océan Glacial qui forme la mer *Blanche* (îles de *Waïgatch* et de la *Nouvelle-Zemble*); à l'ouest par la Norvège, la Suède, la mer Baltique, qui forme les golfes de *Botnie*, de *Finlande* et de *Livonie* (îles d'*Aland*, d'*Abo*, de *Dago* et d'*OEsel*); par la Prusse, l'Autriche-Hongrie et la Roumanie; au sud, par la mer Noire, le détroit de *Kertch*, la mer d'*Azof* et le *Caucase*: à l'est, par la mer *Caspienne*, le fleuve *Oural* et les monts *Ourals*.

Les seules montagnes considérables qui appartiennent à la Russie d'Europe sont les monts *Ourals* et le *Caucase*.

Les principaux fleuves sont : la *Dwina*, qui se jette dans la mer Blanche, la *Neva*, déversoir des lacs *Onéga* et *Ladoga*; la *Duna*, le *Niémen*, la *Vistule*, qui se jettent dans la Baltique ; le *Dniester*, le *Dniéper*, qui se jettent dans la mer Noire, le *Don*, la mer d'Azof; l'*Oural* et le *Volga*, le plus long des fleuves de l'Europe, dans la mer Caspienne.

La Russie est une immense plaine, au climat rigoureux, couverte dans le nord de vastes forêts et de tourbières, au centre et à l'ouest, de terrains propres à la culture des céréales et du lin, au sud, de riches terrains d'alluvion et de pâturages, au sud-est, de steppes et de marais.

Notions historiques. — La Russie, appelée par les anciens *Scythie* ou *Sarmatie*, a été traversée par toutes les émigrations asiatiques. Des populations slaves ont fini par s'y fixer et par fonder, du neuvième au onzième siècle, le royaume de Pologne et de nombreuses principautés, dont celle de Kiew était la principale et qui furent soumises par les Mongols, au treizième siècle. — Délivrée des Mongols, vers 1480, la Russie ne devint une puissance européenne que sous Pierre le Grand (1689-1725). Depuis cette époque, elle n'a fait que grandir en Europe et en Asie, aux dépens de la Suède, de la Pologne, qui a perdu son indépendance, de la Turquie, et son empire est le plus vaste du monde.

Géographie politique. — La Russie, sans y comprendre la circonscription du Caucase, la Sibérie et les autres possessions d'Asie, se divise en 68 gouvernements.

La capitale est Saint-Pétersbourg (Finlande), à l'embouchure de la Néva (930 000 habitants), avec la citadelle de *Cronstadt*.

Les principaux ports sont : sur la mer Blanche, *Arkhangel* (Dwina);

Sur la mer Noire, *Ismaïl*, sur le Danube, *Odessa* (220 000 hab.), en Bessarabie; *Nicolaïeff*, sur le Boug, *Kherson*, sur le Dniéper; *Kaffa*, *Sébastopol*, en Crimée (1855) :

Sur la mer d'Azof, *Taganrog* et *Rostow*, sur le Don.

Sur la mer Caspienne, *Astrakhan*, à l'embouchure du Volga.

Les principales villes de l'intérieur sont : Moscou, au centre de l'empire (755 000 habit.), *Orel*, *Toula* et *Kalouga*, au sud de Moscou, *Saratoff*, *Kazan*, *Nijni-Novogorod*, célèbre par ses foires, et *Twer*, les principaux ports du Volga; à l'ouest de l'empire, *Vilna*, capitale de la Lithuanie, *Smolensk* et *Kiew*, sur le Dniéper, au sud, *Poltawa* [Ukraine] (1709), *Kichinew*, en Bessarabie; à l'est, *Orenbourg*, sur l'Oural, et *Perm*, sur la Kama.

Pologne. — La capitale de la Pologne est *Varsovie* (410 000 h.), sur la Vistule, les villes les plus importantes : *Lublin*, au sud, *Lodz*, à l'ouest; *Pultusk*, au nord de Varsovie.

Population. Religion. Gouvernement. — La population de la Russie d'Europe est de 89 millions d'habitants (17 habitants par kilomètre carré); la religion de l'État est la religion grecque, dont l'empereur est le chef; le catholicisme domine en Pologne, le protestantisme en Finlande, la religion musulmane parmi les Tartares de Crimée. Le gouvernement est une monarchie absolue, dont le chef porte le nom de czar. — Le budget s'élève à plus de 3 milliards, la dette de l'État à 12 milliards, — les forces militaires actives à plus de 2 millions d'hommes sur le pied de guerre; la flotte à 390 vapeurs.

La Russie exploite 27 000 kilomètres de chemins de fer, et le mouvement de son commerce dépasse 4 milliards et demi.

Possessions hors d'Europe — La Russie possède en dehors de l'Europe la *Transcaucasie*, le *Turkestan* russe (Asie centrale) et la *Sibérie*, en Asie.

Exercices.

Carte physique de la Russie européenne
Carte politique de la Russie.
Cartes de l'empire russe en 1800, en 1815 et en 1878.

Lectures.

E. RECLUS. *L'Europe*, t. V.
LANIER. *L'Europe*
A. MARMIER. *Lettres sur la Russie* 1 vol. in-12.
MACKENSIE WALLACE. *La Russie*. 2 vol. in-18.

CHAPITRE IX

Région septentrionale, Etats scandinaves.

I

DANEMARK

(34 300 kilom. car.)

Géographie physique. — Le royaume de Danemark, situé entre 5° 40′ et 10° 30′ de longitude orientale, 54° 30′ et 57° 50′ de latitude septentrionale, se compose de deux parties : 1° dans la Baltique, les îles de *Seeland*, séparée de la Suède par le détroit du *Sund*; de *Fionie*, séparée de l'île de Seeland par le *Grand-Belt*, et du continent par le *Petit-Belt*; de *Langeland*, de *Laland*, de *Falster*, de *Moën*, de *Bornholm*; 2° sur le continent, la presqu'île sablonneuse du *Jutland*, bornée : au nord, par les détroits de *Skager-Rak* et du *Cattégat*; à l'est, par la Baltique; au sud, par la Prusse; à l'ouest, par la mer du Nord.

Les duchés de *Lauenbourg*, *Holstein* et *Sleswig*, qui appartenaient au Danemark, lui ont été enlevés en 1864 ; mais la partie septentrionale du Sleswig aurait dû lui être restituée par la Prusse, qui s'y était engagée par des traités.

Formation territoriale. — Les anciens désignaient le Danemark sous le nom de *Chersonèse cimbrique ;* il était habité par des peuples appartenant à deux branches de la grande famille germanique, les uns Germains proprement dits, les autres Scandinaves, qui, sous le nom de Normands, dévastèrent plus d'une fois l'Allemagne et la Gaule et conquirent une partie de la Grande-Bretagne.

Le royaume de Danemark fut, au moyen âge, le plus puissant État du nord de l'Europe ; en 1397, les couronnes de Suède et de Norvège furent réunies à celle de Danemark, mais la Suède ne tarda pas à se séparer ; quant à la Norvège, le Danemark la conserva jusqu'aux traités de 1815. Depuis cette époque, il a perdu, en 1864, les duchés de Lauenbourg, Holstein et Sleswig, qui sont devenus des provinces prussiennes.

Géographie politique. — La capitale du Danemark est **Copenhague**, dans l'île de Seeland (255 000 h.), un des principaux ports de la Baltique, sur un des bras du Sund : les villes principales, *Elseneur* (*Helsingœr*), sur le Sund, *Odensee*, dans l'île de Fionie, *Viborg*, *Aalborg* et *Aarhuus*, dans le Jutland.

Population, gouvernement. — La population est de 2 100 000 habitants, la religion est le protestantisme luthérien ; le gouvernement est une monarchie constitutionnelle ; l'Assemblée législative (Rigsdag) se compose de deux Chambres, le Volksthing ou Chambre du peuple, élue par le suffrage universel, et le Landsthing ou Chambre des propriétaires fonciers.

Malgré ses pertes, le Danemark conserve encore une assez grande importance politique et commerciale par sa position à l'entrée de la Baltique, ses richesses agricoles (avoine, orge, pommes de terre, bestiaux) et son excellente marine. L'instruction populaire y est très développée.

Colonies. — Il possède, au nord de l'Angleterre, le groupe des îles *Féroë* dans l'Atlantique, l'*Islande* (72 000 habitants, ville principale *Reykiawick*), et des établissements au *Groënland* dans les mers arctiques, et les îles de *Sainte-Croix*, *Saint-Thomas* et *Saint-Jean* aux Antilles.

II

SUÈDE (*Sverige*) ET NORVÈGE (*Norge*).

Limites. — La Péninsule scandinave (entre 55° 20' et 71° 15' de latitude septentrionale, 2° 15' et 28° de longitude orientale) comprend les royaumes de Suède et de Norvège. Elle est bornée au nord par l'océan Glacial arctique, au nord-ouest par l'Atlantique, à l'ouest par la mer du Nord, au sud par les détroits du Skager-Rak, du Cattégat, du Sund, et par la Baltique, à l'est par le golfe de *Botnie* et par la Russie.

Iles. — Les îles de *Gottland* et d'*Œland*, dans la Baltique, appartiennent à la Suède; les îles de *Bergen* et de *Drontheim*, dans l'Atlantique, *Tromsen* et *Loffot*, dans l'océan Glacial, à la Norvège.

Fleuves et montagnes. — La péninsule est traversée depuis le cap *Nord* sur l'océan Glacial jusqu'au cap *Lindesnæs* sur la mer du Nord, par la chaîne des **Alpes Scandinaves**, larges plateaux qui séparent la Suède de la Norvège et dessinent les nombreux *fiords* (golfes) de la côte norvégienne.

De cette chaîne descendent : au sud, dans la Baltique, la *Tornéa*, qui forme la limite entre la Suède et la Russie, la *Pitéa*, l'*Uméa*, le *Dal*, qui arrosent la Suède. Le sud de ce pays est couvert de grands lacs dont les principaux sont le lac *Mælar*, le lac *Vetter* et le lac *Vener*, qui s'écoule dans le Cattégat par la *Gota*.

La Norvège est arrosée par le *Glommen* (bassin du Skager-Rak), et par un grand nombre de torrents qui tombent dans l'Atlantique et l'océan Glacial, et dont le principal est la *Tana*, entre la Russie et la Norvège.

Formation territoriale. — La Suède et la Norvège ne furent que vaguement connues des anciens. Elles devinrent, vers le dixième siècle, deux royaumes distincts, qui furent un moment réunis au Danemark, en 1397. La Suède reconquit son indépendance, et, dans le cours du seizième et du dix-septième siècle, s'empara de l'Ingrie, de la Livonie, de la Poméranie, et exerça dans l'Europe du Nord une influence prépondérante. Sa décadence commença avec Charles XII ; elle perdit tour à tour la Livonie, la Poméranie, la Finlande, mais les traités de 1815 donnèrent aux rois de Suède la Norvège enlevée au Danemark.

Divisions politiques et villes principales. — La Suède (450 000 kilom. carrés) se divise en 24 gouvernements ; sa capitale est **Stockholm** (200 000 hab.) sur la Baltique, à l'entrée du lac Mælar ; les principaux ports et les villes les plus importantes, *Gothembourg* (Gœteborg) sur le Cattégat (82 000 hab.) ; *Malmoe* sur le Sund ; *Calmar*, *Carlscrona*, *Nikœping*, *Norrkœping*, *Gefle*, sur la Baltique ; *Upsala*, université et archevêché près du lac Mælar ; *Falun*, centre de l'industrie métallurgique en Suède.

La Norvège se divise en 20 bailliages (325 000 kilom. carrés).

La capitale est **Christiania** (122 000 hab.), sur le golfe du même nom (mer du Nord) ; les principaux ports, *Drammen*, *Stavanger*, *Christiansand*, sur la mer du Nord, *Bergen* et *Drontheim* sur l'océan Atlantique, *Hammerfest* sur l'océan Glacial.

Population, religion, gouvernement. — La population de la Norvège est de 1 950 000 habitants ; celle de la Suède, de 4 600 000 d'origine et de langue scandinaves, à l'exception des Lapons de la Suède et de la Norvège septentrionales. La religion est le luthéranisme. Le gouvernement est une monarchie constitutionnelle; mais, bien que les deux royaumes soient gouvernés par la même dynastie, ils sont distincts, et leur constitution est différente. En Norvège, le pouvoir législatif est exercé par deux Chambres, l'une élue par le peuple, l'autre choisie dans le sein de la première par les députés eux-mêmes.

En Suède, la diète était composée de quatre ordres qui délibéraient séparément : le clergé, la noblesse, la bourgeoisie et les paysans; mais, depuis 1866, les Chambres sont réduites à deux. Le budget de l'Etat s'élève à 110 millions pour la Suède et 65 pour la Norvège; la dette publique à 325 millions pour la Suède, à 135 millions pour la Norvège.

L'armée des deux Etats peut s'élever, en temps de guerre, à 200 000 hommes ; leur flotte à 70 vapeurs. La marine marchande jauge plus de 2 millions de tonneaux.

Avec leur climat rigoureux, leur sol de granit, âpre et montagneux au centre et au nord, marécageux sur les bords de la Baltique, la Suède et la Norvège doivent cependant à leurs bestiaux, à leurs immenses forêts de sapins, à leurs mines de cuivre, de fer et d'argent, à leurs pêcheries de harengs et de morues, à leur position maritime, une haute importance commerciale (mouvement d'échanges de plus de 1 120 millions), et aux qualités de leurs populations guerrières, éclairées et laborieuses, une influence politique aujourd'hui amoindrie, mais non détruite.

RÉSUMÉ

Région septentrionale.

La région septentrionale comprend les trois royaumes scandinaves

I

DANEMARK

Le ROYAUME DE DANEMARK, pays au sol sablonneux et marécageux, se compose d'un groupe d'îles situé à l'entrée de la mer Baltique (*Seeland*, *Fionie*, *Laland*, *Bornholm*, etc.), et de la presqu'île du *Jutland* (ancienne *Chersonèse cimbrique*), entre la mer du Nord, à l'ouest; les détroits du *Skager Rak*, du *Cattégat* et du *Sund*, au nord, la mer Baltique, à l'est, et la Prusse, au sud

Le Danemark, qui réunit un moment sous son autorité la Suède et la Norvège (1397), a perdu la Suède dès le commencement du seizième siècle, la Norvège en 1815, les duchés de Lauenbourg, Sleswig et Holstein, en 1864.

La capitale est COPENHAGUE, dans l'île de *Seeland* (255 000 habitants)

La population est de plus de 2 millions d'habitants, protestants et de race scandinave. Le gouvernement est une monarchie constitutionnelle.

Le Danemark possède en Europe le groupe des îles *Féroé* et l'île d'ISLANDE, et conserve encore quelques établissements aux Antilles (Saint-Thomas, etc), et, dans la plus grande des terres arctiques, le Groenland.

II

SUÈDE ET NORVÈGE

La PÉNINSULE SCANDINAVE (775 000 kilomètres carrés), bornée au nord par l'océan Glacial et l'Atlantique, à l'ouest par la mer du Nord, au sud par la mer du Nord et la Baltique, à l'est par la Russie, est traversée par la chaîne des *Alpes scandinaves*, semée de lacs nombreux (Mælar, Vener, Vetter), et arrosée par le *Dal*, la *Tornéa*, etc., tributaires de la Baltique. Couverte de neige pendant six ou huit mois de l'année, la Scandinavie doit cependant à ses riches pêcheries de morues et de harengs, à son activité maritime (marine marchande jaugeant 2 millions de tonneaux), à ses forêts de sapins, à ses mines de fer, de cuivre et d'argent, une grande importance commerciale (1 120 millions d'échanges avec l'étranger).

Elle comprend deux royaumes : 1° la SUÈDE, qui fut au dix-septième siècle un des plus puissants États de l'Europe, capitale STOCKHOLM (200 000 habitants), sur la Baltique, à l'entrée du lac Mælar, villes principales : *Gothembourg*, sur le Cattégat, et *Upsala*, célèbre par son université; 2° la NORVÈGE, capitale CHRISTIANIA, sur un fiord formé par le Skager-Rak; villes principales : *Drontheim* et *Bergen*, sur l'océan Atlantique. Ces deux États, gouvernés par le même souverain, ont cependant une constitution et une administration distinctes.

La population est de 4 600 000 habitants, en Suède, de 1 950 000, en Norvège, presque tous protestants et de race scandinave.

Exercices.

Carte du Danemark avant et après les traités de 1864.
Carte de la Suède et de la Norvège.

Lectures.

E. Reclus. *L'Europe*, t. V.
Lanier. *L'Europe*.
A. Marmier. *Lettres sur le Nord*. 2 vol. in-18.
Vandal. *En Karriole*. 1 vol. in-18.
Narcot. *A travers la Norvège*. 1 vol. in-12. 1885.

CHAPITRE X

Comparaison des Etats européens.

Si, en résumant les notions de géographie politique que nous venons de retracer, nous essayons de nous faire une idée de la civilisation de l'Europe et de comparer les divers États qui la composent, nous devrons faire entrer dans cette comparaison les principaux éléments qui constituent la grandeur d'une nation : étendue du territoire, densité de la population, supériorité de l'instruction, puissance militaire, maritime, financière, agricole, industrielle et commerciale.

Population et étendue. — Dans la plupart des États, la population n'est nullement en rapport avec la superficie. La Russie, avec ses 89 millions d'habitants et ses 5 millions 1/2 de kilomètres carrés, n'a que 17 habitants par kilomètre carré; la Suède et la Norvège, qui comptent ensemble plus de 760 000 kilomètres carrés, n'ont que 8 habitants par kilomètre carré et sont le pays le moins peuplé de l'Europe. Les plus peuplés, au contraire, sont les deux plus petits, la Belgique et la Hollande, grandes tout au plus comme cinq de nos départements français, et qui comptent, la première 200, la seconde 131 habitants par kilomètre carré.

La France qui, par son étendue, vient au cinquième rang, après la Russie, la Scandinavie, l'Autriche et l'Allemagne, n'occupe que le sixième par la densité de sa population, et le cède à la Belgique, à la Hollande, à la Grande-Bretagne, à l'Italie et à l'Allemagne; tandis qu'elle l'emporte sur un État plus vaste, l'Autriche, et sur l'Espagne dont la superficie est à peu près égale à la sienne.

Puissance militaire. — La puissance militaire d'un État ne dépend pas seulement du nombre de ses armées, mais de leur organisation, de leur esprit, de la manière dont elles se recrutent, conditions difficiles à apprécier et à énumérer.

Si l'on ne tient compte que du nombre, la *Russie*, qui peut mettre sur pied 2100000 hommes de troupes de campagne ou de réserve, occuperait le premier rang; le second appartiendrait à l'*Allemagne* qui peut lever 1500000 hommes de troupes actives, à la *France* et à l'*Autriche* qui disposent d'une force à peu près égale, le troisième à l'*Italie*, dont les forces compteraient sur le pied de guerre plus d'un million d'hommes; le quatrième à la *Grande-Bretagne*, qui n'a jamais mis sur pied plus de 200,000 hommes de troupes de ligne, au moins en Europe, mais qui pourrait, en cas de danger national, doubler ou tripler ses forces défensives; le cinquième à la *Turquie*, dont les troupes régulières dépasseraient ce chiffre, et qui peut lever une masse considérable d'irréguliers; le sixième à l'*Espagne*, dont l'armée atteindrait difficilement un effectif de 200000 hommes.

Puissance maritime. — La puissance maritime se mesure également moins par le nombre des navires que par la supériorité de leur construction et de leur armement, et la révolution qui s'opère aujourd'hui dans l'art des constructions navales enlève tout intérêt à des données statistiques nécessairement peu exactes.

La *Grande-Bretagne* occupe toujours le premier rang en Europe, suivie de près par la *France;* puis viennent la *Russie*, l'*Allemagne*, l'*Italie*, l'*Autriche*, l'*Espagne*, les *Pays-Bas* et les *États scandinaves*.

Puissance financière. — La puissance financière d'un État s'apprécie moins par le chiffre de ses recettes et de ses dépenses ou par celui de ses dettes que par son crédit, c'est-à-dire par la confiance qu'il inspire et par le taux auquel il peut emprunter. L'Angleterre, avec sa dette de 19 milliards et son budget de 3 milliards, trouverait à emprunter à moins de 4 °/₀; la situation de la Belgique, de la Hollande est presque aussi florissante : la France, avec une dette portée tout à coup à 25 milliards et un budget de 3 500 000 000 de francs, jouit d'un crédit à peine inférieur à celui de l'Angleterre ; l'Allemagne, malgré le chiffre peu élevé de sa dette, la Russie, malgré ses victoires récentes, ne trouveraient pas de conditions aussi favorables ; enfin, l'Autriche, l'Italie, et surtout l'Espagne et la Turquie ne pourraient conclure d'emprunt qu'à un taux plus élevé, et qui, pour ces deux dernières puissances, n'a jamais été depuis longues années au-dessous de 10 à 15 °/₀.

Richesse agricole. — La richesse agricole ne dépend pas seulement du climat et de la nature du sol, mais aussi de l'intelligence, de l'activité du cultivateur et des capitaux dont il dispose. Les pays les mieux cultivés de l'Europe, l'Angleterre, la Belgique, les Pays-Bas, la France septentrionale, sont loin d'égaler la fertilité de l'Italie, de la vallée du Danube, d'une grande partie de l'Espagne et de la Turquie, et produisent cependant beaucoup plus, grâce aux efforts et aux connaissances supérieures des agriculteurs.

Puissance industrielle. — Les industries manufacturières sont peu développées dans le nord, dans l'est et dans le midi de l'Europe, où l'Italie seule peut soutenir sur quelques points la concurrence avec les grandes puissances industrielles du centre et de l'ouest. La France l'emporte, en général, dans les industries de luxe, glaces et cristaux, porcelaines, bronzes d'art, bijouterie, parfumerie, articles de toilette, soieries, dentelles. L'Angleterre lui est supérieure dans la plupart des industries textiles, cotonnades, lainages, toiles de lin et de chanvre, et dans les industries métallurgiques et chimiques. La Belgique, pour les industries textiles et métallurgiques, la verrerie et les dentelles ; la Suisse, pour l'horlogerie, les soieries et les cotonnades, disputent le premier rang à la France et à l'Angleterre ; puis viennent l'Allemagne, avec ses grandes manufactures de draps et de soieries et ses usines métallurgiques ; l'Autriche, avec ses cristaux de Bohême et ses forges de la région des Alpes ; l'Italie, avec ses soieries et ses chapeaux de paille ; la Suède, avec ses fers.

Commerce. — L'importance commerciale se traduit surtout par le chiffre des échanges, par le tonnage de la marine marchande, par le développement des voies de communication.

La *Grande-Bretagne* occupe incontestablement le premier rang avec un mouvement d'échanges de plus de 16 milliards, une marine marchande qui jauge 7 millions de tonneaux, 34 000 kilomètres de chemins de fer, et 5 000 kilomètres de canaux.

La *France* vient au second rang, avec un mouvement d'échanges de plus de 8 milliards, une marine de près d'un million de tonneaux, 32 000 kilomètres de voies ferrées en activité, et 5000 kilomètres de canaux.

L'*Allemagne* occupe le troisième rang, avec un mouvement d'échanges de près de 8 milliards, un réseau de voies ferrées de 38 000 kilomètres, 4500 kilomètres de canaux, et une marine marchande qui jauge plus d'un million de tonneaux.

La *Belgique*, les *Pays-Bas*, la *Suisse*, doivent à leur position, à leur industrie, à leurs voies de communication, un mouvement commercial qui, toute proportion gardée, égale ou surpasse celui des grandes puissances commerçantes, tandis que l'*Autriche*, l'*Italie*, la *Turquie*, la *Russie* et l'*Espagne*, malgré leurs richesses naturelles, ne dépassent que de bien peu, ou même atteignent à peine le chiffre d'échanges de ces trois pays, les plus petits et les plus actifs de l'Europe.

Instruction publique. — Les pays d'Europe où l'instruction élémentaire est le plus répandue sont l'Allemagne, les États scandinaves et les Pays-Bas ; moins avancée en Angleterre, en France, en Belgique, en Suisse, en Autriche, très peu développée dans la région du Midi, elle est presque nulle en Turquie et en Russie.

Religions. — Le christianisme est presque seul professé en Europe. Le *catholicisme* (150 millions) domine chez les peuples de race latine (France, Italie, Espagne, Portugal, Suisse, Belgique); chez les Allemands du sud (Autriche, Bavière); chez les Polonais, et en Irlande (Iles Britanniques);

Le *protestantisme* (90 millions), chez les peuples de race germanique (culte *anglican* et *presbytérien*, dans la Grande-Bretagne; culte *évangélique* ou *luthéranisme* en Suède, en Norvège, en Danemark, en Prusse et dans une partie de l'Allemagne du Nord; *calvinisme*, en Hollande et en Suisse);

La religion *grecque schismatique* (80 millions), chez les peuples de races slave et grecque (Russie, Turquie, Grèce).

La religion *musulmane* n'existe qu'en Turquie, en Grèce et dans quelques parties de la Russie. Le *judaïsme* est encore professé par la plupart des israélites répandus en Europe.

RÉSUMÉ

Étendue et population. Les pays les plus peuplés de l'Europe par rapport à leur étendue sont : la Belgique, la Hollande, la Grande-Bretagne, l'Italie, l'Allemagne et la France; les plus étendus et les moins peuplés sont la Russie et la Scandinavie (Suède et Norvège). Par son étendue, la France n'occupe que le cinquième rang et le sixième par la densité de sa population.

Puissance militaire. Les grandes puissances militaires sont : la Russie, l'Allemagne, la France et l'Autriche.

Puissance maritime. Les grandes puissances maritimes sont : la Grande-Bretagne, la France, la Russie, l'Allemagne et l'Italie.

Puissance financière. Les États dont le crédit est le plus solide sont : la Grande-Bretagne, la Hollande, la Belgique, la France et l'Allemagne.

Richesse agricole. Les pays les plus productifs et les mieux cultivés de l'Europe sont l'Angleterre, la Belgique, la France, l'Italie et l'Allemagne.

Puissance industrielle. Les puissances industrielles de premier ordre sont : la Grande-Bretagne, qui l'emporte pour les industries textiles et métallurgiques, la France qui l'emporte pour les industries de luxe, la Belgique, la Suisse et l'Allemagne.

Commerce et voies de communication. Les premiers rangs appartiennent à la Grande-Bretagne, à la France, à l'Allemagne, à la Belgique, à la Hollande et à la Suisse.

Instruction publique. Les pays où l'instruction populaire est le plus répandue sont : les Etats scandinaves, l'Allemagne et les Pays-Bas. La France ne vient qu'au cinquième rang.

Religions. — Le *catholicisme* domine en Espagne, en Portugal, en Italie, en France, en Belgique, en Autriche, dans l'Allemagne du Sud, en Pologne, en Irlande et dans une partie de la Suisse.

Le *protestantisme*, dans les Etats scandinaves, dans l'Allemagne du Nord, la Grande-Bretagne, les Pays Bas et une partie de la Suisse.

La *religion grecque*, en Russie, en Grèce et en Turquie.

Le *mahométisme* est professé en Turquie et en Russie.

Questionnaire.

Quels sont les Etats les plus vastes de l'Europe? — Quels sont les plus petits? — Quels sont les plus peuples par rapport à leur étendue? — Quel rang occupe la France par son étendue et la densité de sa population?

Quelles sont les grandes puissances militaires et maritimes? — Qu'entend-on par puissance financière d'un pays? — Quels sont les pays dont le crédit est le mieux établi? — Quels sont les pays où l'agriculture est le plus avancée? — Quelles sont les grandes puissances industrielles? — Quelles sont les industries où la France occupe le premier rang? — Quelles sont les principales industries de la Grande-Bretagne? — Quels sont les pays dont la marine marchande est la plus florissante? — Quels sont ceux qui possèdent le plus de voies de communication? — Quels sont ceux dont le commerce est le plus considérable? — L'importance commerciale est-elle en raison directe de l'étendue du pays.

Quelles sont les contrées de l'Europe où l'instruction populaire a fait le plus de progrès? — Quelles sont les religions professées en Europe? — Dans quels pays dominent-elles?

Exercices.

Indiquer par des teintes diverses sur une carte générale de l'Europe: la densité de la population, — le développement de l'instruction élémentaire. — Trace des grandes lignes de chemins de fer européens, — des canaux de navigation internationale.

TABLE DES MATIÈRES

LIVRE PREMIER

GÉOGRAPHIE PHYSIQUE DE L'EUROPE

Chapitre Ier. Notions générales..................................	5
— II. Les mers et les rivages........................	9
— III. Le relief du sol. — Montagnes, plaines et plateaux.	35
— IV. Les fleuves, les rivières et les lacs...............	98
— V. Les minéraux, le climat, les végétaux et les animaux. Notions d'ethnographie européenne............	165

LIVRE II

GÉOGRAPHIE POLITIQUE DE L'EUROPE

Chapitre Ier. Iles Britanniques.................................	178
— II. Belgique et Pays Bas........................	195
— III. Allemagne.....................................	210
— IV. Empire austro-hongrois et Suisse...............	230
— V. Espagne et Portugal........................	247
— VI. Italie..	258
— VII. Turquie d'Europe, États danubiens, Grèce.......	270
— VIII. Russie.......................................	287
— IX. États scandinaves.............................	297
— X. Comparaison des États européens............	303

TABLE DES CARTES

I. Europe physique	21	IX. Lignes isothermes	170
II. Profil des Alpes	44	X. Iles Britanniques	184
III. L'Arlberg	54	XI. Belgique et Hollande	196
IV. Fichtel Gebirge	61	XII. Allemagne et Europe centrale, Etats scandinaves	216
V. Profil de l'Europe occidentale	78	XIII. Suisse	246
VI. Profil de l'Europe centrale	79	XIV. Espagne et Portugal	251
VII. Les Balkans	85	XV. Italie, Turquie, Grèce	271
VIII. Le delta du Rhône	123	XVI. Géographie politique de l'Europe	292

TABLE DES FIGURES

1. Plage de Scheveningen	14	19. Le Voidersee dans le Salzkammergut	145
2. Château de Kronborg sur le Sund	17	20. Isola Bella	148
3. Falaises de la Manche en Angleterre	19	21. Peschiera et lac de Garde	150
4. Le corail	28	22. Maïs	171
5. Vue du Bosphore	29	23. Houblon	172
6. Marmotte	46	24. Renne	174
7. Chamois	46	25. Westminster à Londres	182
8. Vue du Mont-Blanc	50	26. Château de Windsor	187
9. Alpes autrichiennes (cascade de la Traun)	57	27. Un canal à Gand	201
10. La Suisse saxonne	63	28. La machine de Haarlem	206
11. Le Vésuve	82	29. Potsdam	219
12. Les geysers	91	30. La Walhalla	224
13. La Neva à Saint-Petersbourg	105	31. Salzbourg	233
14. Rheinfels, sur le Rhin	110	32. Vue de Sion	243
15. Andernach, sur le Rhin	113	33. Fortifications mauresques à Séville	249
16. Pont sur la Garonne à Bordeaux	119	34. Le Colisée	261
17. Le lac de Tegernsee	131	35. Saint-Pierre de Rome	262
18. Chillon, sur le lac de Genève	143	36. Cathédrale de Milan	263
		37. Venise	264
		38. Pompei	266
		39. Les Propylées à Athènes	281
		40. Le Kremlin à Moscou	290

SAINT-CLOUD. — IMPRIMERIE V° EUG. BELIN ET FILS.

www.ingramcontent.com/pod-product-compliance
Lightning Source LLC
Chambersburg PA
CBHW071347150426
43191CB00007B/877